完美的一英里

三名跑者，一個目標，挑戰百年未破的四分鐘障礙

The Perfect Mile

There Athletes, One Goal, and Less Than Four Minutes to Achieve It

尼爾・貝斯康（Neal Bascomb） 著
高紫文 譯

To Diane

本書謹獻給黛安

目錄

〈極限，是你的心所想像出來的〉

在剛拿到這本書的書稿時，我就被這本書的書名中「完美」一詞所吸引，因為我剛好在研究完美跑姿的統一標準。完美是一個無人可企及的抽象的概念，因為抽象，所以我們常把當世某些最傑出運動員的表現當成該運動的完美化身，像是全盛時期的職籃明星麥可喬丹、北京奧運拿到八面游泳金牌的菲爾普斯，或是一百米和兩百米的短跑世界紀錄保持人博爾特。但他們的完美之身只是暫時的，就如同本書作者尼爾・貝斯康所說：「不管是再厲害的紀錄都會有野心勃勃的小伙子以打破紀錄為目標。」所以沒有人會是完美。

天才畫家薩爾瓦多・達利（Salvador Dalí）跟學生曾經有過一段關於完美的討論。學生問達利：「如果達到完美了，之後該怎麼辦。」達利回說：「不用擔心完美之後的事，因為你永遠也無法達到。」

一九五四年以前，全世界對完美一英里的定義是能夠在四分鐘內完成的跑者。因為當時全世界的人都認為不可能有人可以突破四分鐘。雖然沒有任何科學研究證實，但大家還是相信四分一英里的障礙無法被任何跑者跨越。因此，當英國的班尼斯特、美國的桑提與澳洲的蘭迪宣布要挑戰這道障礙時，他們不只要改變自己認知的界線，還要同時一起改變全世界的。

這本書講述了這三位跑者從一九五二年到一九五五年之間的故事，而且更令人感動的是這些故事全都是真實的。作者貝斯康在後記中提到：「本書中的所有對話都不是憑空杜撰的，都是直接引用第二手資料或第一手訪問」。所以在這本書中，我們不只看到這些英雄在奪牌與破紀錄時的傳奇事跡，還可以看到這些英雄背後的害怕與擔憂，以及失敗時遭受當世媒體的冷嘲熱諷。

書中對於每一場重要賽事的描述精彩至極，尤其是班尼斯特和蘭迪在一九五四年八月七日於溫哥華的那場一英里對決賽，像是現場的文字直播般引人入勝。當時兩人都已經突破了障礙，他們在那場賽事中要一分高下。讀來熱血沸騰，像是兩位當世武林最強的高手在比拚般緊張刺激。

當班尼斯特第一個跑進四分鐘後（時間是三分五十八秒四），閘門打開了，洪水便開始出現。原本過去認為不可能有人做到的事，現在已經有超過兩千名以上的跑者可以在四分鐘內跑完一英里。當今的世界紀錄也推進到了三分四十三秒一三，比七十年前班尼斯特打破障礙時的三分五十九秒四快了十六秒。當今的一英里賽，如果只跑三分五十九秒的話，連決賽都進不了！

極限，是人心所想像出來的。原本存在的障礙只是幻覺。人的體能受到先天的限制，除非基因改造，否則人類的最大攝氧量的極限和乳酸閾值的濃度在千年以內很難有重大突破，想要再破紀錄的話，方向很明確：提升自己對完美動作的知覺敏銳度與跑步技術。因為知覺與技術的進步，沒有上限。這是事實，但就像地球繞日運轉的事實在十五世紀剛被哥白尼提出時一樣，也曾遭到眾多非議。

對於跑步這種在固定距離內爭取最短時間抵達的運動而言，該怎麼突破有很多訓練理論。這本書就像是一部從一九五二年到一九五四年之間的跑步簡史，從班尼斯特、桑提與蘭迪在這兩年間分別以自己相信的訓練方式朝著相同的目標互相競爭的故事，我們看到了眾多不同的訓練理論與方法。

例如書中的三位主角之一蘭迪在接受記者採訪時，他主張：「訓練越嚴苛越好。」關於傷痛，他認為：「沒有灰色，只有黑色和白色……如果痛到跛行，就完全不能跑囉。如果沒有，再怎麼痛都要跑。」關於跑姿，他認為「臀部產生驅動力。頭必須維持垂直，身體重心維持不變，肩膀肌肉放鬆，腳掌著地時，腳跟先著地，接著腳趾才著地，使腳掌接近平貼地面。」

就我們現今的科學理論來看，上述所說的都是錯誤的見解，但他可曾經是一英里的世界紀錄保持者啊！可是最後他還是被班尼斯特打敗，這跟科學無關，而是兩人面對訓練的哲學與方法完全迥異。班尼斯特從一九四六年在牛津大學訓練起就深植了

「輕鬆達到卓越」的觀念，這是紳士業餘運動員的一貫做法：不要讓人感覺你曾經為了成功而努力過。他也強調科學化訓練的核心精神：用更少的訓練量來達到相同的效果。

破PB是一種認識自我的過程

在有秒錶、煤渣跑道和完美紀錄之前，人類跑步的理由非常簡單：求生……在古代，「適者生存」指得正是競速，被追獵者能否不被追上，安全逃離，是評判競速的唯一標準，計算幾分幾秒沒意義。（《完美的一英里》，頁一〇一）

PB，Personal Best，是許多跑者練跑的目標。認真的跑者會花好幾個月準備比賽，擬定比賽策略，用盡全力挑戰自己的最佳紀錄。在這種目標賽事中體能、肌力、知覺與意志力都會被逼到極限，因此身體會不斷傳遞「危險」的訊息給大腦。雖然要跑多用力是我們可以選擇與要求的，但超過負荷時下意識會解釋成生命受到威脅，停止運動的訊息就會被發出。這時，大腦第一個接受到的反應並不是害怕的感覺，而是生理上的各種痛苦感受。但為了破PB，我們的意志依然下達給你繼續向前跑或維持配速的指令，潛意識同時也持續發出相反的保命訊號，要你放慢或停下來，這些訊號是像肌肉僵硬和疼痛、心臟狂跳、呼吸困難等各種死亡的暗示。這些從潛意識傳給身體的訊號非常清晰。

此時身體的處境其實並沒有立即的生命危險，它只是受到潛意識的影響。你的潛意識只是為了確保身體安全運作才會發出這些暗示，但是這種非自願的訊息會在意識中留下印記，經過一段時間後逐漸變成意識的一種侷限。這也是為什麼從一九二三到一九五四年間，一英里的成績一直卡在四分到四分十秒之間；從四分〇一秒到三分五十九秒也花了近十年的時間。因為過往的極限都已被烙印在心中，而這個「四分一英里」的極限是全世界一起烙印上去的，這使當時的一英里成績只能年復一年在相同的成績上徘徊。

無法進步的原因很少是體能發生問題，幾乎全都是因為心理上的限制，而心理上的限制又跟知覺與技術有關。我們的體能有其極限，但觀念、想法與知覺沒有。它們都會不斷進步，就像一山還有一山高，每一個高原都是下一個新發現的起點。每到達一個新的境界，我們都會對真理與自己有新的認識，這個過程都在反映古希臘的這句人生哲言：「認識你自己」。在人類的歷史中，「追求完美」一直跟「認識自己」一樣是既重要又具挑戰性的課題。跑步這種場地與裝備限制最少的運動，提供了我們一個追求完美與認識自己的平台，在這個平台上，我們能不斷向自己證明「極限，可以不斷被擴大」。

解鈴還還繫鈴人。極限，是人心所想像出來的，所以必須由人心來跨越，唯有當我們的心跨越了原本所感知的界線，身體很快地，就會跟上心所發現的新境界。

徐國峰

人物簡介

魏斯・桑提（Wes Santee），美國堪薩斯州鄉間出身的一英里跑者，天賦絕佳。

約翰・蘭迪（John Landy）澳洲一英里跑者，以苦練而著名。

羅傑・班尼斯特（Roger Banniste），英國醫學院學生，紳士業餘運動員的典範。

傑克・洛夫洛克（Jack Lovelock），英國跑者，一九三六年奧運一千五百公尺金牌。

克里斯・查特威（Chris Chataway），班尼斯特的隊友，喜好菸酒，在一九五二年的奧運五千公尺決賽敗北。

羅禮士・麥沃特（Norris McWhirter），與雙胞胎弟弟羅斯（Ross）都是體育記者，同為「金氏世界紀錄」創辦人，也是班尼斯特的密友。

阿恩・安德森（Arne Andersson），瑞典傳奇一英里跑者，開啟了班尼斯特的跑者夢想。

哈洛・亞伯拉罕（Harold Abrahams），英國奧運官員，

悉尼・伍德森（Sydney Wooderson），英國一英里跑者。

唐・麥克米蘭（Don Macmillan），澳洲一英里跑者，與桑提一同接受謝魯狄的訓練，綽號大麥克（Big Mac）。

洛伊德・柯比（Lloyd Koby），桑提在堪薩斯大學的隊友，兩人感情很好。

帕沃・努米（Paavo Nurmi），瑞典體育英雄，堪稱現代田徑教父。

大衛・桑提（David Santee），桑提的父親，十分反對兒子投入跑步。

艾倫・莫雷（J. Allen Murray），桑提的高中體育老師，看出桑提的跑步天分。

葛倫・康寧漢（Glenn Cunningham），出身堪薩斯州的美國傳奇跑者，也曾創下一英里的紀錄。

比爾・伊思頓（Bill Easton），堪薩斯大學的田徑教練，用心訓練桑提，兩人感情如父子。

馬文・惠特菲爾德（Malvin Whitfield），美國黑人田徑選手，一九四八年的奧運八百公尺金牌。

埃米爾・哲托貝克（Emil Zatopek），捷克傳奇跑者，跑步表情誇張，一九五二年的奧運同時拿下一萬與馬拉松金牌。

鮑伯・麥米倫（Bob McMillen），美國一英里跑者，一九五二年奧運一千五百公尺銀牌。

波西・謝魯狄（Percy Cerutty），澳洲狂人教練，自創特有的訓練法與哲學，曾指導過桑提。

雷斯・培里（Les Perry），澳洲跑者，與桑提一同接受謝魯狄的指導。

鮑伯・普倫提斯（Bob Prentice），澳州跑者，桑提的隊友。

根達・海格（Gundar Haegg），瑞典傳奇跑者，安德森的競爭對手。

傑夫・華倫（Geoff Warren），澳洲跑者，桑提的好友。

崔佛・羅賓斯（Trevor Robbins），澳洲跑者，與桑提同為謝魯狄的門生。

戈登・皮里（Gordon Pirie），英國跑者，與哲托貝克爭奪一九五二年奧運一萬公尺金牌。

赫伯・薛德（Herbert Schade），德國王牌跑者。

理查・佛格森（Richard Ferguson），加拿大跑者。

阿蘭・米蒙（Alain Mimoun），法國跑者。

蓋斯頓・雷夫（Gaston Reiff），比利時跑者。

史坦尼斯拉夫・榮格維斯（Stanislav Jungwirth），捷克斯洛伐克跑者，班尼斯特的對手。

克里斯・布萊希爾（Chris Brasher），班尼斯特的隊友與密友，並肩作戰挑戰四分鐘一英里。

丹尼斯・約翰森（Denis Johansson），芬蘭一英里跑者，與桑提及蘭迪交好，在芬蘭熱情款待他們。

裘西・巴特爾（Josy Barthel），盧森堡跑者，一九五二年奧運一千五百公尺金牌。

華特・喬治（Walter G. George），英國跑者，於一八八六年跑出一英里四分十八秒，這個紀錄維持了三十年。

羅伯・巴克雷上尉（Captain Robert Barclay），英國跑者，於一八一三年跑出一英里四分五十秒，將障礙拉低到五分鐘。

約瑟夫・賓克斯（Joseph Binks），英國體育記者，班尼斯特的支持者。

布魯塔斯・漢彌敦（Brutus Hamilton），美國田徑教練，曾經寫文章斷言人類不可能突破四分一英里障礙。

布萊恩・休森（Brian Hewson），英國一英里跑者。

羅比・摩根莫里斯（Robbie Morgan-Morris），澳洲一英里跑者，很崇拜桑提，也與他一起練習。

連恩・麥克雷（Len McRae），澳洲半英里跑者，桑提的摯友。

查理・卡波佐利（Charlie Capozzoli），桑提在堪薩斯大學的隊友。

亞特・戴卓（Art Dalzell），桑提在堪薩斯大學的隊友，加上柯比、威爾森，合稱四騎士。

狄克・威爾森（Dick Wilson），堪薩斯大學四騎士之一。

艾爾·法蘭肯（Al Franken），美國西岸的知名運動承辦人，熱情款待桑提，幫他打響全國知名度。

艾佛瑞·布蘭戴吉（Avery Brundage），美國業餘體育聯合會，十分反對體育明星化與商業化。

丹·費利斯（Dan Ferris），美國業餘體育聯合會財務主任，經常為難桑提，認為他不受控制，又質疑他接受商業贊助。

法蘭茲·史坦福（Franz Stampfl），奧地利人，希特勒掘起後搬到英國擔任體育教練，熱情又有智慧，深受班尼斯特信賴。

吉姆·彼得思（Jim Peters），英國馬拉松跑者，一九五四年大英帝國運動會英國隊長。

前言

如果你已經窮盡精力，仍能迫使心志和勇氣支撐著你，
直到一無所有，仍用意志說著：「堅持下去！」

——摘自吉卜林的《如果》

「他怎麼知道他不會死？」一名法國人詢問關於第一位打破四分一英里障礙的跑者。[1]半世紀前，想達到那個目標，就等同於想攀登聖母峰，或乘船航繞世界。多數人認為以四分鐘跑四圈跑道，超越了人類的極限速度，嘗試那樣做，不僅是愚勇，而且可能有危險。有人認為，完成那項壯舉的人，可能不會獲得一輩子的榮耀富貴，反而會被送上靈車。

四分一英里不僅是生理障礙，也是心理障礙，強烈吸引人想突破。這個數字有數學的美感，一名作家解釋道：「這個數字看似非常完美，四圈，四分之四英里，四分鐘，好似上帝親自訂定的人類極限。」[2]達到低於四分鐘，聽起來既神祕又英勇，彷

佛達到體育界的英靈殿。數十年來，頂尖中距離跑者屢試屢敗，差不到兩秒，但是最快就只能跑到這樣的差距。跑者反覆戮力挑戰，終究失敗。每次挑戰就像把一顆石塊加到看似越來越無法突破的牆上一樣。

四分一英里之所以吸引人，不只因為有數學美感和被認為無法突破，也因為跑一英里本身就是一門藝術。[3]不同於一百碼短跑或馬拉松長跑，跑一英里需要平衡速度和耐力。要突破這道障礙，必須跑得快，刻苦訓練，極度瞭解身體，這樣才能在澈底耗盡體力的那一刻衝過終點線。此外，跑者必須單獨打破四分一英里障礙，沒有隊友能怪罪，沒有教練會在中場休息時，激勵跑者恢復鬥志。或許有人會找理由為自己辯解，說天氣冷、風勢不佳、跑道跑起來慢、對手推擠，但是終究還是得面對這些障礙。贏得賽跑，尤其是對時鐘的賽跑，最終還是得獨自奮戰，對手就是自己。

一九五二年八月戰鬥展開。三名二十初頭歲的少年決心成為第一個突破障礙的人。天生跑得快的魏斯．桑提（Wes Santee），綽號「跑步界的炫目迪恩（Jay Dizzy Dean）」，是天賦異稟的運動員，父親是堪薩斯州的牧農場工人。他跑步成績令觀眾驚嘆，喜歡媒體矚目，是第一個宣布要以四分鐘跑完一英里的人。「他完全相信自己比任何人都優秀。」一名體育記者說道。很少人知道他是用跑步來逃避痛苦的童年。[4]

第二位是約翰．蘭迪（John Landy），澳洲人，訓練得比誰都嚴格，肩上背負全體國人的期望。一英里對蘭迪而言，是藝術成就，而不是賽跑。他說道：「在一英里賽中，我寧願以三分五十八秒輸掉，也不要以四分十秒獲勝。」[5]蘭迪白天跑，晚上也跑，跑過原野，跑過樹林，跑上沙丘，沿著海灘在水深及膝的海浪中跑，跑步讓他發現自己從未知道自己擁有的紀律。[6]

最後一位是羅傑．班尼斯特（Roger Bannister），英國醫學院學生，在職業選手與體育商業化行為充斥的世界裡，象徵業餘運動員的完美典範。對班尼斯特而言，突破四分一英里障礙是「挑戰人類的精神」，但是必須經過深思熟慮的計劃才能成功，必須進行科學實驗，求教承受過巨大痛苦的人，以及擁有厲害的最後衝刺。

三位跑者都承受數千小時的訓練，鍛鍊身心。他們一年跑步的距離超過我們多數人一輩子走路的距離。他們的大部分年輕歲月都用在刻苦跑步[7]，一週接著一週訓練，直到倒下，只為了在一英里賽中減少一、兩秒，這不過就是彈一下手指和收銀機開關的時間。他們有時候晚上會失眠，有時候會冒著雨、霙、雪、酷熱訓練，有時候會想出去喝啤酒或約會，但是知道不能去。他們瞭解他們的人生與眾不同，不能虛度光陰，開心度日。他們沒在訓練或比賽或為了訓練與比賽集中意志力時，就是在想辦法完全別去想訓練與比賽。[8]

一九五三年和一九五四年，桑提、蘭迪和班尼斯特開始攻擊四分一英里障礙，一個月比一個月更加接近，全球報紙頭版大幅報導他們的故事，跟韓戰、伊麗莎白女王加冕、艾德蒙·希拉里（Edmund Hillary）攀登世界屋頂的頭條新聞並列。他們的表現比棒球冠軍賽、板球對抗賽、跑馬比賽、英式橄欖球賽、美式足球賽和高爾夫球賽更加吸引人，班·霍根（Ben Hogan）、洛基·馬西亞諾（Rocky Marciano）、威利·梅斯（Willie Mays）、比爾·提爾登（Bill Tilden）和名馬天才舞者（Native Dancer）經常被這三名跑者奪走鋒頭。三人的成就吸引媒體注意田徑運動，空前絕後，每場比賽前的幾週，頭條新聞就會預報障礙即將被突破：「蘭迪可能會完成不可能的任務！」；「班尼斯特有機會突破四分一英里障礙！」；「桑提越來越接近幽靈一英里！」文章會剖析跑道狀況和最新天氣預報，全球數百萬人密切注意每次挑戰，三人失敗許多次，每當有人失敗，就會被批評不夠努力或沒有能力。但是每次有人失敗，只會刺激其餘兩人更努力挑戰。

三位頑強的英雄不斷奮戰，燃起雄心壯志，渴望達成目標，成為頂尖跑者。無可否認，他們擁有名氣，三人之中，只有桑提喜歡受到大眾矚目，但是最後證明大眾矚目只會造成負擔，沒有好處。至於財富，他們很少考慮金錢報酬，因為他們全是業餘運動員。他們必須東拼西湊才能籌到零用錢，仰賴比賽主辦者提供像樣的住宿與交通，比賽獲勝的獎品通常是手錶或小獎杯。當時，電視機剛問世，業餘運動開始失去純真，「不惜任何代價取勝」的新風氣崛起，但是這三位運動員仍只為了挑戰障礙而奮戰，獎勵就是努力的過程。

在跑道上跑完令人心力交瘁的四圈後，三人中的其中一人終於以三分五十九秒四衝過終點帶。但是比賽並沒有就此結束，障礙被突破了，大批媒體爭相報導勝利者，然而，根本的問題依舊未解：三人同場較勁，誰會獲勝？

答案在完美的一英里賽中出現，這場比賽的對手不是時鐘，而是參賽選手。勝利者在全球觀眾面前，以驚人的衝刺衝過最後彎道，取得勝利。

一名這場戰役的記錄者曾經說，如果運動是一條「輪流交織勝利與悲劇的掛毯」，那這篇故事的第一條織線就是悲劇[9]，發生在芬蘭赫爾辛基奧運一千五百公尺決賽，比一英里少一百二十碼，差不多兩年後，最偉大的勝利才出現。

第一部

跑步的原因

第一章

我現在學會不讓大眾與媒體主導我的比賽，不會單純為了譁眾取寵、引人矚目而隨便扔冠軍獎牌。

——一九三六年奧運金牌得主傑克．洛夫洛克（Jack Lovelock）

一九五二年七月十六日，在南倫敦馬刺柏公園（Motspur Park），兩名男子穿著跑步背心和跑步短褲在煤渣跑道上奔跑，觀眾席空蕩蕩的，只有零星幾人在觀看。已退休的劍橋一英里跑者羅尼．威廉斯（Ronnie Williams）全力跟在直道上奔馳的班尼斯特保持並駕齊驅。班尼斯特以每秒七碼的速度狂奔，「跑步」兩字已經不足以形容他。這次計時測試幫班尼斯特定速前半段的克里斯．查特威（Chris Chataway）已經精疲力竭，而威廉斯之所以沒放棄，純粹因為他只要維持速度一圈半就行了。班尼斯特與眾不同的最大特色就是跑步姿勢，《每日郵報》的記者歐康樂（Terry O'Connor）曾經如此描述：「班尼斯特跨步優雅寬長，充滿動能，宛如希臘人再世，展現真正奧運跑者的姿態。」[1]

班尼斯特身材高挑，六呎一吋，四肢修長，胸膛活像引擎，修長的雙臂擺動起來宛如活塞。他在跑道上風馳電掣，動作極為精簡。有人說他能像在跑道上奔跑一樣，輕鬆走鋼索，步伐踩得平穩極了。[2]他在四分之三英里計時測試最後衝刺時，不會出現刺耳的換檔聲，只會靜靜平穩加速。班尼斯特喜愛比賽最後加速的那一刻[3]，鼓起腳和肺的肌力和意志力，全速衝刺。確實，班尼斯特有跑步的天賦，但是遠不止如此。

班尼斯特奔向終點，威廉斯緊跟在後。班尼斯特的朋友羅禮士・麥沃特（Norris McWhirter）在邊線準備測量時間，拇指穩穩貼著秒表按鈕；他知道拇指有肉，如果將拇指懸在按鈕上方，測出來的時間至少會多零點一秒。[4]班尼斯特衝過終點，羅禮士猛力壓下按鈕，看到時間後，倒抽一口氣。

羅禮士和雙胞胎弟弟羅斯（Ross）從就讀牛津大學起，就跟班尼斯特很親密，兩人比這位一英里跑者大三歲[5]，第二次世界大戰期間曾在英國海軍服役，三人在大學體育社裡是隊友。羅禮士一直都知道羅傑與眾不同。班尼斯特擔任阿基里斯社（Achilles Club，牛津劍橋聯合體育社）的社長，有一次社團前往義大利，搭乘前往佛羅倫斯的火車時，羅禮士驚奇地看著班尼斯特在地板上睡覺，心想：「躺在地板上的這個人有朝一日會證明自己擁有優異的體能，勝過世上無數人。」[6]但是七月的那天下午，羅禮士盯著秒表，難以相信測出來的時間是真的：班尼斯特用兩分五十二秒九跑完四分之三英里，比頂尖瑞典一英里跑者阿恩．安德森（Arne Andersson）保持的世界紀錄快了四秒。

喘口氣後，班尼斯特走過來看秒表上的數字。煤渣黏在釘鞋的釘子上，那雙釘鞋是薄皮革做的，跟腳緊密貼合，綁緊鞋帶後，可以看見腳趾的突起處。鞋底嵌著六根以上的半吋鋼釘，增加摩擦力。跑道表面多年來改善甚微，大多是橢圓形土質跑道，上頭鋪著燃煤火力發電廠鍋爐燒剩的煤渣。跑道品質取決於煤渣保養狀況，高溫時，煤渣會變鬆，容易散開；下雨時，跑道會變成遍地汙泥，髒亂不堪。馬刺柏公園的跑道由於有國內最優秀的跑道保養員，跑起來最快，正因如此，班尼斯特才會選擇在這裡進行這次計時測試。

他總是會在比賽前進行四分之三英里測試，好確認體能狀況和判斷跑步速度。這次測試格外重要，因為十天後，如果他通過預賽，就能參加過去兩年為了獲勝而苦練的比賽：奧運一千五百公尺決賽。今天下午的好成績對他的信心極度重要。

「兩分五十二秒九。」羅禮士說道。

班尼斯特大吃一驚，威廉斯和查特威同樣無法置信，認為肯定是時間測錯了。

「羅禮士，你至少也帶個我們信得過的秒表嘛。」班尼斯特說道。[7]

羅禮士聽到這句話後動了肝火，但是他知道怎麼確定秒表是否準確。[8]他急忙跑到體育場水泥觀眾席附近的電話亭，投入一便士的硬幣，撥打「T」、「I」、「M」三個字母。電話悶悶地響了幾聲後，不帶感情的電話語音傳出，用沒有抑揚頓挫的語調唸道：「嗶第三聲時，時間為兩點三十二分十秒——嗶——嗶——嗶——嗶第三聲時，時間為兩點三十二分二十秒——嗶——嗶——嗶……」羅禮士查看秒表：準確無誤。

羅禮士回去把結果告訴其餘人，大家一致認為班尼斯特在赫爾辛基肯定會有絕佳的表現。大家不敢預料會得金牌，但是知道，班尼斯特認為四分之三英里能測出三分鐘以內就是絕佳的比賽狀態。更何況，他現在比這個標準快了七秒。過去兩年的訓練就是聚焦在讓他在此刻達到巔峰，而他現在真的是登峰造極，無可匹敵。跑步教練和報紙專欄作家都抨擊他採用自己的訓練計劃，沒有在奧運之前參加足夠的比賽。很快這些批評者就會噤聲了。

然而，羅禮士還有個噩耗沒告訴班尼斯特。羅禮士是《星報》（*Star*）的記者，隨時注意重要的最新消息，最近從英國奧運官員哈洛・亞伯拉罕（Harold Abrahams）口中得知非常令人傷腦筋的消息。由於參賽人數增加，一千五百公尺比賽增設了準決賽，因此班尼斯特在赫爾辛基不只得參加第一輪預賽，還得通過準決賽，才能進入決賽。

四人搭上羅禮士的黑色漢堡汽車（Humber），回到市區度過下午。二十三歲的班尼斯特在跑道上奔馳時[9]，看起來所向無敵，但是下跑道後就顯得纖瘦。他穿著褲子和襯衫時，就看不見長長的肌肉線條，引人注意的變成是臉蛋。長長的顴骨，白色的皮膚，稻草色的亂髮斜落前額，表情熱誠，微笑時帶著孩子氣。然而，他的眼神流露沉靜的侵略性，他看著別人的時候，感覺就像在掂量人。

羅禮士把車開出公園後終於說出口：「羅傑……主辦單位加辦了準決賽。」[10]

大家都知道他的意思：三天內要參加三場比賽。班尼斯特的訓練是以兩場比賽進行規劃的，不是三場，三場所需的耐力高出許多，但是班尼斯特把訓練焦點集中在提升速度。比完前兩場比賽，就算進入決賽，他仰賴的鬥志也會在決賽前磨盡。這就好比他是射手，已經依距離準確瞄準目標後，卻發現目標移出射擊範圍外，現在要重新調整瞄準具已然來不及了。

班尼斯特望著窗外，什麼也沒說。離開馬刺柏公園，遠離公園的開闊綠地和長枝橫生的樹木，道路上廢氣瀰漫，路邊一棟棟死氣沉沉的屋舍，還有一片片雜草蔓生的荒地。他們越接近倫敦，就越能看見戰爭造成的破壞，炸彈造成的斷垣殘壁和彈坑，都還沒剷平重建，一層細細的煤灰覆蓋窗戶，把屋頂變成灰色。

這位年輕的一英里跑者沒有向朋友們發牢騷，不過朋友們知道他背負著壓力，因為英國對他在一九五二年奧運寄予厚望。英國亟需英雄，也期盼他能成為英雄。[11]把國家的希望寄託在運動員身上看似會引發災難，但是英國當時亟需勝利。長久以來出了許多亂子，導致許多人質疑英國在世界上的地位。英國的生存之道似乎變得危如累卵。「榮景已逝。」[12]詹姆斯．莫里斯（James Morris）這樣描寫一九五〇年代的英國：「大英帝國不再是世界翹楚，各國紛紛超越我國，我國漸漸過時，簡直就像太古時代的國家。漸漸地，我們開始遭遇國家歷史節奏的巨變，當舊成就的動力耗盡，最後就會出現這樣的巨變。」第一次世界大戰後，英國在經濟與軍事上不再是強權。一九三〇年代，經濟大蕭條慢慢耗竭英國儲備的經濟力量，而且英國掌控印度的力量也開始減弱。接著英國不甘不願參與第二次世界大戰，知道自己無法獨自對抗希特勒的軍隊。英國一參戰，就得全力應戰，以避免被納粹黨打敗。戰爭結束時，英國人發現自己就像閃電戰中的倖存者，在警報器停止鳴叫後跑到街上，知道自己雖然大難不死，但是必須面對未來的艱困日子。

戰後日子確實艱困。英國負債三十億英鎊，主要欠美國，而且總額不斷增加。出口衰竭，主要因為半數英國商船被擊沉。返家軍人發現家園剩下斷垣殘壁，謀職困難，找安身立命的地方更是難上加難。商店櫥窗仍用木板封住，燃燒煤炭的煙汙染了空氣，小巷內滿地垃圾，連最基本的日常必需品都得排隊領取。排隊走到前頭，用配給卡領麵包（每人每星期三點五磅）與蛋（一星期一顆）等等各種日常必需品，其實種類並不多。兒童也必須有配給證才能買糖果。火車不僅過度擁擠，到站與離站的時間跟時刻表上的時間相差好幾個鐘頭，而且運氣好才叫得到計程車。「如果這是勝利，」一名記者問道，「為什麼我們泡澡時還是得平放雙腳，水才能高過膝蓋？」[13]打擊不斷降臨。一九四六年到四七年的冬天是那個世紀最惡劣的冬天，造成英國癱瘓。暴風雪和停電引發財政大臣口中的「連連災禍」。氣溫極度寒冷，連大笨鐘的指針也結冰，宛如時間停止一般。[14]春天爆發嚴重水患，夏季氣溫酷熱，小兒痲痺症恐慌更讓災難雪上加霜。儘管政府多次嘗試重振英國，但是接下來五年英國仍然過得極度「困苦」。關鍵產業國有化，政府建造數千間簡陋的組合屋供無家可歸的人居住。評論家賽洛．康諾理（Cyril Connolly）認為：「倫敦是最大、最慘、最髒的大城市，沒刷漆的屋舍綿延數里，只有半數有人居住，牛排館裡沒有牛排，啤酒屋裡沒有啤酒……民眾穿著破爛的雨衣在自助餐館的髒柳條桌椅上用餐，天空永遠晦暗，像低懸著的金屬鍋蓋。」[15]一九五一年舉辦英國節，就是想提振倫敦的生氣，雖然舉辦了體面的宴會，但顯然是想掩飾人民度過數年艱苦生活的疲態。格外憤恨不滿的人說，節慶中建造的沖天塔（Skylon）「就像英國」[16]，無援孤立著。雪上加霜的是，一九五二年二月六日倫敦報紙用黑邊版面報導「英王辭世」。民眾配戴黑色臂環，排隊數英里，等待進入西敏寺瞻仰英王喬治六世的遺容。[17]民眾進入廳堂時，只聽得見腳步聲和哭泣聲。偉大的時代過去了。

那個過去的時代存在許多理想典範，像是團結合作、自制、自重、堅韌不倦、努力、公平競爭、紀律，這些典範經常被歸功於英國漫長的運動傳統。據說在整個帝國的歷史中，「英國能成為主權獨立的國家，得歸功於運動」。[18]但是最近英國連運動都衰退了。[19]一九四八年倫敦奧運一開始就不順遂，奧運聖火從希臘抵達英國時竟然意外熄滅。被作家彼得．路易斯（Peter Lewis）稱為「應有盡有歡樂合眾國」的美國[20]，傲視群雄，贏得三十八面金牌，英國只獲得三面。從那之後，英國就得在痛苦中學習當「有風度的輸家」，每種比賽都是如此，從板球、英式橄欖球、拳擊、網球、高爾夫球、英式足球、田徑比賽，甚至連游泳橫渡英吉利海峽也是。[21]看起來典型的英國業餘選手根本無法應付競賽，英國選手玩運動單純為了享受努力的過程，從不想付出整個人生。英國選手看起來迂腐落伍，不夠資格參加競賽。英國向來認為卓越超群的運動技能象徵在世界的地位，因此這種情況著實令英國苦不堪言。[22]

班尼斯特出生在結束於喬治六世辭世的那個時代，屬於最後一個世代，是典型的紳士業餘運動員。家族沒有悠久的運動傳統，也沒人認為他會進入牛津學醫，下午近晚時，他會待在文森社（Vincent's Club）。文森社的一百名社員都是牛津大學的精英。[23]

他的父親勞夫（Ralph）是十一個孩子裡的老么，在蘭開夏郡長大。蘭開夏郡是英國棉業中心，經常受到經濟蕭條衝擊。勞夫十五歲離家，參加英國公職考試，錄取擔任低層職員後，搬到倫敦。在政府官僚體系辛勤工作十餘年後，他想定下來結婚。某次返回蘭開夏郡時，他結識妻子愛麗絲，一九二九年三月二十三日，愛麗絲生下長子羅傑和次子吉爾伯特。一家人住在倫敦郊區哈羅區（Harrow），宅子不大不小。羅傑的父母被迫放棄教育，無法就讀大學（母親在棉花廠工作），因此重視書本和學習勝於一切。羅傑對於父親的運動興趣僅知道他曾經在學校贏過一次一英里賽跑，後來淡出運動。[24]直到晚年羅傑才知道，父親用銾鍊把那次比賽贏得的金牌串起來。[25]

班尼斯特是在海灘玩耍時發掘跑步的樂趣。「我當時嚇了一跳，很害怕。」[26]他後來這樣描寫突然赤腳走在沙子上的感覺，「不安地左顧右盼，瞧瞧有沒有人在看。接著再走幾步，怯生生的……感覺大地好像跟著我移動。我跑了起來，身體以一種新奇的節奏跑動。」不過除了很早就熱愛快速移動之外，他的童年平淡無奇，主要都在獨自做一般男孩喜歡做的事，像是組裝模型、幻想英勇冒險、躲避鄰居惡霸。在他十歲時[27]，這樣的世界遭到破壞：空襲警報響起，他嚇得把模型船緊緊夾在腋下，拔腿跑回屋子裡。德國空軍當時並沒有來襲，不過不久後就會了。他們一家撤到巴斯（Bath），但是根本無一處是安全的。有一晚，警報響起，一家人躲到新家的地下室樓梯下方，一聲如雷的爆炸聲撼動牆壁，屋頂坍落到附近，班尼斯特一家人只好逃到樹林裡躲避。

戰爭繼續侵擾他們的日常生活，主要困擾來自配給證和必須把窗戶弄得不透光，不過羅傑還有其他問題。他當時處於尷尬的十二歲，思想認真[28]，容易緊張頭痛，在巴斯的新學校，難以融入眾多陌生同學，贏得年度越野賽跑後，才獲得接納。一年前，他以第十八名跑完比賽後，隊長建議他進行訓練。他聽從建議，每週全速奔跑兩英里半兩次。隔年，比賽前一晚，他忐忑不安，想著自己將跟最有勝算的「第三類巨人」競賽。翌日，班尼斯特打量著那個最有勝算的人，注意到他狂妄自大，但是整體而言體能不佳。[29]比賽一開始，他便低頭狂奔，第一個抵達終點。雖然令朋友驚訝對他而言已經是夠棒的獎品，但是這場比賽似乎也消弭了他對生活的不安，很快地，他就能專心學習，發展對表演、音樂與考古學的興趣。只要繼續贏得比賽，他就不擔心被排擠。他不僅熱愛跑步，活力過盛，鞭策自我的能力更是超乎常人，幾乎賽無不勝，不過抵達終點時通常氣喘吁吁。

他離開巴斯去就讀倫敦大學學院之前，校長告誡道：「你要是繼續用這種速度跑，會活不到二十一歲的。」[30]新學校不重視跑步，班尼斯特又費了一番艱辛才找到立足之地。[31]他過得好不痛苦。他嘗試玩英式橄欖球，但是體格不夠壯，速度不夠快；於是又嘗試划船，但被擺在「八人」賽隊的第三隊。他始終清楚知道自己想要什麼，一年後他知道自己想退出了。於是他在十六歲參加劍橋大學入學考試，十七歲選擇接受獎學金到牛津大學愛塞特學院（Exeter College）就讀，因為劍橋大學要他延後一年入學。

班尼斯特想學醫當醫生，但是知道自己不僅需要想辦法融入，還得勝過同學。[32]一九四六年時，大部分同學因為戰爭而延後入學，比他年長多達八歲。同學有的是退役少校和准將，他知道跑步是凸顯自己的最佳機會。

前一年，父親曾經帶他去觀賞戰後第一場國際田徑賽，觀看身高只有一百六十八公分、但卻藝高人膽大的英國一英里跑者悉尼．伍德森（Sydney Wooderson），挑戰一百八十三公分高的長人安德森。當安德森險勝伍德森時，白城體育場（White City Stadium）全場譁然。「如果要說有哪一刻使我開始想成為賽跑選手，我想就是那一刻了。」[33]班尼斯特後來說道。賽跑不同於其他運動，只要有心就能成為偉大的選手，而他感覺自己擁有滿腔熱血。

到牛津後，班尼斯特連行囊都沒拿出來，就去運動場找運動員，結果一個也沒找著，不過倒是有發現學院布告欄上張貼大學體育社的告示。他馬上郵寄入社費，但是沒收到回覆。一名場地管理員勸告道：「我擔心你永遠跑不好，你沒有跑步的體力和體格。」儘管如此，他還是決定到跑道上跑一跑。顯然場地管理員認為跑者都得看起來像聞名遐邇的牛津一英里跑者洛夫洛克，短小結實，雙腳粗壯有力。但是四肢細長、看似笨拙的班尼斯特固執己見。最後他終於收到社員證，三個星期後，他參加新生運動會的一英里賽，穿著參加划船隊時留下來的運動衣，上頭沾著油汙。當時他認為最好從起跑就領先，結果以第二名結束那場比賽，時間四分五十二秒，後來他就放棄用這樣的策略。那場比賽後，英國奧運協會的祕書建議他：「別用跳的，這樣能少二十秒。」[34]當時班尼斯特第一次穿釘鞋，他後來說：「釘鞋緊抓跑道，害我跨太大步，活像袋鼠在跳。」[35]

一九四六年到四七年的嚴冬積雪十呎高[36]，這表示有人得鏟掉跑道上的雪，運動員才能訓練。於是班尼斯特便開始鏟雪，由於認真訓練，一九四七年三月二十二日，在牛津劍橋一英里賽贏得第三線選手的位置。就在那個沉悶的春日，在觀看伍德森比賽的白城體育場裡，班尼斯特發現了真正的跑步天賦。他站到起跑線，心中感到壓力，想跑贏大學的主要對手。從一開始班尼斯特就跑在後面，讓其他人跑在前頭定速。跑道潮濕，前面跑者踢起煤渣，把他的衣服前側濺出點點黑汙。最後一圈的鈴聲響起後，班尼斯特雖然精疲力竭，但仍緊追領先的跑者們，應該能跑出佳績。不過，突然間，他感覺非贏不可。「那是直覺，極度渴望勝過場上所有選手。」他後來解釋道。冷冽的強風直接吹襲背部，他加快跨步速度，不論是隊友還是對手，每個人都大吃一驚，他從外側衝刺而過。體力與意志力結合，激發鬥志，他第一次感覺如此活力充沛。他在四分三十秒八衝過終點帶，領先其餘選手二十碼。重點不是時間，而是他拼盡全力跨大步迅速超越全場選手。這令他欣喜欲狂，這是他第一次明確知道自己的跑步方法獨樹一幟，跑起來也感覺與眾不同。

比賽結束後，他遇見洛夫洛克，一九三六年奧運一千五百公尺賽金牌得主，曾經是一英里賽的世界紀錄保持人。「你說的是那個洛夫洛克嗎？」[37]被引見洛夫洛克時班尼斯特說道。洛夫洛克是國家英雄，是愛塞特畢業生，也是醫生，天生速度驚人。

他並沒有去深入洞察班尼斯特是否有潛力重振英國體育。

但是班尼斯特沒有因而失望，六個星期後，一九四七年六月五日，他以四分二十四秒六跑完一英里，勝過他的英雄伍德森在跟他同年齡十八歲時締造的紀錄。[38]那個夏天班尼斯特跟著英國隊去參加戰後首次國際賽，跑出幾場好成績，十一月獲選為一九四八年奧運「可能人選」，但是他最後拒絕邀請，認為自己還沒準備好，為此遭到一些批評。

然而，天性使然，班尼斯特總是我行我素，不聽別人的勸言。他讓訓練過洛夫洛克的湯馬士（Bill Thomas）擔任教練，但是很快就對湯馬士不滿。[39]湯馬士在跑道上指導班尼斯特時都會戴圓頂禮帽，穿襯衫搭配背心。他老是對班尼斯特大吼大叫，訓示該如何擺動手臂，還有訓練期間要跑幾圈。每當年少氣盛的班尼斯特詢問進行各種訓練課程的原因，湯馬士總會簡單回答：「哼，我是教練，我叫你怎麼訓練，你照做就對了。」每當班尼斯特跑完測試詢問時間，湯馬士總是說：「唉，別操心時間啦。」不久後班尼斯特便甩掉他，寧願自己探索如何提升成績。

翌年他當上牛津大學體育社的祕書，很快又成為社長。他在第二年的牛津劍橋對抗賽中獲勝，並且在夏天參加業餘體育協會錦標賽（Amateur Athletic Association Championships），見識到一流比賽。越來越多報紙頭條新聞出現他的名字，他甚至還在奧運開幕典禮化險為夷，當時英國隊發現沒拿到走進體育場時要帶的國旗，幸好班尼斯特找到備用國旗，拿磚頭砸破領隊的車窗，取出國旗。

四年後他打算再度拯救英國隊的聲譽。

一九五〇年秋天班尼斯特開始準備赫爾辛基奧運。他把前兩年用在研讀醫學，享受大學生活，從巴黎搭便車到義大利旅行，同時持續到美國、希臘與芬蘭參加賽跑，身子長胖了。[40]他在比賽中有輸有贏，不過最重要的是，他從經驗不足、身材瘦弱的孩子轉變成少年，清楚瞭解牛津和跑步為他開啟了本來無法進入的新世界。他準備好要在奧運場上競賽了，結束後，就要一輩子收起釘鞋，專心行醫。

班尼斯特的盤算是用一年跟全球頂尖中距離跑者競賽，瞭解他們的優缺點，適應不同環境。接著，在赫爾辛基奧運前的那一年，全心專注訓練，達到巔峰狀態，只參加幾場比賽就好，避免比賽技巧變得生疏。這個計劃完全是他自己想出來的。跟洛夫洛克談過如何準備一九三六年奧運後，班尼斯特就覺得自己不需要其他指導。首先，聖誕節期間他搭飛機到紐西蘭，參加百年紀念賽（Centennial Games），打敗歐洲一千五百公尺冠軍荷蘭人威廉・史萊克斯（Willem Slijkhuis）和澳洲一英里冠軍唐・麥克米蘭（Don Macmillan），兩人都可能會在赫爾辛基對上他。[41]他的一英里賽時間降到四分九秒九，比三年前初次在牛津比賽少了超過四十秒。在紐西蘭，他參觀了洛夫洛克就讀的那所鄉村小學校，在那裡注意到，贈與奧運金牌得主洛夫洛克的那株樹苗，已經長成橡樹。他當然也注意到其中的象徵意義。回到英國後，一九五一年整個春天，班尼斯特繼續在牛津研讀醫學，研究人類忍耐的極限，並且喜歡跟托爾金（J. R. R. Tolkien）和路易斯（C. S. Lewis）之流的優秀講師談天說地。

接著他搭飛機到費城參加班傑明富蘭克林一英里賽（Benjamin Franklin Mile），這是美國首要的中距離跑步賽事。媒體格外矚目這位英國選手沒人陪同，針對他獨自來參賽特別評論了一番：「沒有教練，沒有訓練員，沒有按摩員，連朋友也沒有！他要不是瘋了，就是很優秀。」[42]在四萬名美國觀眾面前[43]，班尼斯特以四分八秒三的時間打敗美國最優秀的兩名一英里跑者，《紐約先驅論壇報》說他「配稱得上洛夫洛克的接班人」[44]，《紐約時報》引述一位徑賽官員說的話：「他年輕健壯，快步如飛。實在難以預料他能締造什麼樣的佳績。」[45]

這場比賽使班尼斯特在家鄉獲得滿堂彩，在美國人的地盤上打敗美國人，能讓人贏得國家英雄的地位。夏天時，他又接著在英國賽事和業餘體育協會錦標賽中屢戰屢勝，徑賽官員和媒體當時簡直想要直接頒發奧運金牌給他，稱許他的訓練「出類拔萃，值得仿效」。英國媒體大讚他如行雲流水的長跨步「完美無缺，令人驚嘆」；他令對手驚訝呆立，宛如跑道上的「鬼魅」。有一場比賽，班尼斯特贏得不費吹灰之力，惹得群眾哄然大笑，一位英國官員預言道：「得要會飛才能在赫爾辛基奧運打敗他。」[46]

不過媒體的正面報導很快就變成負面。班尼斯特遵循自己的計劃，在夏末停止參加一英里賽。他厭倦比賽了，覺得在那一年期間，自己已經學會一切必須學的比賽技巧，現在應該全力訓練。當他選擇參加一場國際賽的半英里賽時，報紙便抨擊道：「回去跑你擅長的距離吧，羅傑。」[47]批評這才開始而已，但是班尼斯特仍專注於目標。

為了逃避矚目，他到蘇格蘭旅行，連續兩星期都睡在星空下。[48]有一天下午近晚，在湖裡游完泳後，他開始慢跑禦寒，不久後便跑得自得其樂，穿越沼澤跑向海岸。天空布滿猩紅色的雲，他跑著跑著忽然下起雨來，陽光仍溫暖著他的背，一道彩虹出現在他面前，他看起來就像要奔向彩虹。沿岸海浪擊打岩石的節奏使他感到舒心，他調頭要回去起點，濕涼的空氣灌滿肺部。他跑進陽光裡，難以看清腳下的土地，但仍快速向前跑，跑得活力充沛。最後太陽消失到地平線下，他筋疲力竭，翻倒在小丘上，仰躺著休息，雖然腳底鮮血直流，但是反而覺得更有活力。他必須重新找回跑步的樂趣，擺脫跑道的束縛。

一九五一年到五二年的那整個冬天，班尼斯特在倫敦聖瑪麗醫院埋首於第一年醫學院的課程，學習記錄病人病歷的基礎實務和巡視病房，但是同時也在為奧運進行訓練。[49]到春天時，他已經練好耐力，開始調整在跑道上的速度。當他宣布不會衛冕英國一英里冠軍頭銜時，體壇反對：「這實在匪夷所思。他有義務重振業餘運動，他必須證明自己有資格參加奧運，他必須找教練，不能躲避英國的對手。」班尼斯特並沒有在重要媒體上發表聲明、解釋理由，只是謹守計劃，信任計劃。這套計劃雖然是獨自訓練，但是卻澈底達到他想要的效果，至少目前是如此。而其餘選手大多聽從英國業餘運動社團幹部的指示與指導進行訓練。

一九五二年五月二十八日，班尼斯特在馬剌柏公園用「如飛的箭步」，以一分五十三秒跑完半英里。[50]十天後，他參加醫院交流賽的一英里賽，以一百五十碼的差距大勝。或許他知道自己在做什麼，媒體改寫說他會在赫爾辛基讓批評者啞口無言，並且讚賞他的訓練「很先進」。跟其餘的國際頂尖一千五百公尺跑者相比，他的時間綽綽有餘。他「風馳電掣的最後一圈」大概是致勝關鍵，連《曼徹斯特衛報》（*Manchester Guardian*）受人敬重的體育記者蒙泰格（L. A. Montague）都挺身解釋，說班尼斯特「比較敏感，經常也比較睿智，在重要比賽中總是鬥志旺盛，全力爭取佳績」。[51]班尼斯特是英國獲得金牌的最佳機會，蒙泰格不禁質疑：「評論者真的以為自己突然間比班尼斯特更瞭解他自己嗎？」

縱使七月初在白城體育場輸掉八百公尺賽，報紙頭條仍呼籲：「別擔心班尼斯特這次輸掉比賽，他知道自己在做什麼！」[52]在媒體的有效協助下，班尼斯特把自己逼得無路可退。每個人，包括業餘體育協會會長、受人敬重的報紙專欄作家們、協會全體會員、國人同胞，都看好他會贏得金牌。當然，倘若失敗，他可沒有替罪羊。「沒有藉口。」[53]班尼斯特自己也這樣說，「在赫爾辛基獲勝是唯一的解決辦法。」[54]他也懷疑他是故意把自己推入這樣的絕境[55]，如此一來，奧運決賽到來時，他就能擁有眾人的期盼、競賽的鬥志、兩年的專注訓練，同時預想那是退休前的最後一場比賽，如果輸了，不能怪別人，只能怪自己。他就是用這樣的想法來激勵自己。

七月十七日，英國奧運隊的多數成員已經前往芬蘭，班尼斯特仍在倫敦，不過很快就得去跟團隊會合。領隊克倫普（Jack Crump）抵達赫爾辛基時便直言道：「我們不會讓英國同胞失望的。」[56]

和某些選手一樣，班尼斯特想在奧運開幕前躲避媒體的狂熱報導。當然，他也是焦慮地等待著，擔心即將展開的比賽。他的朋友查特威有希望在五千公尺賽奪牌，也延後出發。[57]兩人逛遍倫敦，要買遮陽護目鏡，遮擋斯堪的那維亞半島每天長達二十一小時的日光，無奈倫敦太陽鮮少露臉，要找到遮陽護目鏡著實困難。班尼斯特同時也尋找著早報。

沒花多久班尼斯特就找到一篇澈底改變一切的頭版報導：「奧運增辦一千五百公尺準決賽。」這證實了羅禮士昨天告訴他要增加比賽場次是真的。「我難以置信。」[58]班尼斯特後來解釋道，「讀完那幾個字後，我就覺得勝算變得渺茫。」雪上加霜的是，他在第一輪淘汰賽抽中高手雲集的場次。

他繼續在煙霧瀰漫的倫敦街頭閒逛，本來滿心期待即將在赫爾辛基享受清新空氣和在賽場上疾速奔馳，但是現在卻覺得充滿凶兆。他一點也不想去，這實在不能怪他。

第二章

人生中不可或缺的要素不是打贏，而是打得漂亮。
——顧拜旦（Baron de Coubertin）現代奧運創辦人

在狹窄的水泥通道裡，桑提動也不動地排在七人的隊伍裡，等待往前走。[1]美國隊的第一批選手正通過馬拉松大門，進入赫爾辛基的奧運體育場。觀眾看臺傳來的鼓掌喝彩聲在通道中迴響，聽起來簡直就像全世界的人都到場觀看開幕典禮遊行。桑提比較習慣穿牛仔靴或徑賽釘鞋，然而此刻他穿著白色漆皮鞋向前走，服裝也不同於平常穿的西式襯衫和牛仔褲。跟其餘隊友一樣，他穿著有銀色鈕扣的深色法蘭絨上衣，搭配灰色法蘭絨長褲，戴著府綢帽，把帽緣摺成看起來像牛仔帽。

這位二十歲的堪薩斯大學二年級生高過身旁大部分的人，六呎一吋，腿很長，儀容整齊，平頭短髮，是美國選手的標準儀容；肩膀寬闊，活力充沛，一微笑臉上就容光煥發，總是想到什麼就說什麼，講話帶著中西部的鼻音。他讓人感覺他把情緒表露無遺，但是這項缺點無傷大雅，因為他有鋼鐵般的毅力支撐著。

七月十九日下午，他緊張又期待地走向通道口，通道口雨水落下。他凝視著通道口外的體育場，看見數百名選手在繞行跑道。他們穿著各種顏色、各式造型的服裝，有粉紅色頭巾、印花襯衫、綠色和金色運動上衣、黑色雨衣、橘色帽子。根本無法判斷各隊來自哪裡，因為所有旗子都寫著芬蘭文，桑提甚至不會唸美國的芬蘭文譯文：*Yhdysvaltain*。俄國人已經在場內站定位，穿著乳黃色西裝，打著褐紅色領帶，像軍隊一樣排隊排得整整齊齊。這是俄國人一九一二年以後首次參加奧運，他們毫不掩飾參賽目的就是要打敗美國人。

最後桑提走出通道，跟著隊伍一路走向跑道，頭轉來轉去觀看體育場三層看臺上的七千名觀眾，那畫面著實令人嘆為觀止，他以前從沒看過如此壯觀的場面。觀眾來自各個地方，興奮若狂，說著許多不同語言。他們今天下午過來這裡，純粹是要觀看選手繞行跑道，不是要看選手競技。有一面電子布告板，桑提只看過幾次那種布告板，上頭顯示「*Citius*、*Altius*、*Fortius*」這幾個字，意思是更快、更高、更強。他成功了，順利成為代表國家的奧運選手了。

繞行完泥濘的跑道後，他跟著選手隊伍走到場內定位，等待開幕儀式。他惋惜視角不夠廣，沒辦法把周遭發生的一切盡收眼裡。這裡與塵地鎮（Ashland）相距千里；塵地鎮是堪薩斯州西南部偏遠地區的農業小鎮，是他成長的故鄉。光是赫爾辛基體育場的大小就令人驚嘆不已。他還記得初到堪薩斯大學時，到巨大的禮堂參加新生訓練的情景。當時他跟隊友洛伊德．柯比（Lloyd Koby）在一起，柯比也是來自同樣類型的小鎮，鎮上才正在建造供電設施，公雞報曉是早晨叫人起床的唯一辦法。柯比顧盼著層數眾多的觀眾席，估判著頂部椽木的高度，轉向桑提說：「天吶，這座禮堂能放很多乾草耶。」[2]這不是笑話，而是他們只知道用這樣的說法來形容禮堂有多大。但是那座禮堂跟這個地方相比卻又微不足道，陡斜的水泥看臺彷彿直達天空。

在桑提前方跑道上的講臺，籌辦委員會的主席開始致詞，依序用芬蘭語、瑞典語、法語、英語，講述為了這場比賽投入的千辛萬苦。他的國人同胞砍除森林，用灰泥、花崗岩和鋼鐵建造數百座新建築，徵招數千名義工，開放自己的家，供來自全球各地的陌生人使用。[3]舉辦開幕典禮的體育場由於具有象徵價值，在第二次世界大戰初始時成為俄國轟炸機的主要攻擊目標，現在再度擠滿人潮，大家迫不及待等著競技開始。

主席結束致詞後，介紹芬蘭總統。總統站在麥克風前宣布：「本人謹此宣布第十五屆奧運比賽開始！」小號吹奏聲響起，上頭有五環相扣的奧運會旗升上體育場旗桿。接著二十一響禮炮鳴放，隆隆的迴響消失後，兩千五百隻身子哆唆的鴿子被放出籠子，在空中疾速飛旋。桑提看著天空，鴿子一隻隻飛離，傳達奧運開始的訊息。最後一隻鴿子高飛消失前，記分板先是變成空白，接著又出現文字：「奧運火炬正要進入體育場……火炬手是努米（Paavo Nurmi）。」

緊接著現場陷入混亂。桑提在體育場入口有經過努米的銅像，也在赫爾辛基各處牆壁上張貼的海報看到他的經典畫像，不過很少人料到能見到努米本人。努米蓋世無雙，外號芬蘭魅影和土庫（Turku）的王牌。[4] 努米是芬蘭的國家英雄，是現代田徑教父，曾經是從一萬公尺到一千五百公尺的各項紀錄保持人。一九二四年巴黎奧運，他在不到兩天內就取得三面金牌，簡言之，他是最偉大的選手。努米禿頭，身材瘦小，五十五歲，穿著藍色運動服跑進體育場，右手拿著火炬，跨步無比優美輕鬆。攝影師急忙搶好位置，選手們，包括桑提，紛紛脫離隊伍，衝到跑道邊，想一睹無人能比的努米。

努米拿著樺木火炬，火焰晃動。火焰是六月二十五日在希臘奧林匹亞點燃的，傳遞五千英里，橫渡水陸。選手與觀眾都互相推擠，想看清楚些。努米在跑道上跑完後，在體育場南端一座兩百二十呎高的白塔塔底，把火炬傳給四名選手。四人登上白塔，塔頂有另一位芬蘭金牌得主柯曼能（Hannes Kolehmainen）等著，一群穿著白袍的合唱團站著歌頌，體育場充滿虔敬的安靜氣息。柯曼能接過火炬後，傾斜火炬，點燃奧運聖火，聖火將燒到比賽結束。

桑提和其餘選手回到場上的原位。從遠處看，每隊的選手都一模一樣，穿著一樣的服裝並肩而立，但從近處仔細看會發現[5]，每隊其實是由千奇百怪的男男女女組成，有矮壯的摔角選手、高大的短跑選手、肩膀寬大的鉛球選手、耳朵被打到變形的拳擊手、矮小的體操選手、雙腿彎曲的馬術選手、飽經日曬雨淋的帆船選手，人人都懷抱雄心壯志，想在未來幾天獲勝。

桑提站在混雜的人群中，看著奧運聖火，聽著周遭的嘈雜聲，覺得現場古怪極了。這是他第二次到外國，除了參加運動比賽之外，他不曾離開堪薩斯州。現在他卻在這個偌大的競技場，在這個外邦異國，夜晚只有數小時，沒有教練陪伴，在選手中也只有寥寥幾位朋友。他不只鮮少參加國際比賽，這次還被安排參加五千公尺賽跑，然而，他最擅長的距離卻是一千五百公尺。桑提滿腦子想著這些事，想著想著突然哽噎，喉嚨緊縮，感覺像有石頭卡住。確實，他現在離堪薩斯州有千里之遙。

如果順了父親的意，桑提就仍在塵地鎮耙乾草、修籬笆、犁田地，多數父親都希望兒子過更好的生活，但是桑提的父親卻不然。6

大衛．桑提（David Santee）一八〇〇年代末在俄亥俄州出生，童年過得亂七八糟，連小學二年級都沒讀完。他喜歡吹牛，很會吹口琴，但是唯一能討生活的技能是做粗活。他身高超過六呎，體重兩百二十磅，體格能幹粗活。表姐嫁給堪薩斯州西部名叫莫利農（Molyneux）的牧場老闆後，大衛便去當雇工，在八千英畝的牧農場工作。他在相親中認識艾莎．班頓（Ethel Benton）。伊黛爾身材高挑，個性溫和，就讀師範學校畢業後當老師。兩人很快便結婚，不久後艾莎便懷了三個孩子中的第一個。一九三二年三月二十五日，鎮上醫生被請到牧農場接生桑提，桑提於是呱呱墜地。

桑提在塵地鎮五英里外的莫氏牧農場成長，牧農場不只畜牧，也種植小麥。生活環境相當原始，有一間屋外廁所，沒有自來水，沒有電，如果要聽收音機，得接到車電池上。牧農場的生活容易受到經常出現的天災影響。桑提一家經歷過塵盆（Dust Bowl）那幾年的旱災，當時沙塵會飛入屋子的每個縫隙，同時使天空變得極度陰暗，導致雞隻下午三點左右就去睡覺。他們也熬過龍捲風和蝗蟲過境，蝗蟲會把能吃的都吃掉，連靠在籬笆的乾草耙都被吃掉握柄。不論日子好壞，牧農場都是由莫利農姑丈主管，他喜歡桑提的心性，比更像桑提的父親。莫利農經營牧農場和生意都相當成功，在塵地鎮開了一家乾貨店，喜歡帶桑提到鎮上的雜貨店買雙球冰淇淋甜筒。桑提讀國小四年級時，莫利農去世，快樂童年驟然結束。從此之後，他就成了父親的財產，不僅要忍受父親的壞脾氣，每天還得在牧農場像大人一樣工作，唯一的自由就是跑步。

對桑提而言，跑步就是在玩樂，他到哪都是用跑的。「我不喜歡慢慢走浪費時間。」[8]他說道，「如果叫我去拿鋤頭，我會用跑的去拿。如果我要去倉庫，我會用跑的過去。」鎮上唯一一輛公車是一輛平板卡車，因此桑提不搭公車，寧願跑五英里路到學校。下午兩、三點回家後，他會從家裡跑到田裡幫忙犁地，或驅趕四百頭牲畜的其中一頭。黃昏父親結束工作後，精疲力竭的桑提不會用走的回家吃晚餐，會快速奔跑，而且穿牛仔靴喔。離父親越遠，他就覺得肩頭上的壓力越輕，沐浴更衣後，他就覺得宛如沒工作過一般，精力充沛。晚一點，當父親為了一句話、一個臉色或無緣無故發火，桑提就不再精神奕奕。他會承受父親盛怒下的毒打，以免從小罹患軟骨病的弟弟亨利和妹妹伊娜美遭到痛毆。大衛會用前臂、拳頭、生皮鞭或任何手邊的物品毒打孩子，有一次還用榔頭。桑提覺得自己算幸運，幸好老爸沒喝酒，否則後果可能不堪設想。有些人被父親虐待會希望快快長大來反擊，但是桑提卻想跑快一點好逃跑。

桑提很早就發現自己有跑步的天分。他從來就不善於衝刺短跑，但是如果是比賽跑操場兩圈，他總是獲勝。他讀初中二年級時，高中教練前來評鑑哪個孩子擅長哪項運動，小鄉鎮就是這樣遴選培養運動員。教練先拿橄欖球測試誰丟或踢得最遠，再拿籃球測試誰跳投準，接著叫桑提和班上其餘二十名孩子跑到穀倉。跑個幾百碼，桑提就孤單一人，知道自己勝過其餘的人。「贏得輕而易舉。」他跑到穀倉又跑回原點後對自己這樣說。他在洗澡時，其餘的人都還沒回來，大部分的人有一半的路程是用走的。

有一位名叫傑克·布朗（Jack Brown）的新生來到鎮上，據說很能跑，鎮上的居民就極力要求桑提跟他賽跑。讀高中一年級的第一天，桑提就跟布朗到半英里的賽馬跑道比賽，抵達終點時，贏布朗將近一圈。能有一項本事無人能及，他覺得好開心。他喜歡追著老鼠或拖拉機跑，一開始是覺得好玩，接著變成躲避父親魔掌的方法，現在則成為出人頭地的方法。他每贏一場賽跑，就愈加自豪。

艾倫．莫雷（J. Allen Murray）在過程中助了他一臂之力。莫雷是塵地鎮的高中體育教練，也是歷史老師和籃球與美式足球的教練。他認為桑提可能成為下一個葛倫．康寧漢（Glenn Cunningham），康寧漢是美國最知名的中距離跑者，同樣出生於堪薩斯州。問題是父親要桑提在家工作，他連上課的時間都不夠了，哪來的時間跑步。莫雷建議桑提，如果沒時間訓練，那就繼續到哪都用跑的。桑提聽從這個建議。

桑提的第一場徑賽終於到來，本來排定星期六比，但是遭遇雷雨延到星期一。不幸的是，桑提星期一必須工作，心知父親不會答應讓他這個免費勞工一個下午不幹活。莫雷告訴桑提說他會處理這件事。

隔天晚上莫雷教練走上桑提家的階梯，不請自來吃晚餐。桑提的父親通常會用點二二口徑手槍來招呼訪客，然後警告對方五分鐘內滾出屋子。雖然這次大衛至少有把門推開，但是待客熱情僅到此為止。在吃晚餐與甜點的過程中，莫雷教練向桑提的父母解釋為什麼應該讓桑提參加這場徑賽，在比賽中接受挑戰對桑提有什麼好處。大衛整晚不發一語，沒答應，也沒拒絕，莫雷離開時沒有獲得答應。莫雷離開後，桑提消失在田野中，獨自在黑暗中挖土拔草，想著要如何逃離這個地方。不管今晚之前他恨不恨父親，可以確定的是，他現在痛恨父親。

隔天莫雷教練叫他星期一早點起床幹活，七點會去接他。桑提四點就起床搬糧秣、擠牛奶，在教練來之前就完成所有該做的工作。桑提的父親在田裡工作，以為兒子只是去學校。這是桑提第一次離開郡上，他在這次一英里賽中是年紀最小的選手，對比賽策略一無所知，又因為違逆父親而怕得要命，儘管如此，仍獲得第三名。桑提獲頒紅色綬帶獎牌，興奮得沒辦法站著不動。不過接下來他必須回家。他進入家門時，父親坐在桌前，表情嚴厲，看來顯然是知道他去參加比賽了。

「我獲得第三名。」他說得膽怯但卻興奮。

「你既然有時間缺課去比賽，」父親字字說得怒目咬牙，「那就有時間把剩下的田全犁完。」

接下來二十四小時，桑提都坐在拖拉機上，犁了數英里田，不能休息吃午餐，當然也不能去學校。他渴得喉嚨發燙，在不平的田地上開拖拉機，震得脊椎疼痛，手握方向盤握到磨破皮。桑提從黎明一直工作到晚上十點，一天就犁完兩天份的地。對於將青春歲月大多用於農場工作的桑提而言，那天是這輩子經歷過最痛苦的日子。最後他終於回到學校，莫雷問他沒事吧，他點頭表示沒事。莫雷接著問他要不要參加下次在堪薩斯州美德鎮（Meade）舉辦的比賽，他毅然說要。

桑提離開後，莫雷打電話到牧農場告訴桑提的父親一件事：「我要你開卡車載幾個孩子到美德鎮。」大衛沒回答，但是莫雷教練的語氣使他瞭解，這件事他沒選擇的餘地。大衛跟多數惡霸一樣，當最後有人勇敢對抗他時，他就會屈服。隔週他準時開卡車出現，雖然氣兒子浪費時間，認為倒不如時間花在牧農場工作，但是卻不曾再阻礙桑提跑步。接下來四年，桑提到堪薩斯州各地參加徑賽，贏得兩次一英里賽州冠軍，打破康寧漢就讀高中時在堪薩斯州創下的紀錄，成為塵地鎮最紅的人，被全國各地的大學徑賽招募員鎖定為目標。他找到出路了，沒有什麼能阻攔他。他全力訓練，認真讀書，保持成績優異，並且決定不跟高中女友偷嚐禁果，因為招募員對有妻兒的運動員沒興趣。要他跟女友分離並不容易，但是他必須離開塵地鎮。

一九四九年堪薩斯大學田徑教練比爾．伊思頓（Bill Easton）提議給他獎學金，他欣然接受。過去兩年，伊思頓贏得桑提的信任，可能是因為他跟桑提的父親跟天差地別吧：伊思頓總是穿外套打領帶，談吐睿智，容易結交朋友，說到做到。在伊思頓的指導鼓勵下，堪薩斯大學田徑隊成為美國數一數二的強隊。

那個夏天去讀大學之前，桑提跟父親爆發最後一次衝突。當時為了插快要運抵的電線桿，他在堅硬的土地上挖六呎深的洞，父親突然揮拳打他的背，嫌他挖太慢。這讓他忍無可忍。這個十七歲少年，衣衫被汗水浸濕，手掌工作到起水泡，氣沖沖回到屋裡，跟母親說他要離家，並且向亨利和伊娜美道別。他到馬廄把馬鞍裝到小貝身上，並且在另一匹母馬身上套上韁繩。小貝是父親給他的馬，另一匹母馬他還沒取名字，那是當地一位農夫為了答謝他幫忙馴服幾匹馬而送他的。他牽著兩匹馬走向前門，馬蹄在他們身後踏起一團塵霧。

突然間，父親從穀倉後面出現，擋住他的去路，指著小貝說：「不准帶走那匹馬。」

眼見父親倔強地站在前面，衝突一觸即發，桑提冷冷說道：「好。」旋即卸下小貝身上的馬鞍，裝到另一匹馬身上。那匹馬以前從沒被騎過，他牽著那匹馬走過大門，沒說再見就離開父親。走到兩百碼遠時，桑提小心翼翼爬上馬，騎到市區。他暫住在一位朋友那裡，那位朋友在當地經營一家冰工廠，以前就告訴過他，哪天忍受不了牧農場的生活，可以過來一起住。桑提在那裡住到大學開學。

到勞倫斯市（Lawrence）後，桑提獲得伊思頓的保護。伊思頓教練邀這個少年到家裡住到學校宿舍可以入住為止，桑提幾乎一無所有，身上只背著衣物。桑提雖然講話大膽，身強體壯，但是需要人照顧。第一天早上吃培根和煎蛋時，伊思頓告訴桑提必須樹立好榜樣，幫忙帶領田徑隊。伊思頓用平輩的語氣跟他說話，他專心聆聽。

莫雷教練給桑提機會跑步，伊思頓教練教他如何運用天賦成為優秀的跑者。伊思頓並沒有大幅修改他短快的跨步，這種跨步方式在初期就根深蒂固，因為他都是沿著田地上的犁溝和在牧場上跑步，在不平的地面跨長步很危險。桑提不會像一般跑者一樣，把手臂往後擺，揮出長弧形；腳也不會抬到極限，不同於多數遠距離跑者。[9]相反地，他揮臂快速，膝蓋動作像短跑選手。但是他天生速度快，協調佳，雙腿長，肩膀壯，能放鬆，因此能用這種短跑姿勢跑長距離。伊思頓深信，倘若把他的跑步姿勢改成比較標準的姿勢，弊大於利。因此，伊思頓只在訓練中教桑提控制力量、判斷速度和集中精神。很快地，隊上的前輩在練習和比賽中就難以跟上他了。

在桑提帶領下，一年級組贏得七大錦標賽的越野賽與室內賽冠軍。他以九分二十一秒六刷新美國大學兩英里賽紀錄，報紙頭條新聞開始稱他為「長腿大步跑者」，說他會在退休前「改寫」康寧漢的大部分紀錄，甚至是全部紀錄。一九五一年春天，在業餘體育聯合會錦標賽（Amateur Athletic Union Championships），他在新秀組把五千公尺的紀錄減少了十七秒，隔天在老鳥組獲得第二名。大一那一年結束時，他的一英里時間盤旋在四分十幾秒（四分十五秒、四分十六秒、四分十七秒）。他獲得資格，由業餘體育聯合會贊助在夏天前往日本，到大阪、札幌和東京比賽。他在日本遇見一九四八年奧運獲得兩面金牌的美國半英里選手馬文．惠特菲爾德（Malvin Whitfield），有些選手不願跟這位黑人徑賽明星共住飯店房間，桑提反倒開心把握這個機會。[10]惠特菲爾德教這位年輕的一英里跑者，跨步時腳趾一定要朝正前方，這樣每步跨距才能達到最長。他還教桑提，在一英里賽中，時間只夠進行一次攻防，因此跑步一定要有戰略。八月桑提回到堪薩斯州時，確定自己準備好參加更多國際比賽，向當地記者宣布：「我要擠進奧運隊，到芬蘭赫爾辛基。」[11]

一位記者給桑提取了「強腿人類噴射機」的綽號。在大二那一年，桑提證明自己已然蓄勢待發。有人開始把他跟埃米爾・哲托貝克（Emil Zatopek）相提並論。哲托貝克是捷克的明星跑者，從一英里賽到馬拉松賽，在每一種比賽都跑出世界級成績。不論在跑道內或跑道外，桑提都散發著澎湃的熱情，熱愛在眾多觀眾面前賽跑，從不厭倦，自信比起跑步天賦毫不遜色。

有一次去參加比賽，在飛機上，一位雀鷹隊（Jayhawks）隊友拿報紙給桑提看，說道：「看看報紙上寫的……比利・赫德（Billy Herd）將近兩年沒輸過任何一場比賽，包括接力賽……桑提啊，他甚至活剝生吞了一些優秀跑者喔。」[12]

桑提把靴子伸到走道上，說道：「是啊，他是挺厲害的。但是他還沒試試能不能消化得了我哩。」

大二那一年，在兩英里賽，桑提都領先對手超過一圈；在越野賽，其餘選手還沒跑完，他就換上長袖運動服；在室內賽季，他在一英里賽屢創紀錄，帶領團隊在多次對抗賽獲勝，簡直贏得輕而易舉。在校園裡，他總是在教室之間跑來跑去，教授們都以他開始訓練的時間來校準手錶。

一九五二年四月，在年度重要室外徑賽賽事，愛荷華州狄蒙市德雷克大學（Drake University）接力賽，桑提在四英里接力賽中跑隊上的最後一棒。他接到接力棒時，喬治城大學的拉皮爾（Joe LaPierre）領先六十碼。桑提以三分六秒跑完四分之三英里，但是仍難以拉近差距，因為拉皮爾跑得實在出色。桑提加速衝過最後一圈的第一個彎道時，伊思頓喊道：「他後繼無力了！」[13]桑提終於開始拉近距離，一步步縮小差距，最後領先拉皮爾幾碼衝過終點帶，以四分六秒八跑完一英里，就在這一刻，他正式成就了功名。「桑提不是人類。」[14]喬治城大學的教練。《狄蒙紀事報》（*Des Moines Register*）開玩笑說：「桑提就像白令海上的阿留申群島，令其餘選手相形失色。」[15]國內報紙爭相報導德雷克大學教練的名言：「桑提是美國有史以來最有可能在四分鐘內跑完一英里的人，體力、心智與精神上的條件都能勝任。」[16]

但是桑提先把目光轉向奧運，他是一千五百公尺和五千公尺的全國冠軍，自然有資格參加美國奧運隊的這兩項測試。六月中旬，他跟伊思頓前往加州訓練一星期，兩人一起決定他兩項測試都參加。「我只是想進入奧運隊。」他告訴教練，「時間跟比賽項目都不重要。」六月二十七日，在洛杉磯紀念體育場（Los Angeles Memorial Coliseum），桑提在五千公尺測試賽取得第二名，篤定可以前往赫爾辛基。那天晚上他吃了平常喜歡吃的牛排馬鈴薯晚餐，回飯店後跟伊思頓開心閒聊。翌日，冒著洛杉磯史上最嚴寒的六月天，桑提準備在四萬兩千名觀眾面前跑一千五百公尺測試賽。他顧盼四周尋找伊思頓，但卻找不到。一聲哨聲響起，比賽工作人員請選手就比賽位置，桑提走到起跑線，跟一英里跑者鮑伯・麥米倫（Bob McMillen）和華倫・杜魯茲勒（Warren Druetzler）並排，他確信能擊敗這兩人。賽程表上列出下午三點四十分參賽的選手，桑提被預估「將順利獲勝，因為他一整年屢賽屢勝」。[17]他蓄勢待發。

突然間，兩名業餘體育聯合會職員抓住他的手臂，將他推離賽道，他連抗議都無法。「桑提，他們不讓你跑。」一名職員說。

「什麼意思？發生什麼事？」桑提甩動肩膀把兩人的手甩開。他從眼角看見伊思頓跑過操場。伊思頓雖然穿著外套、打著領帶、穿著正裝鞋，但是跑得很快。

比賽發令員叫喚：「選手就位！」接著槍聲響起，桑提無助地看著測試賽開始，自己卻無法參加。

伊思頓終於跑到他身旁。「桑提，抱歉，我們剛剛開了超過一個鐘頭的會。他們說你不適合同時參加兩項比賽，不肯讓你退出五千公尺賽去跑一千五百公尺賽。」[18]

這不對呀。上週他才跑出業餘體育聯合會史上第三快的一千五百公尺成績，三分四十九秒三，好幾年沒有美國人跑出這麼快的成績了。[19]桑提滿腔怒火，捏緊拳頭，看似準備將沮喪的心情發洩出來。

伊思頓把他拉到一旁。教練體格健壯，活像摔角手，即便快五十歲了，臉蛋橢圓肥胖，看起來仍能在必要時制止這個身材高大的運動員。[20]他用冷靜的語調說：「他們說你只有二十歲，不適合跑完一千五百公尺再跟哲托貝克比五千公尺。我說我們根本不想跑五千公尺，我們想跑一千五百公尺，他們只回答：『你們獲得五千公尺參賽資格，就得去參加。』」

無計可施了。伊思頓知道奧運規則沒有禁止選手參加兩項賽事，如果桑提有資格參賽，那他就有資格參賽，規則就這麼簡單，但是業餘體育聯合會掌控選拔權，如果有規則阻礙業餘體育聯合會取得想要的結果，主席要不就無視規則，要不就修改規則。這是業餘體育聯合會第一次阻礙桑提，可惜這不會是最後一次。沒錯，他即將去赫爾辛基參加五千公尺賽跑，但是他最有機會奪得獎牌載譽歸國的是一千五百公尺賽。

測試賽結束到赫爾辛基奧運開幕典禮之間的三個星期，桑提引起一陣旋風。[21]桑提從洛杉磯搭飛機到聖路易時，差點罹難，那架載著美國奧運選手的飛機突然失控劇烈晃動，乘客被甩離座位。最後飛機恢復正常後，本職牧師的撐竿跳選手李查柏（Bob Richard）沿著走道詢問是否有人要告解。在聖路易停留許久後，他們才又搭機到紐約。桑提參加艾琳・法蘭西斯（Arlene Francis）主持的全國電視節目《相親》（Blind Date），還有鮑伯・霍伯（Bob Hope）和平・克勞斯貝（Bing Crosby）主持的首次奧運電視募款馬拉松節目。他在蘭德島（Randalls Island）參加四分之三英里表演賽，不僅以兩分五十八秒三刷新美國紀錄，更把奧運一千五百公尺參賽選手們遠遠拋在後頭。[22]他之所以跑得那麼拼命是出於沮喪：他要向業餘體育聯合會的官員展現他的速度，證明他們的決定是錯的。參加一連串媒體專訪後，他從紐約搭機先後到紐芬蘭和倫敦，最後抵達赫爾辛基。桑提抵達芬蘭時，受到時差影響，身體疲憊，心情煩躁，渴望獲勝，愛國心澎湃，同時又感到亢奮、氣憤、恐懼、困惑，身心狀況一團亂。在如此混亂的心緒下，他實在難以跑出最佳成績。

不過此時他前來參加開幕典禮，就在會場中，想證明自己有資格跟世上最頂尖的跑者並肩而立。典禮結束後，來自六十七個國家的五千八百七十名選手排隊走出體育場，渾身濕冷。桑提只剩幾天提振鬥志，準備參加資格賽。雙腿以前從沒讓他失望過，不論阻礙多艱難，不論心緒多混亂，他都期盼雙腿能再度幫助他度過難關。

第三章

要成為偉人，不一定得發狂，但是發狂絕對有助於成為偉人。

——波西・謝魯狄（Percy Cerutty）

奧運村凱普拉（Kapyla）在赫爾辛基二十英里外的松樹林裡，一片寂靜。[1]蘭迪（John Landy）和四名室友中的三名，雷斯・培里（Les Perry）、麥克米蘭和鮑伯・普倫提斯（Bob Prentice），躺在鐵架床上，北極的曙光緩緩透進窗緣，床單棉被跟粗麻布一樣粗糙，一堆堆徑賽服裝和鞋子發出臭味，但是這些澳洲人仍自在地休息著，離家數千英里，精疲力竭，試著為人生中最重要的體育競賽養精蓄銳。奧運比賽開始前的那幾天，蘭迪感覺彷彿在崖邊俯瞰深淵：緊張、反胃、渾身不舒服，這可是會耗掉大量精力。等待幾乎跟比賽本身一樣折磨人，唯有睡覺能緩解痛苦，但是也得睡得著才行吶。

「起床！起床！別睡啦！」謝魯狄衝入房間大喊，用力推開門，打開電燈。

「該死！波西！」一名選手抱怨道，「謝謝你叫醒我們！」

「別睡啦！」謝魯狄教練大聲吼回去。謝魯狄五十七歲，個性暴躁易怒，身材矮小健壯，一頭平順濃密的白髮，蓄著山羊鬍，古銅色臉蛋，藍色眼睛，扯起嗓子連死人都能叫醒。[2]

「為什麼別睡？」選手紛紛回嘴。

「哼，你們躲在這裡，是在逃避現實！」他風風火火在房間裡走來走去，踏起一些水泥灰塵。「全球頂尖高手都聚集在那扇門外，你們這些傢伙卻只想睡覺，睡覺對你們沒幫助啦。」他罵得起勁了。謝魯狄開始罵人後，通常會罵一段時間才會停。選手們必須阻止他。

最後終於有個人代表全體的憤怒說：「喂，閉嘴啦，波西。你可以到處閒逛、譁眾取寵沒關係，但是我們得比賽耶。從我們到這裡你就罵個不停，我們只是想為比賽養精蓄銳，你在這裡應該是要幫我們才對啊。」

培里必須面對強勁的哲托貝克，普倫提斯要跑馬拉松，麥克米蘭和蘭迪得跟奧運史上最優秀的一群中距離選手競速。謝魯狄早就決定要跟門生硬碰硬，不管他們喜不喜歡。他們一直容忍他。如今終於表明立場，厭惡他譁眾取寵的做法，他也得諒解。

跟選手們六月二十日在倫敦參加完一系列奧運預賽後，謝魯狄就不斷鬧事。謝魯狄並非官方指派的教練，沒人資助，必須自掏腰包支付旅費，只付得起搭慢船從澳洲出發的旅費。選手們知道他想引人矚目，宣傳訓練技術。但是付出什麼代價呢？在馬刺柏公園，他只穿著運動褲，神氣活現地亂逛，騷擾別的跑者。[3]在白城體育場，他走到班尼斯特身旁，近得感覺得到班尼斯特的呼吸，然後說：「你就是班尼斯特啊……我們是來幹掉你的。」[4]他還向記者誇耀道：「別人能跑得比我快，但是沒人能跑得比我更認真。」[5]有一場比賽他因為不肯離開賽道而被強行拉走，被拉走時還放聲咆哮。抵達赫爾辛基後，謝魯狄沒受到邀請就逕自前去拜訪努米；他還糾纏哲托貝克到深夜，害哲托貝克被迫讓出床給他睡，自己睡在樹林裡。[6]謝魯狄的選手對他習以為常，但是他離開澳洲就不能收斂古怪的行徑嗎？這是奧運吶，該適可而止吧。

謝魯狄像無頭蒼蠅在房內走來走去，蘭迪和其餘的人都遮著眼睛阻擋光線照射。那晚稍早，蘭迪攀越奧運訓練場的圍籬，進行一些額外訓練，因此格外疲憊。[7]鄰床的一英里賽選手麥克米蘭腿長、胸膛厚實，相較之下，蘭迪顯得瘦小。蘭迪體重一百五十磅，身高五呎十一吋，身軀狹窄，講話輕聲細語，棕色眼睛，眼神柔和，一頭蓬亂的捲髮，外形毫不突出，但是卻總是引人矚目。原因之一是他聰明，生氣勃勃，處事圓融，反應敏捷。還有，他笑起來很燦爛，具有感染力。不過他最引人注意的是一項無形的特質，蘭迪讓人感覺沉著冷靜、意志堅定，跟他聊天，馬上就會覺得他能泰山崩於前而色不變，跟他的友情能歷久彌堅。

蘭迪是最後一名擠進澳洲隊名單的，這份榮耀雖然幫他贏得競技的機會，但卻沒幫他爭取到旅費。在離開墨爾本後的那六週，他表現優異。在倫敦，他在英國業餘體育協會一英里錦標賽取得第二名，讓他自己和在白城體育場的每個人都跌破眼鏡。[8]那場比賽之後，他接著到貝爾法斯特、格拉斯哥、米德爾斯堡與倫敦參賽，回到澳洲家鄉後，媒體開始注意他，評論他「令人目瞪口呆的衝刺」[9]，並且指出許多專家說，「已經十五年沒看過跑者跑得如此放鬆流暢、獨具風格」。[10]他甚至以八分五十四秒刷新兩英里紀錄，這項成績得以同時參加五千公尺賽和一千五百公尺賽，如此一來他奪牌的機會便增加了。[11]不過現在他需要睡一下。

蘭迪和三名友人知道自己能來赫爾辛基主要歸功於謝魯狄，這個魯莽的矮子滿腦子把人逼到極限的怪主意。他們終歸是謝魯狄的門生，不幸的是，他們付出代價後才領悟這一點。

要把四名澳洲長距離跑者訓練到符合奧運標準，光剝奪睡眠是不夠的。不像芬蘭，澳洲向來不熱衷把注意力或資金投入田徑運動，六個州級業餘體育協會永遠都是負債經營，訓練方法落後歐洲和美洲的先進國家好幾年，有些澳洲人甚至認為運動過度有害健康。一位一九五〇年代的運動員解釋道：「跑步選手是怪人，長跑選手更是古怪至極，而馬拉松選手根本是瘋子。」澳洲雖然擁有悠久的田徑傳統，但是卻經常被忽視，只重視賭職業賽跑，懶於訓練，缺乏有天賦的人，國際成就甚少。[12]選手和觀眾一樣，得買門票才能入場，然而賽跑賽事始終入不敷出，用承辦人的行話來說就是，田徑運動「沒賺頭」。

訓練和比賽設施也缺乏。澳洲幾乎和美國國土一樣大，但卻只有兩座標準體育場，一座在蘭迪的家鄉墨爾本，但是雪茄不離口、足跡遍布各地的當代體育記者賈利（Joseph Galli）寫道：「奧運公園是座死氣沉沉的廢墟，長草長滿土堤，更衣室骯髒簡陋，觀眾看臺被火燒毀仍沒重建，默默證明了政府和民間領袖不願幫業餘運動員蓋好這座未來需要使用的小型常用體育場。」[13]賽道本身更是慘不忍睹，就算在交通擁塞時間繞著市區坑坑洞洞的街區跑，成績仍會好過在賽道上跑。

這不是說澳洲整體而言不太喜歡運動，在熱衷運動的國家中，澳洲名列前茅。澳洲人老早就引進英國人對運動的熱愛，多年來已經提升到截然不同的層次。有人注意到，澳洲人每說三十個字，就會有一個字跟運動有關。[14]一九五〇年代初期，一名《週六晚報》（*Saturday Evening Post*）記者曾解釋說，澳洲的運動英雄比「部會首長或福音牧師」更受敬重，運動迷更是全球最狂熱的。[15]澳洲一輪小型橄欖球系列賽通常觀眾出席總數能超過兩百萬，偉大的運動員去世將獲得國葬。[16]在國際舞台上，澳洲人不是軍事強權，沒辦法取得經濟優勢、文化影響力和政治權勢，也沒有偉大的歷史，但是卻能在運動競技場上打響國家名號。運動場上的成就能激起自豪的情緒，澳洲是由罪犯者和淘金客所建立的，極度需要這種自豪的情緒。在板球、橄欖球、網球和游泳上，澳洲人頗受重視，但是在田徑賽上就差多了，在遠距離賽跑上更是完全不被放在眼裡。

必須費一番勸說，像蘭迪這樣的年輕人才會認真接受跑步，多數人都純粹把跑步當遊戲。蘭迪生於一九三〇年四月十二日，很早就展現潛力，在馬門文法學校（Malvern Grammar School）的年度運動會贏得短跑比賽。他的父親戈登盛年時是優秀的橄欖球選手，驕傲地轉向妻子艾娃，說有朝一日蘭迪會成為「世界冠軍」。[17]妻子聽了呵呵笑。蘭迪當時六歲。

蘭迪童年過得開心自在，一家人住在墨爾本東南幾英里外的高級郊區東馬門區（East Malvern）。[18]住宅優美，有五間臥室。蘭迪家族是十九世紀中葉隨著移民潮從英格蘭與愛爾蘭移居澳洲的，父母疼愛與支持蘭迪跟兩個哥哥和兩個姊姊，管教不會太嚴也不會太鬆。父親是有修養的人，在社區裡備受尊重，是個有成就的會計師，在墨爾本板球俱樂部理事會任職。母親熱愛歷史與文學。孩子們就讀私立學校，父母鼓勵孩子追求自己的興趣。一家人會到墨爾本外郊的濱海小鎮卓瑪納鎮（Dromana）度假，如果有人問蘭迪一家人怎樣，回答一定是他們是「好人」。

蘭迪年少時比較感興趣的是收集蝴蝶，不是跑步。[19]十歲時，他認識社區裡的一位甲蟲專家，甲蟲專家會教他關於昆蟲的知識。蘭迪經常跟當地的三個孩子，騎腳踏車二十英里到鄉野，拿著網子奔跑追捕蝴蝶。回家後他會小心翼翼地把新捕捉到的蝴蝶固定在載片上，加上識別用的分類標籤。

蘭迪十四歲進入吉隆文法學校（Geelong Grammar School）後，才在運動上初露頭角。吉隆是位於市外的一所精英寄宿學校，允許「學長修理學弟」。[20]當時太平洋戰爭達到巔峰，父親離開墨爾本去協助空軍處理後勤工作。蘭迪加入名為非利士人（Philistines）的團體，他說成員都被認為不是「資優生」，但是擅長運動。[21]蘭迪跟其餘的人一樣，比較喜歡澳式足球，腳程奇快，拼勁十足，打得出色。賽季結束期間，蘭迪證明了自己善於田徑比賽。在吉隆的最後一年，他為學校贏得四百四十碼、八百八十碼和一英里的越野徑賽冠軍，大獲全勝。[22]接著他又以四分四十三秒八的時間奪得全國公學一英里賽冠軍，這樣的成績固然出色，但是兩年前在同樣的賽事，麥克米蘭跑出更好的成績，少了十七秒，因此，除了死忠熱愛跑步的少數澳洲人以外，很少人關注蘭迪未來能否成為一英里跑者。儘管如此，仍有少數人留意蘭迪對徑賽的努力。

進入墨爾本大學攻讀農業學學位後，蘭迪繼續涉獵跑步，但是認為前景有限。[23]他善於分析數字，而且知道澳洲明星選手和國際明星選手的時間差距。根據至今的進步來推測，他認為自己一英里頂多只能跑到四分二十秒。不論投入什麼運動，他都想成為一流的選手，投入賽跑的努力看似無法獲得回報，尤其在他開始輸多勝少時。大二時，系上學生必須到墨爾本市東北一百二十英里的地方學習農業學的實務，包括修籬笆、開拖拉機、照料牛羊。大二那一年，蘭迪獲得知名的漢龍「最佳」足球員獎，但卻沒贏過任何一場賽跑。他比以前更加認為擔任中後衛是大學體育運動的正確選擇，再說他也喜歡團隊運動。跟之前許多澳洲運動員一樣，他極具潛力，但卻因為缺乏鼓勵和有洞見的訓練，漸漸對跑步失去興趣。

不過一九五〇年年底時，情況徹底改變。蘭迪跟許多吉隆的學生一樣，畢業後為了參加比賽，加入了學校的體育社。社長是馬拉松跑者霍葛登（Gordon Hall），建議他一天跑越野長跑，隔天跑衝刺短跑，交替輪流。[24]蘭迪採納建議。然而，有一次在奧運公園比賽完後，霍葛登走到他身旁，說：「你的體能不夠好。」[25]霍葛登建議蘭迪去跟教練謝魯狄談談。謝魯狄固定會來奧運公園，要找他，只消聽出他的尖銳聲音在哪就行了。於是兩人前去找謝魯狄，霍葛登介紹了一下蘭迪，蘭迪雖然沒有特別高，但仍比體重一百一十六磅、個子矮小的教練高了許多。[26]

謝魯狄摸摸下巴片刻，最後說：「從來沒聽過你。」

這位教練喜歡故意激怒運動員，以評估對方的反應和意志力。他在談話過程中頻頻得罪年少的蘭迪，想逼他發火。蘭迪落入圈套，說自己其實是足球選手，純粹為了好玩才跑步。謝魯狄厭惡這種態度，他要求選手百分之百投入。談話都還沒開始，謝魯狄就走開。不過，他仍告訴蘭迪，如果有興趣學跑步，是真的有興趣喔，可以到謝魯狄在南雅拉區（South Yarra）的居所再談。他們沒有敲定日期。

謝魯狄知道自己在做什麼，運動員必須自己選擇要不要接受指導。唯有蘭迪來找謝魯狄，謝魯狄才能告訴蘭迪能學到什麼。他已經吸收了兩名最有前景的年輕明星，幫他們達到驚人的成績。

第一位是培里，有人稱他「強原子」，因為身材矮小，但卻擁有用不完的精力。[27]培里第一次看到謝魯狄的古怪行徑是在年度職業賽跑比賽吉福特跑步大賽（Stawell Gift），謝魯狄在內場一邊揮手，一邊向一群人解釋自己剛跑完十七英里往返最近的那座山。「耐力？只管跑上山就對了，然後跑步時抬頭看著山說：『人天生就是要跑步。』」

一年後，由於心煩跑步進步緩慢，培里看了謝魯狄刊登在墨爾本當地報紙的廣告，決定試試。[28]他前往謝魯狄位於南雅拉區的居所。那天下午，謝魯狄又是舉重，又是繞著屋子跑，滔滔談論史前人類和適者生存。不過他對健身的見解頗有道理，於是培里便請他幫忙，並且力勸朋友麥克米蘭也去見見他。

麥克米蘭是澳洲多年來難得的天才一英里跑者，某個星期日早上出現在謝魯狄的門口，情況糟糕透頂，考試不及格，找不到時間訓練，擔心人生方向。[29]謝魯狄請他坐下來聊聊書本，討論《聖經》，辯論哲理。接著他對麥克米蘭下最後通牒：「如果你想要跟我合作，當我的門徒，那我就直截了當告訴你，我對失敗沒興趣，你得通過所有考試。要不要努力，由你決定，但是如果你想聽，我會告訴你該怎麼做。」他幫麥克米蘭把每小時的生活作息都規劃好，命令麥克米蘭什麼時候起床、喝茶、跑步、讀書、洗澡、用餐、再跑步、讀報、就寢。幾個月後，麥克米蘭不僅通過考試，更以創紀錄的時間贏得澳洲一英里賽冠軍。在同一場比賽，培里在三英里賽取得第一名。

蘭迪決定前去南雅拉區時，謝魯狄已經名號響亮。謝魯狄教練領著蘭迪走上樓梯，要到俯瞰墨爾本植物園的書房時，突然停下腳步，一臉疑惑地問：「你說你叫什麼名字？蘭迪嗎？霍葛登說你去年在聯合公學一英里賽奪冠，我都會研究成績……你跑多少時間？」[30]

「四分四十四秒左右。」

「我從沒聽過你的名字。」謝魯狄說道，盯著蘭迪的眼睛直瞧，感覺他會拒絕接受指導，「年輕人，我覺得讓你舉世聞名的時候到了。」

書房長寬都是七呎，裡頭有書、櫻桃紅色的天鵝絨長沙發、啞鈴、一瓶葡萄酒、一台打字機、一堆擺得亂七八糟的報紙和雜誌，相當擁擠。蘭迪默默坐著，謝魯狄向蘭迪駁斥訓練過度會耗竭體力甚至傷害身體的論述，說道：「人體組織天生就能承受壓力，身體其實喜歡壓力。持續鍛鍊絕對能提升體能。」他告訴蘭迪：「看看哲托貝克的嚴苛訓練，或者瑞典跑者安德森和根達·海格（Gundar Haegg）。」還有，看看謝魯狄。

蘭迪被謝魯狄的見解激勵，從來沒人這樣跟他說話，於是他告訴謝魯狄，他願意接受訓練。蘭迪離開後，謝魯狄只是在卡片上註記這個少年的出生日期，以及他在一九四八年在維多利亞公立中小學錦標賽以四分四十三秒八跑完一英里。[31]謝魯狄把卡片收到運動員資料卡收藏簿，渾然不知蘭迪將使他躍升為國際競技場的教練。

經過三週苦練和學習跑步姿勢，蘭迪才發現成果。[32]一九五一年一月二十日，他把一英里的時間減少了六秒。謝魯狄接著只給蘭迪訓練要點，要他自己安排訓練內容，從不過問他是否有遵從指示。蘭迪認為沒必要說明訓練內容，反正表現會證明一切。兩個月後，用啞鈴強化上半身，加上跑數百英里的訓練，他的時間又減少了十秒。一九五一年五月二十二日，他用四分十六秒跑完一英里，進步驚人。[33]這是蘭迪第一次認為自己有機會參加奧運，儘管時間必須在四分十秒內才具有參賽資格。謝魯狄的屋子外頭掛著寫著「訓練員」的銅板，這位訓練員發掘了截至目前最優秀的運動員。蘭迪天生協調佳，雙腿非常強壯，最重要的是，能承受嚴苛的訓練；在最後一點，謝魯狄和蘭迪很像。[34]

幾乎從一八九五年出生那天起，謝魯狄就是個體弱多病的孩子。[35]父親是酒鬼，母親難以解決兒子營養不良的問題。謝魯狄還染上肺炎，肺功能很差，年少歲月大多在閱讀，母親和姊姊們持續照顧他到恢復健康。十五歲時，他找到遞送電報的工作，必須騎腳踏車好幾英里到郊區，但他卻樂在其中。十八歲時，他贏得第一場賽跑。二十一歲時，他出現嚴重頭痛，發作時會視覺模糊和嘔吐。但是他仍舊繼續參加賽跑，以四分三十四秒跑出個人最佳一英里成績，只輸給當時速度最快的中距離澳洲跑者。

結婚並且接受以電話技師為終身職業後，他高掛跑鞋，想克盡成人生活的職責。但是不久後，成人生活的枯燥無味開始削減他的活力，他開始染上菸癮，好吃懶做，偏頭痛惡化，健康衰退，憂鬱纏身。有一天，三十九歲的他踉蹌走入一座空教堂，淚流滿面。他已經跌到谷底了：身子瘦弱，毫無希望，只想一死了之。

醫生勸謝魯狄向電話公司請假六個月，並且寫一張處方單：「我用藥治不了你，謝魯狄……你得救救自己。如果你想救自己，就提振起意志和精神下床。」[36]謝魯狄認真聽從勸告，飲食只吃生食，戒菸，最重要的或許是開始閱讀。[37]他什麼都讀，包括詩、宗教書、舉重建議、東方哲學、科學專著、長距離運動訓練指南。他養成嶄新的生活態度，不受恐懼阻撓，全心全力強化體能、智慧與精神。

不過他以運動為主。他會舉重，也加入健行社團，開始到叢林健行，距離越走越遠。不到一年，他就完成一次七十英里健行，令妻子大感震驚。待在戶外讓他心情愉悅。那次健行後不久，他便開始跑步，很快便養成固定跑步的習慣，身體變得年輕許多。一九四二年，四十七歲的他出現在海馬門體育社（Malvern Harriers）的更衣室對大家說：「我要跟各位跑一場，我以前也是社員喔。」[38]

頭痛、風濕、憂鬱都消失了，但是這一路走來並不容易。[39] 謝魯狄剛開始運動時，回家後幾乎都澈底累垮，心跳猛烈，連推開前門都難若登天。他會躺在地板上，眼睛緊盯著天花板，讓呼吸心跳漸漸恢復正常。最後他學會享受身體承受的痛苦，因為隔天他總是會恢復，而且變得更強壯。「忍痛鍛鍊，痛苦能淨化身心。」[40]

加入海馬門體育社不到一年，他就經常以四分半左右跑完一英里。接著跑馬拉松，接著跑二十四小時一百英里賽，接著跑四十八小時兩百英里賽，他都已經這把年紀了，竟然還能完成這些壯舉，引起了矚目，而他就喜歡獲得矚目，也樂得有機會闡述個人的理論。一九四〇年代末期，他將個人的訓練與人生哲學編纂成書，運動員開始關注他的論述。一九四六年謝魯狄在港海鎮（Portsea）買了三英畝地，港海鎮位於墨爾本南邊，飛利浦港灣的最東端。他開始在那裡用拆自貨運箱的木材，蓋一棟長十四呎、寬十呎的小屋，以及一棟更大的屋子。他要當導師。

一九五一年聖誕節，蘭迪走向大門，第一次，也是唯一一次拜訪位於港海鎮的營區，謝魯狄已經完成建造工作和哲學，他不是在訓練運動員，而是在指導「刻苦強身哲學」。

營區大門關閉。[41] 跟營區裡的其餘運動員不同，蘭迪獨自來港海鎮參加十天訓練課程。蘭迪的父母對謝魯狄不放心，尤其因為他行徑古怪，但是兒子在運動上的進步無可否認，所以他們沒有反對蘭迪前來。[42]蘭迪看見沒有燈火亮著，知道時間太晚了，不會有人還醒著。他有帶睡袋，不想吵醒別人，於是找個坑洞睡在裡頭。[43]由於空氣寒冷，他索性把帶來的備用衣物全穿上，包括橄欖球襪，接著才縮進睡袋裡。他本來睡得好好的，結果竟然下起雨，雨水打在睡袋上，接著更變成傾盆大雨。他抖得像篩糠似的，渾身濕透，但卻強忍到底。曙光初露時，坑洞已經變成活像溪床。蘭迪踉蹌走進營區，受到寒冷衝擊還沒澈底恢復。在港海鎮的訓練開始囉。

那年自從第一次求助謝魯狄後，蘭迪就謹遵教練指導。他付十先令學習如何擺動手臂，像公雞一樣，在跑步時能減小風阻。他利用舉啞鈴強化上半身；到二英里半的樹皮馬道參加跑步課程，馬道上有一層四吋厚的樹皮，能緩和泥土的衝擊，是樹皮鞣皮廠丟棄的，故稱樹皮馬道。他跟其餘的人在謝魯狄的嚴厲監督下奔跑上下安德森山道（Anderson Street Hill），也就是樹皮馬道。附近的墨爾本居民看他們跑步看得驚訝稱怪，無法理解為什麼這群年輕人要被一個光著上身的老頭逼著跑步。光是跑步健身就很古怪了，一群人雙手各拿一根竹棍，在植物園裡跑步，還一邊鬼吼鬼叫，謝魯狄則在一旁命令他們像「原始人」一樣狂奔，實在丟臉到極點。[44]

對於港海鎮的十天訓練營，謝魯狄設定了什麼目標，旁觀者絕對無法理解。蘭迪雖然也心存疑慮，但仍然參加。蘭迪希望遵從謝魯狄的嚴苛訓練方法能贏得奧運隊的席位。

早餐前，學員必須先跑賀爾路徑（Hall Circuit），穿越茶樹園，上坡，下陡坡，通過一英里兩百八十三碼的沙丘。學員會被計時，而且會互相比較誰的身手矯健，每人會壓三便士賭誰會獲勝，優勝者當然就贏得賭金。謝魯狄喜歡故意在轉彎處指引學員跑向錯誤的方向，好將賭金中飽私囊。有時他會測量學員的跑步時間，刺激學員跑快點，經常質疑學員有沒有男子氣概或全心投入。他會毫不留情奚落揶揄學員，尤其是蘭迪，他認為蘭迪必須更加堅強。他經常對學員大嚷刺激的言語，像是「該死！擺動手臂啊！……太慢啦！太慢啦！……快呀！你們這群懶惰的王八蛋！你們真是無藥可救的狗！連小孩兒都能跑得比你們快！」[45]

還有其他訓練課程在附近的高爾夫球場進行，謝魯狄會在那裡練習上坡加速衝刺，訓練比賽時所需要的爆發力。他們也會跑上沙丘，也是為了獲得同樣的訓練效果，蘭迪格外討厭這項訓練，比較喜歡在平地有節奏地跑。至於阻力訓練，他們沿著浪花高達膝蓋的海灘衝刺。他們無時無刻都在動，直到謝魯狄停下來，到港海橢圓三百公尺跑道（Portsea Oval）旁的草地上講課。他會在草地上教授「刻苦強身」哲學——「Stotan」，由「Stoic」（斯多葛派哲學）和「Spartan」（斯巴達）這兩個詞彙所組成，這個哲學名稱及其要求都是謝魯狄創造出來的：

一、領悟詩人華茲華斯的這句話：「人生何其真實重要。」意指別浪費時間思考沒用的想法，以及做沒用的事。[46]

二、戒除浪費時間的嗜好，在專家監督下展開有計劃的體能訓練，同時學習如何充實生活，如此將能一改過去漫無方向的生活。

三、全年都必須游泳……這樣做格外能強化意志力，提升韌性，避免遭遇困難便放棄。

四、戒除晚睡。盡量減少社交與享樂的娛樂活動，只能在辛苦工作後進行放鬆的娛樂活動。

謝魯狄闡述這套哲學時，會引述柏拉圖、佛陀、耶穌、佛洛依德、愛因斯坦、聖方濟亞西西等人的話。他特別強調必須學瑜珈、不墨守成規、吃燕麥、研究自然與動物、赤腳跑步接觸大地。餐後也會有即興教學，比方說有一次謝魯狄在跟學員談論熱身，一隻貓坐在其中一棟小屋外的架子上，他躡手躡腳走過去用一桶水潑貓，貓瞬間跑得無影無蹤。謝魯狄隨即解釋道：「喏，貓有做伸展運動嗎？貓有慢跑熱身嗎？貓有做屈膝運動嗎？貓有先穿上徑賽服裝再跑嗎？沒有，貓直接起身跑開。不准再熱身了，別管熱身了。」[47]

對於蘭迪，會計師的兒子，私校的學生，這些論述太荒唐了，他大多一笑置之。不過謝魯狄對於嚴苛訓練的論述是有智慧的，人體擁有驚人的極限，多數人從未測試過，而謝魯狄就是在逼蘭迪去測試。他幫這位年輕跑者培養出紀律和專注，蘭迪從沒想過自己做得到。這些能力原本是潛伏的，現在終於顯露出來了。在港海鎮的其餘運動員很佩服蘭迪謹守紀律，他們在進行那看似永遠不會停止的嚴苛跑步訓練時，也明白自己絕對沒辦法如此嚴守紀律。

然而，羨慕是沒有用的。其實，蘭迪這次接受謝魯狄的訓練不只學到重要課程，還另有所獲，他在港海鎮結交了一群緊密連結的朋友，包括培里和麥克米蘭以及三英里跑者傑夫．華倫（Geoff Warren）和崔佛．羅賓斯（Trevor Robbins）。刻苦的訓練加上簡陋的環境，簡直就像新兵訓練營，學員迅速發展出友誼，團結一心。蘭迪、羅賓斯、華倫和其他兩人睡在「滑雪小屋」裡，滑雪小屋是用原本用來裝載福斯汽車的木製貨櫃改建而成的。蘭迪第一晚在裡頭睡覺時做惡夢，夢到自己要逃出一個洞穴，惡夢逼真極了，他還真的爬出頂層床鋪，結果摔到地板上。[48]隔天晚上，蘭迪同意被用繩子綁在床上。另外，培里和麥克米蘭這兩個功力比較深厚的刻苦強身學員跟謝魯狄一起睡在一間老舊的小屋，由於設施比較好，所以就以豪華飯店「孟席斯」（Menzies）的名稱來取名。有一天早上，度過格外寒冷的夜晚，蘭迪告訴麥克米蘭：「冷死了，沒人會起來做早餐的。我剛剛把早餐做好後，轉個身，瞬間所有禿鷹」——蘭迪開玩笑地模仿禿鷹作勢用爪子掠食——「和小猴崽子就下來把早餐吃得一乾二淨，然後又躲回床鋪。我的早餐就沒囉。」[49]他說完後，麥克米蘭狂笑不已。

在港海鎮每發生一次這類的趣事，大家就越發喜歡蘭迪。

來到營區的第十天，這群跑步學員已經友誼深厚。他們雖然精疲力竭，但也大有斬獲。至於謝魯狄，這次經驗則讓他更加瞭解如何激勵學員。關於蘭迪，他這樣寫道：「蘭迪低估了自己的能力、成就和潛力，單純因為他拿自己跟最高標準比較，而不是一般標準。他有勇氣和渴望想超越別人，但卻沒有格外努力，更吃不了苦中苦，因此總是沒有盡全力跑。」[50]雖然謝魯狄認為蘭迪可能無法成為真正的刻苦強身學員，但是兩人都知道是誰激勵他開始追求卓越的體育表現。

一九五二年一月十二日在墨爾本，蘭迪想要以低於四分十秒跑完一英里，這個時間是澳洲奧運委員會訂立的赫爾辛基奧運參賽合格時間。這次沒有「大麥克」麥克米蘭在後頭緊迫盯人，蘭迪一開始就領先，跑得比以前拼命，但是過終點線時仍差一秒。「真倒霉。」[51]他賽後說道，「我想資金應該不夠，沒辦法讓麥克米蘭和我一起去參加奧運。」他強忍失望之情，幾個鐘頭後，以八分五十三秒跑完三千公尺賽，打破澳洲的公開紀錄。在港海鎮的訓練加強了他的耐力，不過沒有加快他在短距離賽的速度。兩週後在雪梨，他險勝麥克米蘭，但是時間一樣太慢，不符合資格。

選拔終止前，麥克米蘭和蘭迪都在一千五百公尺跑出合格時間，但是只有麥克米蘭在一英里賽跑出合格速度。三月時，獲得資助的奧運隊成員名單公布，蘭迪榜上無名，然而，有法子補救。倘若蘭迪和其餘幾名選手每人能繳交七百五十美元，就能加入奧運隊。[52]但這可是一筆鉅款，有些人一年薪水才這麼多，不過吉隆聯合體育社（Geelong Guild Athletic Club）團結幫蘭迪籌募資金。吉隆體育社週六晚上舉辦舞會和「贈雞」募款，優勝者將獲得一隻有穿衣服的母雞。社員辛苦熱心募得大部分資金，但仍短少兩百五十美元，最後蘭迪的父親補足差額，這樣兒子就能去參加奧運囉。蘭迪是在墨爾本東南一百三十英里南吉地（South Gippsland）沿岸的自家農地開拖拉機時聽到這個消息的。[53]

蘭迪前往歐洲之前，賈利發表一篇文章，標題反映了許多人的想法：「蘭迪勝算極高，或許不久後就會成為我國最優秀的中距離跑者。」正因如此，大家才大費周折送他去參賽。根據引述，蘭迪先是感激謝魯狄的指導，接著提出猜測，不過並非針對未來的成就，而是針對他未開發的潛能：「我不知道自己的身體能承受什麼樣的考驗。」他說道。[54]

在赫爾辛基凱普拉村，謝魯狄終於安靜下來。蘭迪躺在床上，不確定自己該如何跟世界頂尖好手競技。他在訓練中有長足進步，在英國跑得很好，但是仍然沒有把握穩操勝券。他是靠家人朋友慷慨解囊才獲得奧運門票，這點他一直放在心上，倍感壓力，深怕辜負大家努力送他來參賽。[55]但是每天他在賽道上觀察其他選手跑得風馳電掣，如行雲流水，獲勝的信心不斷減弱。謝魯狄教練或許自認為對跑步與訓練有最精闢的見解，但是蘭迪知道這些歐洲和美洲選手也很清楚要怎麼成為世界級選手，他知道自己很快就能明白他們有多高竿了。

第四章

如果面對勝利和失敗
能對這兩個騙子一視同仁……
如果面對困境
能分秒必爭全力脫困……
那麼世上的一切將屬於你的，
而且，更重要的是，你將成為男子漢，孩子！

——摘自吉卜林的《如果》

開幕典禮的雨，淋得紅磚粉賽道一片泥濘，芬蘭籍場地管理人員趁夜分散巡視，點燃數百處小火，將水烤乾，滾滾濃煙升到體育場上空，刺鼻味瀰漫附近街道。[1]七月二十日星期日黎明，賽道已經乾了，而且在第一批選手抵達前就碾壓平整了。[2]桑提在房裡醒來，不確定要做什麼。整個早上數千人湧入體育場，大批選手趁訓練、用餐與比賽之餘到處閒逛，其中許多人代表的國家過去幾年處於交戰狀態。桑提不敢踏出凱普拉，否則自己一定會迷路或碰上麻煩。他是田徑隊最年輕的隊員之一，第一次參加奧運，絞盡腦汁也想不出來自己需要知道什麼。什麼時候要比賽？對手是誰？什麼時候可以訓練？顯然這些重要資訊難以取得，因為每個人都在擔心自己的比賽，即便這屆奧運被強調為是國家尊嚴之爭，尤其是美國人與俄國人之間，桑提卻漸漸發覺，這不必然意味團隊領導和合作是優先要素。

他必須自己照顧自己。過去沒遇過這種情況。在堪薩斯大學，他習慣與隊友為伍，互相照料；也習慣教練告訴他什麼時候到哪裡練習、下週末對手是誰、比賽該怎麼跑、賽前該吃什麼、什麼時候到體育場、可以到哪裡熱身。這些細節管理讓他能專注於最有把握的事情：跑步。然而，身為美國奧運隊的一員，他獲得最有用的資訊大概就是去餐廳和寢室的指示。他感到孤獨，隨著比賽開始，越發驚惶。他胃口變小，主要是因為想著即將到來的比賽，而不是擔心要怎麼查出什麼時候比賽。

花一天像無頭蒼蠅亂逛，尋找隊上幹部，最後他終於找到幾位年紀較大的美國選手，他們有比賽時程表和比賽對手名單。桑提排定七月二十二日五點跑五千公尺資格賽，屆時會有廣播員宣布每圈的時間，這樣他就能知道自己的跑步速度。不過他們不知道他要面對哪些對手，也不知道會是場輕鬆或激烈的比賽。然而，可以確定的是，美國隊一九四八年在田徑項目贏得半數金牌，桑提是美國隊的一員，大家當然期待他獲勝。[3]那天下午稍晚，他到訓練賽道練習，在美國選手中，只有他沒穿寫著「美國——赫爾辛基——一九五二」的運動服。[4]他選擇穿橘紅色褲子和堪薩斯大學的運動服，他跟任何人一樣，亟欲為國家爭取勝利，但是此刻穿堪薩斯大學的服裝讓他覺得自在多了。

奧運第一天，捷克明星選手哲托貝克豪奪一萬公尺冠軍，打敗被看好的英國選手戈登．皮里（Gordon Pirie），贏得第一面金牌，許多人認為哲托貝克會獲得兩面。[5]美國在田徑項目奪得第一面金牌，得主是跳高選手戴維斯（Walter Davis），身高六呎八吋，德州人，刷新奧運紀錄。俄國不遑多讓，奪下女子鐵餅。比賽第二天，美國主宰田徑，俄國稱霸體操。第三天，全球報紙用頭版報導得分排名：美國第一名，俄國第二名，捷克斯洛伐克第三名，英國第四名，但是尚未奪得金牌。果然不出所料，第十五屆奧運逐漸成為美國人與俄國人的龍爭虎鬥。

國家尊嚴向來在奧運中占有一席之地，但是從來沒有像一九五二年奧運如此重要。在準備赫爾辛基奧運的那四年，《生活雜誌》寫道：「俄國人為了贏得奧運戰爭，積極動員。」[6]他們全面整建鄉村，供選手使用，聘僱數百名教練，建造體育場，投入數十億盧布訓練選手，不遺餘力。[7]在赫爾辛基，俄國協同波蘭、保加利亞、匈牙利、羅馬尼亞、捷克斯洛伐克等東方集團國家，要求主辦單位提供「共產國家選手專用」的住所和訓練場。俄國提供選手各式各樣的奢侈品，包括一盤盤的魚子醬和燻鮭魚。在歐塔臬米營區（Otaniemi），俄國人在入口上方懸掛一幅史達林的巨幅畫像，豎立一塊木製記分板，紀錄總分。冷戰在朝鮮半島延燒，加上核武競賽，美俄的競爭已經蔓延到運動競技場，著實令人心驚膽寒。

美國同樣集中全力搶勝。在準備方面，美國人絲毫不敢懈怠，畢竟美國隊主要由獎學金資助的大學運動員組成，在專任教練指導下，全心不停訓練。只消看看凱普拉餐廳裡「美國選手專用」的維他命罐，就知道他們享受何種特別待遇。許多人抱怨，英國提出業餘運動員的構想，但是像英國這種國家，面對「專業」培訓出來的運動員根本毫無勝算。不論對錯，運動確實正在改變，赫爾辛基奧運則成為具有象徵意義的轉捩點，僅存的問題就是，誰會在這場獨特的競賽中以多少的差距獲勝。

桑提取得這場競賽的前座，尤其因為兩國的其中一項重大競賽是籃球。美國籃球隊有半數隊員是堪薩斯大學的球員，他知道俄國七呎明星球員的故事，以及他們一起訓練多久了。不過桑提也擔心自己能否為國家取得勝利，尤其因為田徑隊被視為美國隊的重點得分隊伍。

七月二十二日星期二資格賽當天，桑提對自己的比賽所知甚少，迫切希望伊思頓能在身旁。桑提發現賽前不能在賽道上熱身，熱身是他平常練習程序的一環，於是他到體育場外慢跑熱身後，再回到更衣室等待被傳喚出賽。周遭的選手全說著他聽不懂的語言，他不曉得自己要跟其中的哪些人比，也不知道對手平常的跑步成績。他最擔心的是落後領先集團，沒有教練可以討論策略，他不禁後悔不應該來參加這場比賽。一千五百公尺是他最擅長的距離，當然也是他經驗最豐富的跑步距離。鮮少跑者，即便是像桑提如此天賦異稟的跑者，擁有速度與耐力同時參加世界級一千五百公尺賽和五千公尺賽。每過一分鐘，他就越擔憂。

看見印第安納大學校友佛雷德・威爾特（Fred Wilt）時，桑提趕緊穿越更衣室去找他談談。[8]威爾特經常到外國比賽，應該會知道桑提該做什麼。

桑提告訴威爾特誰要跟他同場競賽後，威爾特說：「其實我知道的不多，只知道那個叫薛德的選手。他大概會跑得四平八穩，跟著他吧。」

聽完這番話後，桑提便被一名奧運工作人員叫到賽道準備比賽。他慢跑進入體育場，聽到威爾特的建議，他只有稍稍感到寬心。如果伊思頓在，桑提就會到伊思頓在堪薩斯大學的辦公室，在黑板上討論比賽，教練會說明用多少時間跑完每一圈、其餘選手平常跑得如何、何時要跟著或超越選手群，鉅細靡遺用粉筆畫出該怎麼跑。桑提走近起跑線才注意到德國王牌赫伯・薛德（Herbert Schade）。除了加拿大選手理查・佛格森（Richard Ferguson）之外，場上其餘選手他都一無所知。倘若德國選手薛德一開始跑太快或太慢該怎麼辦呢？薛德跑過的最佳時間是多少呢？有好多問題他需要答案，但是再過幾秒比賽就要開始了。選手被命令就定位時，桑提完全不知所措。這可是奧運吶，他代表美國，更重要的是，他代表堪薩斯州吶。他必須表現好，但是卻茫無頭緒，彷彿被矇眼帶到漆黑的荒野，丟下來獨自尋找出路。

不一會兒，起跑槍聲響起，桑提起跑。進入第一個彎道時，他在薛德後面，恰巧占到他想要的好位置。第一圈很順利：薛德領先，桑提保持在幾名跑者後面，緊緊跟隨。到第三圈只剩桑提和德國選手薛德，其餘選手速度跟不上。才跑完一半賽程，桑提就覺得腳酸，但是謹守第二名。在三千公尺，他先聽到薛德的時間，八分二十三秒，接著聽到他自己的時間，慢了兩秒。這速度太快了，以前他跑這個距離的最快速度是八分四十四秒，現在竟然快了一百五十碼。桑提漸漸失去信心，速度太快了，他沒辦法維持這種速度。比賽到這裡，他早該知道薛德是想利用這場比賽，向捷克斯洛伐克的哲托貝克和法國的阿蘭・米蒙（Alain Mimoun）展現自己的速度；這兩人分在不同的賽組，可能會是薛德在決賽中最強勁的對手。倘若薛德繼續以這個速度跑，將會打破奧運紀錄，而他正打算繼續以這個速度跑。

半圈後，桑提失去衝力，手腳變得沉重難舉，胸膛無法吸入足夠的空氣，速度變慢。到四千公尺，他感覺自己不像在跑道上跑步，比較像在水中跑步。一切動作看似都變成慢動作，他無法驅動雙腿，跑者一個接著一個超越他。就算突然間獲得無窮的意志力，他也無能為力，因為體力已然耗盡。他以非常慢的速度抵達終點，總排名第十三，時間是十五分十秒四，這是他生涯在這個距離的最差成績。

他穿上長袖運動服時，身體疲憊不堪，但是賽前的驚恐與憂慮造成的傷害更大，心情糟糕到極點，不想跟任何人說話。他離開體育場時滿心羞愧，只想躲在寢室裡，直到搭機離開赫爾辛基。他後來說：「我不只輸了，我簡直就像沒有參加那場比賽。」對於很少輸的運動員而言，尤其在這種層級的比賽中敗北，何其痛苦，就像失去初戀。他痛徹心腑。

七月二十四日，蘭迪坐在奧運體育場的觀眾席，擔憂著一千五百公尺賽的勝算，再過不到一個鐘頭就要開賽。[9]他分到資格賽的第四場，八成也是最難取勝的一場。[10]在這場比賽，只有前四名抵達終點的選手能晉級準決賽，八名選手參賽，其中包括法國冠軍派崔克．埃．馬布胡克（Patrick El Mabrouk）和南斯拉夫冠軍安卓利雅．歐天海默（Andrija Otenhajmer），以及美國的麥米倫和英國的班尼斯特。在倫敦比賽時，蘭迪曾經短暫見過班尼斯特。蘭迪知道自己在這個距離的最短時間是三分五十二秒八，比對手慢了幾秒，再者，他比較習慣跑一英里，而不是一千五百公尺。

雖然一千五百公尺只比一英里短一百二十碼，但卻是難跑的比賽。標準歐洲跑道，包括赫爾辛基奧運的跑道，是四百公尺長，表示跑者必須跑三又四分之三圈。蘭迪後來有解釋為何不喜歡一千五百公尺賽：「這項比賽一點也不優雅，起跑點跟終點不一樣，難看死了。」[11]不僅分段計時難以搞懂，加上第一圈不完整，他很難抓到跑步節奏。

然而，此刻蘭迪比較感興趣的是觀看五千公尺決賽開始。他沒有取得五千公尺賽的晉級資格，在分組預賽中，抵達終點時落後第一名選手米蒙超過三十秒，總排名第十。[12]成績不佳，但是他在二月初跑出來的個人最佳成績也只快了兩秒。他只能好好觀賞同胞好友培里設法把獎牌拿回家，這場比賽的主角有「人類火車頭」（Human Locomotive）哲托貝克、得過金牌的蓋斯頓．雷夫（Gaston Reiff）、新奧運紀錄保持人薛德、英國極具潛力的新秀查特威，以及令人生畏的法屬阿爾及利亞選手米蒙。這絕對是場不容錯過的激戰。

槍聲響起後，紅髮的查特威一開始就領先，第一圈跑在選手群的前頭，薛德在他後頭，培里在選手群中間。[13]澳洲隊高呼「強原子」，但是第三圈結束時，前四名選手每圈平均跑六十七秒，培里看起來活像重要舞台上的配角，很快地，哲托貝克就領先定速。

這位三十歲的捷克軍隊少校模樣相當嚇人，身高五呎八吋，身軀削瘦，在一堆節奏混亂的手腳中奔馳，奔跑時，頭不斷前後顧盼，舌頭伸出嘴巴，表情扭曲。一名體育記者這樣寫道：「簡直像中風發作。」[14]不過選手們知道哲托貝克比他們還要健康強壯，他毫不猶豫在比賽中告知他們這一點。就在對手們氣喘如牛時，這位捷克選手認為這是交談的好時機。在一萬公尺決賽中，哲托貝克打破了自己的世界紀錄。他跟俄國的安諾飛（Alexander Anoufriev）並肩而跑，初始就把速度定得很快，並且勸告安諾飛小心別跑太快。在五千公尺決賽，哲托貝克衝到領先位置，用德語往後對薛德朗聲道：「薛德，跟我跑兩圈！」

離終點剩兩千公尺時，比賽戰術展開。薛德回應哲托貝克的嘲弄，衝到領先位置，查特威和雷夫保持緊跟在後，哲托貝克逐漸落後。接著皮里加快速度，輕鬆超越哲托貝克和場上其餘選手。薛德迅即奪回第一順位，把皮里擠到一旁。接著換米蒙開始展開行動。剩下五百公尺結束時，排名依序是薛德、查特威、米蒙、哲托貝克、皮里。鈴聲響起時，哲托貝克奮力衝刺，就連看臺上的觀眾也幾乎能感受到他這樣衝刺必須費多大的勁、承受多大的痛苦。不過這次衝刺並沒有取得優勢，查特威超越哲托貝克一百公尺，薛德和米蒙緊跟哲托貝克。接著哲托貝克落後到第四順位，看似回天乏術。薛德接著重回領先位置，但是查特威在最後彎道奪回第一順位。

「哲托貝克！哲托貝克！哲托貝克！」觀眾席呼聲震天，觀眾全站起身。哲托貝克表情扭曲，嘴巴張開，雙臂快速擺動，眼睛睜大，再次衝刺。突然間，查特威腳絆到跑道邊緣，摔到紅磚粉跑道上，身後激起一陣塵土。米蒙和薛德試圖在哲托貝克過彎時阻擋他，但是兩人實在無力阻止他獲勝。哲托貝克直線衝刺，觀眾再次哄然喝彩。每一步都跑得像最後一步，但是他卻仍舊能夠繼續衝刺，最後衝過終點帶，刷新奧運紀錄。米蒙第二名；薛德第三名；皮里第四名；查特威從賽道上爬起身後繼續跑，獲得第五名；培里跑完時精疲力竭，取得第六名。

廣播員、記者、觀眾和選手都明白，自己剛剛目睹了哲托貝克的驚人表現。他現在奪下第二面金牌了。哲托貝克幾天後將參加從沒跑過的馬拉松比賽，將證明大家稱讚他是繼努米之後最優秀的長跑選手，他受之無愧。培里雖然沒有獲得獎牌，但是跑出個人最佳成績。蘭迪深信，好友培里能跟自己的英雄哲托貝克同場競賽，就深感驕傲了。蘭迪自己也很佩服哲托貝克的跑步策略，不過更重要的是，他第一次看見有人擁有如此優越的體能。[15]

體育場上的每個人都還陶醉在哲托貝克的勝利中，一千五百公尺資格賽就開始了。蘭迪在內場稍微慢跑熱身之際，澳洲同胞麥克米蘭在分組預賽中取得第四名，有資格參加隔天的準決賽。在蘭迪的這場預賽之前，有三場預賽，晉級下一輪比賽的選手全都跑得快過他的一千五百公尺最佳成績。看來他有硬仗要打囉。

蘭迪站到起跑線，三分五十七秒後，奧運希望便破滅。馬布胡克從後頭超越，以三分五十五秒八率先抵達終點，速度平平，麥克米蘭、班尼斯特和匈牙利的托傑希（V. Tolgyesi）接著依序抵達，蘭迪以一秒之差取得第五名。蘭迪後來說，最後一百公尺他「發狂拼命跑」，但是在最後的直道因為太累，無法超越托傑希。[16]

儘管賽前就心存懷疑，蘭迪仍不免對自己感到失望。他遠渡重洋來這裡，卻連準決賽都沒進入。他也知道原因：自從在英國跑出好成績後，他就從巔峰往下落，因為訓練沒有盡力。謝魯狄把門下選手的失敗當成個人的恥辱，賽後他完全沒有安慰蘭迪，他到底說了什麼尖酸刻薄的話，最好還是別提囉，但是姑且不論對錯，他對蘭迪的整體看法是缺乏「殺手本色」。雪上加霜的是，整個澳洲隊，除了短跑選手雪莉・史崔克蘭（Shirley Strickland）和瑪喬莉・傑克森（Marjorie Jackson），全都表現不佳。有人批評許多選手根本就沒資格參加奧運，領隊甚至在返回澳洲後，提出報告，直言不諱道：「以後我國選手，不論男女，如果不願意跟外國選手一樣，犧牲小我，接受斯巴達式的嚴苛訓練，就不應該選入澳洲隊。」[17]

這樣的見解不公平，傷了最後擠進澳洲隊的蘭迪。然而，他不想因為沒取得參加一千五百公尺或五千公尺決賽就恣意消沉，畢竟在赫爾辛基還有許多經驗值得學習，尤其是從主宰比賽的選手身上，比方說觀察哲托貝克就減緩了蘭迪心中的沮喪。

哲托貝克早在先後贏得五千公尺和馬拉松的勝利前，就獲得蘭迪關注。謝魯狄經常談到哲托貝克，培里更是崇拜他，因為他的訓練課表聳人聽聞，而且長距離跑步紀錄無人可及。培里一到赫爾辛基，就換上長袖運動服，跑三英里到鐵幕國家選手居住的歐塔梟米營區。[18]通過大門衛兵後，培里就在跑道上找到哲托貝克，跟他並肩而跑，最後鼓起勇氣說道：「我叫培里，來自澳洲。」哲托貝克一隻手臂搭住這位戴眼鏡的仰慕者，用英語說道：「你特地從另一個村子來見我嗎？你讓我感到太榮幸了！陪陪我吧，咱們一起跑。」練習結束後，兩人去洗澡、用餐、喝茶。接著哲托貝克邀培里在營區觀賞波修瓦芭蕾舞團（Bolshoi Ballet）的表演。最後培里回到凱普拉後，開心跟室友分享這次經驗。

蘭迪輸掉一千五百公尺賽後，就積極認真到體育場附近的舊賽道向其餘選手討教，他們都在那裡訓練。[19]他在那裡待好幾個小時，用心記下他們怎麼跑步，學習他們的訓練方法。最吸引蘭迪的是哲托貝克，蘭迪後來稱他為「花衣魔笛手」（Piped Piper of Hamelin）。[20]在賽道上，蘭迪和一群仰慕者跟著這位捷克選手前後慢跑，一邊談論跑步。談完後，有許多要點必須記下來，因為哲托貝克講話幾乎跟跑步一樣快，有很多內容有待理解吸收。哲托貝克分享他對跑步運動的熱愛，講述他從十九歲開始喜歡跑步後，如何實現諸多成就。「我參加一九五〇年歐洲錦標賽……」[21]他開始講故事，談論那場比賽和對手。他也談到：「去年我進行二十四小時訓練……」或「我穿著軍靴在雪中跑步……」哲托貝克的訓練方法基本上就是把跑步變成生活之道。他認為必須每天循序漸進鍛鍊意志力，紀律是關鍵。至於跑步姿勢，被批評跑步姿勢醜陋的他直言不諱道：「等到大家開始根據跑步姿勢美醜來評判賽跑，我就會學習改進姿勢。不過既然現在比的是速度，我就只專注於能跑多快。」[22]三面金牌向蘭迪證明了哲托貝克是對的。

哲托貝克跟謝魯狄不同，不喜歡譁眾取寵、東方哲學、反脣相譏或古怪理論。準備一千五百公尺決賽時，謝魯狄叫麥克米蘭穿著兩件長袖運動衣，頭包纏毛巾，在跑道上慢跑。哲托貝克設計了一整年的訓練課程和方法，保持速度與耐力之間的平衡。

蘭迪喜歡他善用分析的做法，謝魯狄則不喜歡課表，覺得課表會侷限靈魂，兩人想法相反。蘭迪聰明獨立，明白自己能有至今的成就都得感謝教練，但是他的未來就跟教練無關了。在赫爾辛基，蘭迪開始規劃未來。

班尼斯特累得睡不著，不管怎麼翻身踢被，就是睡不著。[23]每過一分一秒，一千五百公尺決賽就越近，每小時一波新的焦慮就會侵襲他。隔天下午四點三十分，他就要跟十一名世界最強的中距離跑者競賽。他原本以為只需要跑一場比賽就能取得決賽資格，結果跑了兩場，這重創了他的信心，擔心自己已經精疲力竭。

過去一星期，他日夜不安，他和室友短跑選手尼可拉斯・史戴西（Nicholas Stacey）、四分之一英里選手亞倫・狄克（Alan Dick）和三英里選手查特威，都在設法緩和不停翻騰的思緒，盡量不去想會勝或敗，或勝敗會造成什麼差異。他們在凌亂的床上歇息，聊聊政治和歷史，讀讀書，或互相開玩笑。有一天晚上，史戴西站上木箱，假裝那是奧運領獎臺，幻想獲得金牌，發表得獎感言。有時候他們會討論對手，尤其是哲托貝克，他們認為他的能力超越人類。「他在唯一一天自由日進行二十英里跑步訓練，」查特威說道，「我們卻躺在這兒累得氣喘吁吁，怨嘆老天爺對我們殘忍，鬼扯我們是因為太聰明才不用辛苦訓練，盡說些廢話。」[24]四人無可避免一再想到起跑槍聲響起那一刻，還有自己能否證明自己夠優秀。不論發生什麼事，他們承諾彼此，這屆奧運結束後，他們永遠不會再接受這種折磨。

七月二十六日早上，住這間寢室的選手中，只剩班尼斯特仍緊張不安，不過他全力掩飾，雖然懷疑自己能否贏得比賽，但卻守口如瓶。其餘的人都結束比賽了，沒人獲勝，最慘的是查特威，在五千公尺決賽的最後一圈摔倒。班尼斯特有看那場比賽，結局使他謹記最後衝刺有多重要。[25]

整個英國隊輸多贏少，田徑比賽剩兩天，田徑隊卻只贏得寥寥幾面獎牌，金牌連一面都沒有，在其他賽事也沒有英國選手奪金，有位英國記者賽前說道：「如果我國奧運隊沒贏得十二面金牌，我就吃下一雙釘鞋。」[26]看來他很可能得把皮革塞滿嘴囉。報紙頭條大聲疾呼：「別擔心，我們仍奮戰不懈。」[27]然而，一篇篇專欄卻頻頻報導選手失敗和錯失勝機。

只剩最後一個希望：班尼斯特。現在國人同胞上下一心期盼他奪金，數天前，《每日鏡報》（*Daily Mirror*）專欄作家菲力普斯（Tom Phillips）把班尼斯特跟一位優秀的賽馬訓練師相提並論：「那位賽馬訓練師很少刻意到處贏小獎，如果他想贏一流賽事，他就會把馬訓練到完美適合參賽，幾乎每次他的馬都率先通過終點標竿。」[28]菲力普斯結論道：「我相信班尼斯特會贏，並且教我國的其餘選手、官員和教練一堂戰略與戰術課。」

如果看保證班尼斯特會獲勝的專欄能獲得信心，那他就穩贏不輸了，多數體育專欄作家認為他是最有勝算的。但是他腿痛，好幾天沒睡好，憂慮纏身，有些是實在的擔憂，有些是瞎操心。[29]過去兩天的資格賽和準決賽廝殺激烈，為了避免跟擠在一起的對手推擠，他兩場比賽都跑在第二和第三跑道，每場至少多跑二十碼，消耗了更多氣力。準決賽尤其耗費體力，因為接近終點時，爆發激烈爭奪，他只以一秒領先捷克斯洛伐克的史坦尼斯拉夫．榮格維斯（Stanislav Jungwirth），驚險獲得第四名，而榮格維斯自然無法晉級。由於訓練不足，經過如此激烈的比賽後，通常班尼斯特需要三、四天才能恢復體力，但是現在他只有二十四小時能休養。

班尼斯特在寢室等待，時間一分一秒過去，他知道一千五百公尺決賽將吸引全球矚目，觀眾席將擠得座無虛席，對手也為了今天忍受數千小時的訓練，將用盡每一分體力和意志力求勝。他沒辦法停止在腦海中反覆練習即將展開的比賽：一開始該跑多快？該待在內側跑道還是跑到外側？第三圈要待在哪裡？多接近終點時可以開始衝刺？

那天下午班尼斯特走過體育場下方的通道時，痛苦絲毫未減。他臉色慘白，步伐不穩。澳洲一英里跑者麥克米蘭走在他身旁，麥克米蘭狀況也很糟，教練強迫他進行邪術般的暖身後，他口乾舌燥，渾身汗濕。不過他注意到一九五〇年在紐西蘭交過手的班尼斯特臉色蒼白、緊張不安。

「祝你好運囉，大麥克。」[30]班尼斯特走入體育場時說道。

「謝囉，羅傑。」

時間到了。愛丁堡公爵抵達觀眾席，觀看一千五百公尺決賽，群眾熱烈歡呼，連太陽也破雲而出，為這場奧運經典賽事增光生色。[31]其餘選手都在內場伸展，慢跑熱身，唯獨班尼斯特在長椅上休息。擔任過劍橋大學體育社社長的英國障礙跑選手克里斯・布萊希爾（Chris Brasher），當時在觀眾席觀看，後來這樣描述好友班尼斯特當時的模樣：「羅傑看起來特別孤獨，遠離其餘選手，形容憔悴，臉色慘白，活像要進刑房似的。」[32]查特威也在觀眾席，他前一天有寫信給母親，說很擔心班尼斯特賽前那幾天的狀況。[33]查特威等待比賽開始之際，擔心室友班尼斯特心裡已然認定自己輸了。

雖然緊張，加上兩場比賽耗損了體力，班尼斯特仍覺得自己有勝算。[34]過去每場比賽，他都處於不完美的狀態，但都挺過來了。芬蘭中距離跑步選手丹尼斯・約翰森（Denis Johansson）賽前自信地跑一圈預祝勝利後，發令員宣布選手就位，班尼斯特於是跟其餘十一人走到起跑線，觀眾全都噤聲等待槍響。[35]他為這一刻準備了整個運動生涯。突然間，選手們起跑了。[36]

德國的荷夫・拉默斯（Rolf Lamers）以五十七秒八領先跑完第一圈四百公尺，看起來是要幫最有希望獲勝的德國同胞維爾納・呂格（Werner Lueg）定速。第一圈，班尼斯特都保持在內側，沒體力在選手群中爭搶。藍墨思很快就漸漸落到後頭，呂格領頭，用比較慢的速度以兩分一秒四跑完第二圈。班尼斯特拼命追趕，跑在第五順位。

鈴聲響起時，呂格仍領先。他以三分三秒跑完一千兩百公尺，就場上選手的能力而言，這速度算慢的。只剩四分之三圈就抵達終點了。

儘管班尼斯特排在適合衝刺搶勝的第三順位，在英國國家廣播公司的廣播室裡，播報員亞伯拉罕仍替班尼斯特擔心：「他跑得沒有像大家期望的那麼好，看起來很累。」[37]

在最後一圈的非終點直道上，競速升溫，在距離終點兩百公尺處，所有選手幾乎都全速衝刺。在直道上，瑞典的亞柏格（Olle Aberg）和法國的馬布胡克先後試圖加速衝到選手群前面。緊接著是班尼斯特，他決定仿效洛夫洛克在一九三六年奧運的時間展開最後衝刺，贏得金牌。

「班尼斯特在第三順位，距離終點剩一百八十公尺。」亞伯拉罕說道，「班尼斯特英勇奮戰。班尼斯特現在試圖搶奪領先位置。」

「贏定了。」班尼斯特心想。雖然自從得知加跑準決賽後，就擔驚受怕，但是他現在處於奪金的理想位置。他好不容易超越推擠的選手群，保持速度，小心避免絆倒。進入最後彎道時，他位居第二順位，準備展開全速最後衝刺，這是他最強大的武器。他命令雙腿衝刺，但是卻發現雙腿無力衝刺，這輩子頭一遭碰到這種情況。他應該加速衝刺，但卻反而減慢速度，雙腿實在沒有力量了。他大感震驚，矮小的盧森堡選手裘西・巴特爾（Josy Barthel）衝過他，令他難以置信、無法忍受。接著美國選手麥米倫也超越他。班尼斯特感覺體力耗盡、無能為力，知道自己輸了。

「班尼斯特速度變慢了！」亞伯拉罕對著麥克風大聲說道。

呂格全力守住，在彎道終點將領先差距拉大到三碼。接著巴特爾全力衝刺，做到班尼斯特想要的那種最後衝刺。這位盧森堡一英里跑者在最後五十公尺衝過呂格，麥米倫也快速超越。

「巴特爾獲勝，美國選手麥米倫第二，呂格第三，班尼斯特第四，時間三分四十五秒二。」

這是新奧運紀錄，令人驚奇，也令人扼腕。班尼斯特比賽結束後澈底耗盡體力，抓住呂格的跑步背心後側才沒摔到跑道上。他連銅牌也沒拿到，英國隊人人心煩意亂，專欄作家開始磨刀霍霍，準備展開口誅筆伐。英國隊辜負了國人的信任。

巴特爾接過玫瑰花後，到長椅上休息拖鞋。《紐約客》的李柏林（A. J. Liebling）這樣描寫當時的畫面：「他進入體育場時，沒有訓練員和同胞陪同，現在仍舊獨自一人。知道自己不會讓任何人失望，比賽前一晚他肯定輕鬆極了。」班尼斯特的情況則迥然不同。後來巴特爾站上領獎臺喜極而泣，盧森堡國歌響徹體育場，班尼斯特看得心裡百感交集。

赫爾辛基奧運那場決賽是場慘敗，班尼斯特數年後告訴好友布萊希爾：「當群眾期待你完成某件事，但是你無法或沒有完成時，慘敗就得由你和民眾共同承擔。」

那天下午稍晚，他回到奧運村，躲避準備抨擊他準備不足的記者，他必須設法解決已然發生的事。他不能表現得像輸家，於是回答說要嘗試突破一項存在已久的挑戰：在四分鐘內跑完一英里。想突破這項挑戰的不只他一人。

第五章

一英里紀錄締造者是華特・喬治（Walter G. George）……他的時間是四分十二秒七五，這個紀錄可能永遠不會被打破。

——哈利・安德魯斯（Harry Andrews），一九〇三年

人將查究到極處……

——《約伯記》第二十八章第三節

在有秒表、煤渣跑道和完美紀錄之前，人類跑步的理由非常簡單：求生。有這麼一段話：「在非洲，每天早上一頭羚羊醒來就知道，必須跑贏速度最快的那頭獅子，否則就會被殺。在非洲，每天早上一頭獅子醒來就知道，必須跑贏最快的那頭羚羊，否則就會挨餓。不論是獅子或羚羊，太陽一升起就得開始跑。」[1]身體跑過原野或穿越樹林時，會澈底動起來，很少本能比跑步更自然了。從一開始，我們全部生下來就

必須跑步。在古代，「適者生存」指得正是競速，被追獵者能否不被追上，安全逃離，是評判競速的唯一標準，計算幾分幾秒沒意義。

運動就是從這種逃生競賽發展出來的，古代埃及，新獲選的國王必須依習俗進行一次跑步。歷史學家愛德華・席爾斯（Edward Sears）寫道：「此舉意在申明擁有領土，證明自己足以勝任職務。」[2]加冕典禮經過三十年後，以及接下來每三年，國王都必須再跑一次年輕時跑的距離，如果辦不到，就會失去統治權。古代有些社會會用技能來驗證地位，像是弓箭射靶、搬舉重石、跳越溪流等等，但是能否跑得比別人更快更遠，仍舊是主要標準。[3]

文明國家最早、最偉大的運動慶典是西元前七七六年的奧林匹亞運動會，第一場賽事就是賽跑，這樣的安排很恰當。名叫柯羅柏（Coroebus）的希臘公民在阿爾菲斯河沿岸的草地衝刺兩百碼，取得優勝，獲得橄欖樹細枝葉編成的頭冠。[4]運動技能對於希臘生活是不可或缺的，希臘人是最先提倡「健全的心靈寓於健全的身體」這句流傳後世的名言。[5]

古代奧運冠軍被當成神來看待，獲得敬仰與歌頌。運動員裸體赤腳賽跑，經過數年後，開始採用訓練十個月的做法，專精某些距離。距離較長的賽跑，就得在體育場的兩端盡頭折返跑，每座體育場的距離不一。運動員的成績是紀錄勝過對手取得優勝的次數，而不是跑步時間，當時跑步時間只用日規或水鐘粗略測量。雖然羅馬人熱愛鬥士競技勝過體育競技，不過卻對四分鐘跑一英里的挑戰有兩大貢獻。[6]第一，羅馬人熱衷統計數據，詳細紀錄競技英雄（例如雙輪戰車競技手）的競技結果；第二，一英里這個距離是羅馬人最先制訂的[7]，羅馬戰士以兩千步來計算長行軍的距離，將兩千步訂為一英里，每步約兩呎五吋，比一般人的步伐小，因為戰士攜帶超過五十五磅的裝備與武器，最早的一英里約等於一千六百一十一碼。

在十六世紀的英國，最先比賽跑的是腳夫，通常聽主人的命令去賽跑。腳夫負責跟在大型馬車旁長途跋涉，在路上引導主人避開危險處。他們使用羅馬統治者最先設立的里程標作為起跑線與終點線，這項傳統經過十七和十八世紀發展成「搞怪賽跑」，成為村鎮慶典的一項活動，競賽者或踩高蹺跑，或背著一簍魚跑。耐力比賽，不論是走路或跑步，也很流行。

到十九世紀，英國人稱賽跑的人為「路跑者」，因為他們會在路上賽跑賺現金。[8]當地酒館經常舉辦比賽吸引群眾，由於大家格外喜歡一英里賽，因此專攻這個距離滿合算的。由於一英里統一訂為一千七百六十碼，計時技術大為進步，加上早期工業社會熱衷將看得見的每件事物量化，大家漸漸想競比一英里紀錄，不再單純在比賽中跟對手比快。恰巧，四分之一英里草地賽道很適合設在板球場或橄欖球場附近，再者，在賽道也比在日益擁擠的街道賽跑安全多了。科技、進步、巧合，全都是促成一英里賽的要素，現在一英里賽只缺奔馳如電的人。

蘇格蘭地主羅伯．巴克雷上尉（Captain Robert Barclay）出現以前，要在五分鐘內跑完一英里被認為是不可能的。[9]巴克雷遠近馳名，個性開朗，熱愛舉重物，能用一千小時走一千英里。一八〇四年，他以四分五十秒跑完一英里，贏得五百個基尼幣。接著，一八二五年，梅考（James Metcalf），「職業是裁縫師，但卻是專業路跑者」，以追獵犬進行訓練，以二十秒之差贏過巴克雷的時間。接下來六十年間，許多一英里跑者艱辛地一秒一秒降低紀錄，頂尖跑者為自己的努力贏得冠軍腰帶，時至今日，賭金已經增加到數千英鎊了。

十九世紀的大部分時間，「紳士業餘運動員」並沒有參與這項比賽。[10]這套英國公立學校的理想訓練制度確實是高尚的想法，獲得牛津與劍橋的大學支持，但是接受這套嚴格訓練的跑者根本無法跟頂尖專業跑者匹敵。直到一八八四年，化學學徒華特．喬治才開始認真訓練，把一英里時間減到四分十八秒八。由於這個紀錄比職業跑者威廉．康明斯（William Cummings）過去保持八年的紀錄少兩秒，兩人無可避免要一決雌雄。

為了跟康明斯一較高下，喬治被迫放棄業餘身分，儘管他已經把比賽所得捐給一家醫療慈善機構。經過一系列預賽，兩人各有輸贏，一八八六年八月二十三日，康明斯和喬治展開「世紀一英里賽」對決。兩萬五千名觀眾擠在一條腳踏車道附近，觀看喬治疾速狂奔，在最後一圈把康明斯遠遠甩在後頭。他的紀錄是四分十二秒八，保持三十年，幫努米搭設了舞台，向世界引進四分鐘跑完一英里的夢想，向運動員提出無法抗拒的挑戰，突破這項挑戰的人將青史留名。

無從得知誰最先提出在四分鐘內跑完一英里的挑戰，根據一七七〇年的報導，有一名英國跑者在倫敦市從卡爾特修道院圍牆（Charter House Wall）到岸溝教堂（Shoreditch Church），在四分鐘內跑完一英里，不過即便到十九世紀，歷史學家仍對這篇報導存疑。[11] 一九一五年，美國的泰柏（Norman Taber）以不到零點二秒之差打破喬治的紀錄，但是並未轟動田徑界，差距太小，只能在紀錄簿上添上一筆不起眼的紀錄。接著，一九二三年八月二十三日，努米，二十六歲的農場技師，來自芬蘭土庫，在第一圈就被瑞典一英里跑者魏德（Edvin Wide）引誘，跑得比原定速度還快。努米跑步時，總會在手裡拿個大秒表，而且比較喜歡速度平穩，但仍跟上魏德的快速起跑。到第三圈，魏德速度變慢，努米則保持速度，最後以四分十秒四打破泰柏的紀錄兩秒。這算向前邁進一大步，畢竟泰柏花那麼長的時間才減少喬治的紀錄不到一秒。一夕之間，一英里紀錄再度引起矚目。一九二四年巴黎奧運，努米在四十二分鐘內贏得一千五百公尺賽和五千公尺賽的金牌，看似無所不能。知名記者約瑟夫．賓克斯（Joseph Binks）以前也是英國一英里跑者，建議努米嘗試打破一英里障礙。努米回答道：「沒辦法，最快可能四分四秒而已！」不論是不是自謙，至少這位芬蘭一英里跑者讓人覺得四分鐘跑完一英里是有可能的。

受到努米激勵，一九三〇年代出現一批天賦異稟的一英里賽新秀，他們的比賽讓全球各地的體育場座無虛席，在麥迪遜廣場花園的比賽，比得上當時的職業拳賽，空氣中飄著濃濃的菸味，觀眾鼓噪拼命為最喜愛的選手加油，觀眾席離賽道非常近，選手奔馳而過時，觀眾能清楚感覺到氣流掃過。第一位跑出低於四分十秒的一英里跑者是法國人拉都梅格（Jules Ladoumegue）。拉都梅格是孤兒，一開始是參加村鎮之間舉辦的賽跑，全依情緒賽跑。賽前他會變得極度激動，得有人把他拖到起跑線才行。如果門突然在他身後關上，他會嚇一大跳。不過，他熱愛跑步時爭鬥的刺激，成績優異，成為國寶。一九三一年十月四日，他趁巴黎下午晴朗無風，在半英里跑者莫赫爾（Rene Morel）的定速下，把一英里紀錄減到四分九秒二。

一英里跑者洛夫洛克在紐西蘭出生，被英國人收養，身材矮小結實，非常清楚自己的能力與極限。接下來將換他刷新紀錄。年少時，洛夫洛克經常沿著石牆跨大步跑，在牆對側的一位友人看見他的頭在牆頭上上下下就會斥罵他，他就這樣練就流暢的跑步姿勢。[12]一九三三年七月十五日，在紐澤西州普林斯頓市，他代表牛津大學跟美國人比賽，跑出四分七秒六。賽後《紐約先驅論壇報》讚揚他的表現：「他輕輕鬆鬆跑完，難以看出他覺得有壓力和擔憂。看起來他很快就能突破四分一英里的障礙了。」洛夫洛克雖然沒有再刷新這個紀錄，但是他贏得一千五百公尺奧運金牌、跟康寧漢和伍德森的精彩競賽、對訓練與戰術的真知灼見，再再都增添了留給後人的遺產。

洛夫洛克的對手美國選手康寧漢，在洛夫洛克創下新紀錄十一個月後，就以四分六秒八再度刷新一英里紀錄。人稱「堪薩斯州發電廠」的康寧漢，早在創下一英里世界紀錄之前就是傳奇人物。七歲時，有一次他和弟弟把浸泡過煤油的煤炭添加到校舍的小火爐裡，想增加火勢，結果釀成火災，導致弟弟喪命，康寧漢的腿也被燒到差點無法復原。復原期間，他發現走路反而比跑步來得痛，一位運動員就這樣誕生。康寧漢學會克服殘疾進行訓練，在堪薩斯大學第一次參加校際一英里賽時，在最後一圈爆發，贏得冠軍。他的跑步激勵了一批堪薩斯州農家男孩，給了美國人希望，認為美國人能突破四分一英里障礙。

一九三七年，伍德森把一英里紀錄奪回英國，現年七十九歲的喬治當時在場親眼目睹那一幕。伍德森身高五呎六吋，體重一百二十六磅，是非典型的一英里跑者。他擔任法務文員，外表單薄，帶著粗框眼鏡走上賽道時，看起來毫無勝算。然而，起跑後，他卻擁有不屈不撓的拼勁。一九三六年，他面對奧運失利，下定決心突破康寧漢的一英里時間。一九三七年八月二十八日，在馬刺柏公園，他請體育社的定速員帶領他跑前三圈，接著用有名的衝刺，獨自跑最後一圈，結果跑出四分六秒四的時間。

一英里跑者投入越來越多時間與精力進行訓練，慢慢逼近四分鐘內跑完四圈賽道的目標，但是六秒半是很長的時間，頂尖跑者也只能一次減少極短的時間，能否以

「低於」四分鐘跑完一英里，看似越來越不確定。

第二次世界大戰結束後，海格和安德森這兩名瑞典跑者展開精彩對決，但卻讓四分一英里的目標顯得看似無法達成。在兩人之中，海格跑步姿勢比較自然流暢，但是安德森比較刻苦訓練。兩人相差一歲，但同時達到巔峰。個別來看，就體能與體型而言，兩人可能都是賽跑史上最優秀的一英里跑者。兩人互相競速，看起來無人能比，空前絕後。三年半間，海格和安德森反覆互相超越彼此的一英里紀錄。13

日期	跑者	地點	時間
一九四二年七月一日	海格	瑞典哥德堡	四分六秒二
一九四二年七月十日	安德森	瑞典斯德哥爾摩	四分六秒二
一九四二年九月四日	海格	瑞典斯德哥爾摩	四分四秒六
一九四三年七月一日	安德森	瑞典哥德堡	四分兩秒二
一九四四年七月十八日	安德森	瑞典馬爾默	四分一秒六
一九四五年七月十七日	海格	瑞典馬爾默	四分一秒四

兩人的較勁激盪出優異表現，但是仍沒突破障礙。記者和統計學家試圖說服體育

界，障礙終將會被突破。根據他們的計算，一般世界級一英里跑者能維持每秒七點三三碼的速度，也就是時速十五英里，這表示海格的最佳時間和四分一英里只差十二碼，不到比賽總距離的百分之一，他們認為這微不足道。但是有人不認同，直接公開反駁。在田徑界極受尊崇的布魯塔斯・漢彌敦教練（Brutus Hamilton）發表題為〈人類體能極限〉（The Ultimate of Human Effort）的文章，列出人類永遠無法超越的完美紀錄，包括標槍、鉛球、一百公尺、四百公尺、一英里、五千公尺、一萬公尺等項目。漢彌敦以詳細的統計數據來佐證分析，不過就算他是把這些「完美紀錄」隨便寫在雞尾酒杯墊巾上，許多人也會把他的話當聖旨。能否在四分鐘內跑完一英里？[14] 對於這個問題，漢彌敦的回覆是不可能。他表示，最快的時間頂多四分一秒六。儘管一九三五年寫那篇文章的漢彌敦已經被證明錯估零點二秒，但仍難以想像有人能跑得更快。

許多人不想再成天關注紀錄，包括一九一二年奧運一千五百公尺冠軍史卓德・傑克森上校（Colonel Strode Jackson），於是他在海格和安德森鬥到高潮時寫道：「我們得停止這種沒意義的比賽，跑得活像節拍計，無時無刻想著時間。我們得回歸真正的賽跑，只論輸贏，這才是真正的賽跑，唯有將四分一英里的神話拋諸腦後，我們才能享受真正的賽跑。」[15]

不管是不是神話，無論是差十二碼還是更多，障礙仍舊存在。每年都有跑者試圖突破障壁，但是屢試屢敗，反而使一英里障礙越發知名。一九五二年，出類拔萃的作家德福（Frank Deford）針對這項障礙寫道：「人類已經到達南北極地，找到尼羅河河口，標出最深的海洋，走過最荒僻的叢林，但是儘管窮盡全力，卻仍無法在四分鐘內跑完一英里的距離。」[16]

赫爾辛基體育場的一九五二年奧運聖火才剛熄滅，報紙就開始爭相發表比賽的社論與評論。有兩點無可置辯，第一，芬蘭人把奧運辦得有聲有色；第二，這屆奧運打破的紀錄是史上最多。赫爾辛基的閉幕典禮結束不到四十八個鐘頭，就有另一場比賽舉辦，這次是在倫敦白城體育場，大英帝國隊跟美國隊展開較量。[17]這座體育場在一九〇八年也辦過奧運，當時為了將馬拉松比賽的終點改到亞歷山德拉皇后（Queen Alexandra）的御用包廂前，把馬拉松正式距離設定為二十六英里三百八十五碼，而非單純二十六英里，因此留下汙名。[18]這座體育場現在用於賽灰狗和其餘各種比賽，包括田徑賽。[19]就像短短幾天前打敗全球隊伍，美國隊再次打敗大英帝國隊。

在四英里接力賽中，每隊四名跑者各跑一英里，班尼斯特一開始幫大英帝國隊取得領先，但是第二名隊友旋即失去領先優勢。美國隊第三棒桑提看似能幫隊伍大幅拉長領先距離，使對手無法逆轉，但是大英帝國隊同樣第三棒的蘭迪在最後四百四十碼拉近了跟桑提的差距。兩隊的最後一棒互有領先，但是最後美國隊獲勝。這是班尼斯特、桑提和蘭迪第一次同場競速，三人在這場比賽中對其餘兩人都沒留下太多記憶，完全不記得是否對話過，對彼此的能力也沒有留下印象。三位一英里跑者分道揚鑣，班尼斯特搭地下鐵回到距離不遠的聖瑪麗醫院生活，蘭迪和桑提搭長途飛機回到各自的國家，但是三人未來將因為各自訂下的目標而再度重逢，那將是一場他們和數千萬人永生難忘的龍爭虎鬥。

桑提跟豐收勝利果實的美國隊返國。蘇聯雖然在比賽中奮力對抗，有幾天甚至看起來能贏得最多獎牌，但是無奈無法跟贏得十四面金牌和十三面銀牌與銅牌的美國田徑隊抗衡。在美國田徑隊中，桑提是少數沒得牌的選手。觀看一千五百公尺決賽時，心知自己「過去每次同場較勁」都打敗獲得第二名的麥米倫，他不禁感到空虛無助，宛如傀儡。[20]他確信，如果當時在洛杉磯，業餘體育聯合會沒有剝奪機會，把機會給他，他一定能贏得那場比賽。

回堪薩斯大學之前，桑提先到塵地鎮探視父母，這是他騎無名馬離家後第一次回家。不管他心裡是否期待父親說以他為榮，至少父親沒說，父親如果不是真的不瞭解他透過跑步取得什麼成就，就是不會表達憤恨以外的感覺。不論如何，父親的沉默刺痛了他。過去兩年，桑提力勸母親離開父親，但是母親告訴桑提，自從他離家後，父親就改正「負面行為，脾氣不再那麼暴躁」。儘管如此，桑提仍不想跟父親有任何瓜葛。

回到勞倫斯，桑提跟伊思頓教練促膝談心，伊思頓說出桑提的父親沒說出口的驕傲。伊思頓暗示桑提，奧運經驗中有許多值得學習的地方，但是桑提沒想那麼多道理，為失敗而苦惱不是他的天性。高三時，他曾在州錦標賽的一英里決賽輸給比爾·狄威（Bill Tidwell），儘管大家都認為他會贏，尤其高二和高一時他都贏了，但他卻絲毫不氣餒。密友漢佛瑞斯（Don Humphreys）訝異他竟然淡然處之：「我不懂，那場一英里賽以一兩步之差輸了，你怎麼還能保持好心情。我知道狄威是優秀的長距離跑者，但是我從沒想過他能打敗你。」[21] 桑提用平淡的語氣解釋道：「噢，狄威啊，他又不是一英里跑者。」漢佛瑞斯思花了一點時間才理解這句答覆，接著想起橄欖球員在比賽中被撞倒後，會馬上起身以牙還牙。桑提有那種殺手本色。漢佛瑞斯後來說道：「那種人在心裡永遠不會被打敗，就算被打敗也不會認輸。」

桑提覺得，在赫爾辛基，自己學會照顧自己以及跟頂尖高手競賽。他要證明當初不讓他參加一千五百公尺賽是天大錯誤，更重要的是，他要證明自己真的很優秀。他想要達成始終近在眼前的目標：突破四分一英里障礙。畢業時，他在高中預言表中寫道：「我會以三分五十八秒三的時間打破一英里世界紀錄，而且能保持許多年。」[22] 他去年春天贏得德雷克大學接力賽後，體育記者預言他絕對能刷新世界紀錄，使他更加覺得目標近在眼前。參加奧運前，他在紐約奔馳如電地跑完四分之三英里，使他明白自己離目標有多近。回到大學才幾天，桑提就走進堪薩斯大學的校刊辦公室，發表聲明：桑提將成為四分鐘內跑完一英里的第一人。[23]這些年來，他一直知道自己辦得到，現在他要讓抱負成為正式紀錄。

搭機抵達墨爾本後，蘭迪發表不同的聲明，不過主旨相同。[24]英美對抗賽結束後，他直接搭機回澳洲，婉拒跟麥克米蘭、培里和謝魯狄一起在斯堪的那維亞半島參加一系列賽跑。蘭迪想回去惡補農業學，當時他為了爭取進入奧運隊，暫時中止學業。他也想再開始訓練。

蘭迪想證明為了前往赫爾辛基而投入的時間和金錢花得值得，這項渴望讓他對兩項奧運比賽皆失利釋懷，他認為外界對於他失敗的批評毫無根據。這項渴望也使他更加振奮地期盼成為更快速、更強壯的跑者，他認為自己學到如何達到這個新水平，比如說改善跑步姿勢和訓練方式。哲托貝克和其他歐洲中距離跑者有教他該怎麼做。

對於跑步姿勢，蘭迪用一雙歐洲釘鞋來協助改善，他不想再穿墨爾本製的袋鼠皮釘鞋。[25]袋鼠皮釘鞋主要是設計用於草地跑道衝刺，鞋釘嵌在前側，難以把腳跟壓低到地上，因此必須用腳趾跑。在赫爾辛基，蘭迪注意到歐洲中距離跑者的釘鞋是平底的，而且有鞋跟，因此跑步姿勢比較流暢放鬆。然而，單單換鞋子沒辦法改變跑步姿勢：他必須練習歐洲跑者的手腳運動方式，直到習以為常。

但是哲托貝克證明了自己並非因為跑步姿勢才在全球遠距離跑者中脫穎而出，是因為嚴苛的訓練。因此，蘭迪認為，如果加快跑一英里的速度主要關鍵在於刻苦訓練，那他願意犧牲。搭機回澳洲途中，蘭迪花許多個鐘頭在筆記本上反覆修改哲托貝克和其他跑者跟他談論的訓練課程，最後規劃出一套課程，希望練就哲托貝克在赫爾辛基展現的那種體能，然後打破麥克米蘭的國內一英里紀錄四分八秒九，接著在一九五三年初贏得澳洲錦標賽。[26]

蘭迪抵達墨爾本的機場時，記者將選手團團包圍，問選手對奧運和未來有什麼看法。有選手抱怨旅途太遙遠，休息太少；有選手否認準備退隱；許多選手為自己的成績優劣辯護。蘭迪則談起哲托貝克，解釋這名捷克人如何證明自己高人一籌，贏得三面金牌。「他成功完全是應得的，因為他是世界上訓練最嚴苛的運動員。」[27]蘭迪說道。瞭解這位年輕澳洲一英里跑者的人都明顯聽出來了，他也要為自己博取這項殊榮。雖然他的目標目前不是突破四分一英里障礙，但他卻不知不覺被帶向那條道路，而且他很快就會證明天下無難事，只怕有心人。

在三位跑者中，班尼斯特因為辜負了國人期望，承受最大的痛苦。要不是一匹名叫獵狐者的馬在閉幕典禮開始前的八分鐘一躍贏得冠軍，英國人在這屆奧運中將沒有金牌。[28]對田徑迷而言，這面金牌毫無安慰作用，他們要報仇雪恥，報紙提供了發洩憤怒的出口。「掛黑紗，降半旗。」[29]《週日快報》（*Sunday Express*）疾呼道。「現在我想控告英國選手背信。」《時人雜誌》（*People*）評論道。社論質疑業餘運動主義是否已死，有人認為英國人越快看透事實確實如此，就越快有機會與美國人和俄國人一搏。有人捍衛業餘運動主義的理想，但是鄙視選手沒有全力爭取優異表現。記者柯力富（Hyton Cleaver）寫道：「英國無法獲勝，不是因為業餘運動主義產生惡果，是因為失去成就卓越的技藝。」[30]

班尼斯特成為批評的眾矢之的，對他的獨立訓練法先貶後褒的那群記者又見風轉舵，用尖酸刻薄的批評折磨他。報紙頭版標題寫道：「班尼斯特輸了！」《每日鏡報》抨擊得最重：

倘若當初業餘體育協會勸班尼斯特定期在英國參加比賽，他就能贏得一千五百公尺賽。[31]然而，他們卻不理會總教練戴森（Geoffrey Dyson）的勸言，容許班尼斯特在去赫爾辛基的前一年只參加一場正式比賽。

他跑得活像「尚未成熟」的三歲純種良馬，第一次參加一流比賽，在跑道上胡亂跑，一下跑到內側，一下跑到外側，一下加速，一下減速，接著才展開最後衝刺，獲得第四名。我們在赫爾辛基耳聞精彩故事，說班尼斯特離國前曾在祕密測試中跑出轟動全球的成績，因此穩操勝算。**或許傳聞是真的，但是任何人跟樹跑都能跑很快啊！**

班尼斯特不只得讀批評他辜負國人的報導，還得忍受有人在街上將他攔下，要求解釋為什麼跑輸。[32]如此嚴厲的批判對二十三歲的少年實在是難以承受。

班尼斯特一輩子都覺得「自己的自決能力強過別人」[33]，但是奧運似乎血淋淋地證明這個想法是錯的，他跟所有人一樣，只不過是凡人。遭到奚落，感到挫敗，他認為唯有達成比奪得奧運金牌更崇高的目標，才能對在赫爾辛基發生的事釋懷。他不能在經歷如此大敗之後就逃避跑步。

從赫爾辛基返國數天後，班尼斯特寄信給一英里跑者布萊恩・休森（Brian Hewson）和查特威，詢問能否協助他挑戰四分一英里障礙，而且不是他們可能以為的明年，是現在，他仍打算在醫學院二年級開學前退休。在馬刺柏公園的那次時間測試證明，他的速度能挑戰破紀錄，而且他要突破多數人認為無法突破的障礙，叫批評者噤聲，如此一來，他們就知道他是什麼樣的運動員。班尼斯特不只要為自己的失敗辯護，還要突破四分一英里障礙，證明不用犧牲人生的一切，就能達成偉大的運動成就。這個理想是希臘人最先提倡的，英國人後來接著推廣，然而全球卻半信半疑。四分一英里並非終點，只是班尼斯特要挑戰的障礙，好證明他對運動與人生的定見。

一九五二年八月底，班尼斯特被競爭的壓力消磨得心力交瘁，查特威和休森也因為另有要務，無法幫他，所以這項挑戰得緩一緩。班尼斯特知道在聖瑪麗醫院的工作只會越來越多，因此暫時沒辦法退出跑步運動。他還沒湊齊挑戰四分一英里的要素，但是他有信心那一刻會到來。四分一英里障礙存在已久，再等幾個月再突破也無妨。

第二部
障礙

第六章

想突破一英里障礙，簡直就像想發明最優雅的自縊方法，不論計劃多合理，不經歷身體痛苦，絕對無法達成。

——保羅．歐尼爾（Paul O'Neil），〈征服自我的人〉《運動畫刊》

在墨爾本的中央公園，就在東馬門區的住家對面，蘭迪看著自己的影子。[1]他穿著平底沙灘鞋，沿著青石粒小徑跑，研究著雙腳的節奏和手臂的擺動。他或許永遠追不到影子，但是能以影子為學習的借鑑。他在跑步過程中協調手腳的動作，手臂擺越高，跨步距離就越大。然而，他要養成的姿勢比較複雜，不單只是把手臂擺動到最大幅度與最高處，如果手臂擺動過大，跨步就會失去平衡，而且浪費體力。他是要找出勻稱的姿勢，手臂動作與抬舉膝蓋完全協調一致，使臀部產生驅動力。頭必須維持垂直，身體重心維持不變，肩膀肌肉放鬆，腳掌著地時，腳跟先著地，接著腳趾才著地，使腳掌接近平貼地面。一切動作都必須做得輕鬆。慢慢地，他把跑步姿勢調整成活像「印加信差」的跑步姿勢，一名體育記者後來如此形容。他跑起來就像飄浮在跑道上。

到一九五二年九月中旬，從赫爾辛基返國一個月後，蘭迪雖然沒有接受謝魯狄指導，但卻進步神速。謝魯狄提倡手臂擺低，認為應該跑得像公雞，減少風阻，或像把矛拿在腰際長距離奔跑的非洲戰士。[2]但是蘭迪寧可模仿歐洲跑者，畢竟他們在赫爾辛基證明了自己的跑步姿勢和成績都略高一籌。「我以前都像短跑選手，用腳趾跑，用釘鞋抓跑道。但是歐洲選手不一樣。」[3]蘭迪說道，「手臂擺高一點，膝蓋自然就抬得高一點，跨步就稍微大一點。但是，最重要的是，這樣腿部肌肉不會拉緊，最後衝刺時，就會餘留許多力量，能施展在腳趾上，衝刺到終點。試試用腳趾站立，感覺小腿和大腿的肌肉拉緊，這樣就能懂我的意思了。」每過一天，他的身體就更加習慣這種新姿勢，努力就獲得更多成果。

蘭迪付出極大努力，尤其在加強訓練上。唯有等到擁有賽場上最強健的體能，他才肯再踏上起跑線。他要求自己全力進行嚴苛的訓練，跑步訓練比謝魯狄指導的更加強烈嚴苛。去赫爾辛基之前，他的進步來自混雜的耐力訓練。謝魯狄鄙視計劃表，要求學員跑到痛為止，接著再逼學員繼續跑，這是他的訓練方法的特色。然而，要加快跑一英里的速度，不單需要忍受痛苦，適應痛苦能產生的效果有限。中距離跑步著重的不只耐力。根據哲托貝克的說法，必須訓練提升速度，讓身體承受週期性高壓快速跑步，漸次遞減週期之間的恢復時間，如此便能提升速度。哲托貝克藉由在赫爾辛基的成就，推銷這套反覆間歇跑步的理論，蘭迪現在就在實踐這套理論。

蘭迪寫在筆記簿上的訓練想法已然變成嚴苛的訓練方法。澳洲的整個初春（北半球則是秋天），謝魯狄跟隊友仍在國外比賽，蘭迪只好獨自跑步。由於要顧及農業學的課業，他只能在寫完報告、讀完書後，在夜裡訓練。晚上十一點或十二點過後，他會悄悄溜出家裡，確定沒吵醒父母和四個兄弟姐妹，家人完全不知道他在進行嚴苛訓練。在許多夜裡，他都難以逼自己穿上鞋出去訓練，誠如他所言：「心靈老是出賣身體。」[4]他經常找藉口，說太累了，最好明天再跑；或說應該休息一天才對。但是，接著他又會勸自己至少跑幾圈。「就像發動車子一樣，發動車子需要強大的電能，但是車子一旦開始行駛，就輕鬆了。」[5]奧運結束返國後，蘭迪不曾有一天偷懶沒訓練，這完全是在鍛鍊意志力。

平常晚上蘭迪會過街走到中央公園，開始繞著六百碼的橢圓碎石步道進行快慢交替連續繞圈跑步。[6]幾盞路燈照亮這條權充的跑道，不過就算矇著眼，他對路徑仍一清二楚。那裡只有他一個人，唯一的聲音是他踩碎石的聲音，他只專注想著能逼自己增加多少速度。他沒帶手錶，用耗盡體力和恢復體力的交互作用來衡量訓練。一圈的大部分距離他都維持快速平穩的步調，但是沒有全力跑。最後一段距離會突然加速，衝刺到雙腿酸痛。接著放慢速度慢跑，感覺呼吸恢復平緩、酸痛消失。他會把速度減到適中，這樣下一圈才能再先快速平穩跑，接著衝刺。他藉由對腿和肺施加極限壓力，使自己對痛苦免疫。

訓練一個半鐘頭後，蘭迪通常會以每圈約九十秒的速度跑八到十二圈六百碼（或以六十五秒跑一圈四百四十碼），每圈之間，他會以四分鐘慢跑一圈橢圓步道。他反覆進行這些訓練，鍛鍊極限體能，每週五晚。一週剩下的兩晚，他會沿著墨爾本的連外道路，以每英里五分半到六分的速度跑七英里，有時更長，這是為了增強耐力。不顧天氣好壞、肌腱酸痛、腳掌起水泡或肌肉勞累，蘭迪就像這樣認真訓練。

連續訓練，毫不間斷懈怠，是對紀律的最大考驗。平常他會在早上八點前出門離家，走一英里到柯飛火車站（Caulfield），搭車到市區。[7]偶爾會有人嫌他走太慢，渾然不知他前一晚把身體逼到極限。在墨爾本大學，他修習土壤學、細菌學、農業經濟學之類的課程，午休跟同學一起用餐，接著再去上課，上完課回東馬門區跟家人一起吃晚餐。除了喜歡喝大量牛奶，他的飲食完全正常。晚餐過後，他偶爾會短暫歇息，但一會兒就會回房間讀幾個鐘頭書，接著再溜出家門訓練。午夜十二點過後許久，他才會回家洗澡，接著倒頭大睡。

這樣的生活作息使他無暇結交女友或交際聯誼，這使他的姊姊非常擔心。[8]甚至連晚上都沒有時間多睡，頂多只能睡六、七個鐘頭。然而，蘭迪堅持不懈，確信自已走的路是對的。關於嚴苛的訓練，他這樣告訴《田徑新聞雜誌》（*Track and Field News*）：「越嚴苛越好。」[9]關於鞭策，他這樣告訴《雪梨晨鋒報》（*Sydney Morning Herald*）：「我得鞭策自己去訓練，不論要到哪，我都得鞭策自己才到得了。」[10]關於傷痛，他這樣告訴《運動畫刊》：「沒有灰色，只有黑色和白色……如果痛到跛行，就完全不能跑囉。如果沒有，再怎麼痛都要跑。」[11]

蘭迪的決心驚人，受到日益熱愛跑步的心所支撐。[12]這跟玩橄欖球的經驗不同，現在只有他自己能決定能多快跑完一英里，訓練越嚴苛，就越能掌控身體執行這項任務。他可能沒注意到體能出現劇變，因為他是慢慢經歷體能改變的，但是別人絕對有注意到。某個週末下午，他請十八歲新秀羅比．摩根莫里斯（Robbie Morgan-Morris）陪他訓練。這位最近剛贏得越野錦標賽的年輕跑者，興奮地把握跟奧運選手同跑的機會。赫爾辛基奧運前，他看過蘭迪跟麥克米蘭競速，但是這次在中央公園所見的，卻令他驚詫。摩根莫里斯跟在蘭迪後頭跑幾圈，很快就精疲力竭，蘭迪卻繼續跑，而且越跑越快。在澳洲沒人能這樣跑步，摩根莫里斯暗暗驚嘆：「這傢伙到底跑多快啊？」[13]

十月，培里從斯堪的那維亞旅行返家。他大概是看過蘭迪跑步最多次的人吧。他知道好友蘭迪在謝魯狄的指導下進步多少，但是到中央公園探視蘭迪時，看到蘭迪跑得那麼好，驚詫萬分。他的手腳肌肉線條更加清楚，跑步姿勢改變了，還有速度……

培里想要跟著蘭迪跑幾圈，但卻跟不上。

「這種訓練真棒。」培里說道。[14]他知道蘭迪對自己在赫爾辛基奧運的表現感到失望，知道在表現不佳、辜負別人期望後改正錯誤，是蘭迪的天性，但是這種速度和反覆訓練實在超乎他的想像。「你一直在進行這種訓練嗎？」

「我有一些例行訓練。」

後來蘭迪告訴培里，說自己是聽從哲托貝克的建議。培里猜想，蘭迪下次上場比賽，澳洲田徑界，包括謝魯狄，絕對會跌破眼鏡。教練勸蘭迪歸隊時，他禮貌但卻明確地說：「我不要再聽任何人的建議，我只要師法我看過的每位頂尖跑者。」[15]

在體育訓練史中，選擇最佳訓練的方式、時間和強度是由直覺決定，古希臘運動員訓練的方式就是朝天空以外的四面八方跑。[16]他們會跳躍、慢跑、單腳跳，偶爾在身前滾一個大鐵環衝刺，教練會拿叉棍鞭策他們。希臘人瞭解必須隨時間增加訓練強度，但是運用這套理論時不夠縝密。郭頓（Croton）的米洛（Milo）每天抱著小牛走路，隨著小牛長成大牛，手腳力量就會慢慢增加。希臘跑者依四日訓練課程無止境訓練：第一天輕度訓練，第二天激烈訓練，第三天休息，第四天中度訓練。比賽前，他們會在餐點中添加特殊藥草和蘑菇。亞里士多德建議藉由長時間憋氣來訓練呼吸，不僅能增強力量，還能讓身體維持精力充沛。

古羅馬人對於訓練運動員有自己的見解，不論是訓練競技鬥士或跑者。[17]在訓練初期，飲食只限無花果乾、煮熟的穀物、新鮮乳酪，後來才會加上肉類，通常是豬肉，因為有位羅馬人告誡道：「運動員只要有一天吃任何其他食物，隔天體力就會明顯減弱。」運動員只能飲用少量水，禁止性交。為了習慣疼痛，奴隸會用杜鵑花樹枝把運動員的背鞭打到流血。不論天氣好壞，他們都在戶外訓練，訓練完後洗溫水澡和飽睡一頓。飽睡是要讓運動員活力飽滿、增加肌力。

到十七世紀，運動員會切除脾臟以增加速度，這種手術的死亡率高達五分之一。[18]訓練技術始終看似神祕古怪，直到一八一三年因一英里成績聞名的巴克雷上尉寫出個人概念，數代的「路跑者」都聽從他的建議。[19]不過他的某些建議荒誕不經，像是用芒硝淨化身體，早餐吃「半生不熟的牛排或羊排，配不新鮮的麵包和久置的啤酒」，以及訓練後裸體在床上躺半個鐘頭。然而，他也建議採用嚴苛的訓練方法，早上五點就開始訓練，持續訓練一整天。

一、衝刺上坡半英里。
二、平速走六英里。
三、七點吃早餐。
四、平速走六英里。

五、十二點裸體躺在床上半個鐘頭。
六、走四英里。
七、四點吃晚餐，餐點同早餐。
八、晚餐後立刻衝刺半英里。
九、平速走六英里。
十、八點上床就寢。

巴克雷絲毫不知為什麼自己的訓練方法有效，但是確實對他有效，因此別人便猜想自己用也會有效。之後數年，運動員用更多的跑步取代走路，體能與速度都持續提升，巴克雷的理論提供了堅固的基礎。

儘管如此，十九世紀一般大眾仍認為過度鍛鍊終將致死。一八六四年，當時讀者眾多的期刊《倫敦社會》（*London Society*）針對業餘體育寫道：「並非所有訓練都是好的或適合的，許多訓練無疑有害。[20]一個人得付出數年生命跑遙遠的距離，才能爭取到八個大學代表選手名額的其中一個殊榮。」有些醫生認為人一生的心跳數有限，運動加速心跳是浪費寶貴生命的愚蠢舉動。[21]

但是運動員仍堅持努力訓練，想看看體能的極限，這證明了人類天生就有想成功的堅毅與欲望。喬治進一步擴大範圍解釋道：「第一，我算出了我認為應該無法突破的一英里時間；第二，我開始測試我的理論，尤其針對我自己的體能和耐力，研究結果很快就說服我，現存的一英里紀錄絕非好事。」[22]他的研究方法包括速度訓練、定點腳趾跑步、大量走路。關於人體極限與潛力的知識逐漸累積，人類的速度和耐力也逐漸增加。在英國和美國，推廣最新技術的田徑教範開始定期出現，一九四〇年一名哈佛大學「體育指導員」出版一本教範，提出獨特的訓練表，一個世紀後的跑者會認為可笑至極：

星期一，跑一英里，其中四分之三英里快跑，最後四分之一英里輕鬆跑。[23]星期二，以約兩分十秒跑半英里，休息後，以較輕鬆的速度再跑半英里，最後一百碼衝刺。星期三，慢跑往返直道，速度比跑一英里慢，接著輕鬆跑一英里半。星期四，快跑半英里，休息後輕鬆跑四分之三英里。星期五，輕鬆跑兩英里，衝刺最後一百碼。星期六，跑一英里測試時間。星期日，走些路。

大家持續進行測試，從錯誤中改進。[24]一九一〇年，跑者帥博（Alf Shrubb）建議一星期走路十六英里三、四次，達到理想狀態。努米證明了數年更長距離的跑步訓練能進一步提升時間，此外，他也提倡以穩定的速度跑步，從頭到尾保持每圈的時間一致，保持體能消耗平穩。一九二〇年代末，馬拉松跑者牛頓（Arthur Newton）提倡全年無休的訓練，包括每天跑二十英里數次。洛夫洛克認為訓練必須嚴苛，但是參加過多比賽，可能會導致厭倦。為了防止發生這樣的情況，他倡導「巔峰訓練」，先增強耐力，再訓練速度，接著為了比賽當天保持最佳狀態。一九三〇年代，德國生理學家葛徐樂（Woldemar Gerschler）提倡「間歇訓練」，建議運動員快跑一圈後慢跑一圈，但是必須計時，確保謹守速度固定。哲托貝克也提出相同見解，但是不肯測量跑步時間。然而，海格為首的瑞典跑者認為，訓練關鍵在於「變速跑」，又稱為法特雷克跑法（Fartlek）。這種跑法包含快跑與慢跑，但不能在跑道上跑。採用法特雷克跑法，為了保持新鮮感，運動員必須享受跑步的樂趣與自由，跑步穿越森林和上下坡，自行判斷何時該加速、何時該減速，只有比賽時才到跑道上。

在開發新技術的過程中，醫生和外行人始終堅持跑步過度有危險。一九二七年，獲得諾貝爾獎的英國生理學家希爾（Archibald Hill）寫道：「運動員出現肌腱斷裂或肌肉拉傷稀鬆平常，甚至聽過有人訓練過度激烈，造成骨頭脫落卻不自知。顯然運動員瀕臨危險邊緣，如果把運動速度加倍……運動將成為極度危險的娛樂。」[25]儘管研究結果證明並非如此，一般人仍認為過度訓練會對心臟和其他重要器官造成永久傷害。儘管突破極限的人被稱為瘋子，運動員仍繼續苦練，精益求精。

有計時器、沒計時器、在跑道上、在森林裡、有計劃表、沒計劃表、疲乏時期、巔峰時期、穩定時期、耐力與速度、刻苦強身學員生活、長距離步行、一星期跑十英里數次、二十英里、三十英里、五十英里，訓練從抱小牛和鞭打背部到現在，已經有長足進步，但仍未有確定的訓練方法。一九五〇年代，教練和退休運動員紛紛幹起副業，專門提供建議，但經常是矛盾的建議。一時流行的訓練方法屢見不鮮，最新冠軍得主會被讚揚說有完美的訓練方法，直到被打敗為止。唯一確定的是，要如何訓練，有許多答案，每個運動員必須找到自己的訓練方法。

從赫爾辛基返國後，蘭迪就找到自己的訓練方法，而且苦練不懈。新的跑步姿勢和哲托貝克啟發的例行訓練課表成效卓著，但他卻不知道成效有多卓著。到一九五二年十月二十五日星期六，十個星期沒參加比賽或時間測試了，在訓練中，他跑了超過五百英里，其中許多英里是以接近比賽速度跑的。他慢慢減少快圈之間的休息時間，加強對身體施壓。他曉得在中央公園的碎石道上跟朋友們比賽時，自己跑得多好，但是不知道跑出來的時間是多少。

在維多利亞州業餘體育社戶外賽季的第一場比賽中，代表吉隆聯合體育社的蘭迪，以四分十七秒衝過終點時，回頭看距離最近的對手落後超過一百碼。《墨爾本百眼巨人報》（*Melbourne Argus*）記者摩西（Ken Moses）認為蘭迪有所保留，至少能跑再快五秒。摩西預測蘭迪會在賽季結束前打破麥克米蘭的澳洲一英里紀錄。隔週，蘭迪參加三英里賽，以三百碼差距打敗澳洲越野錦標賽冠軍尼爾・羅賓斯（Neil

Robbins），把培里的紀錄減少十六秒。十一月八日，他在兩千公尺賽的第二圈超越對手，包括培里，輕鬆獲勝，並且刷新紀錄。在那週，蘭迪繼續訓練，每完成一次訓練，就越能控制力量，顯而易見，他已經卓絕群倫了。

十一月十五日，在奧運公園舉辦的一英里賽中，蘭迪「像飛鷹展翅，翱翔賽道」，摩西如此描寫那場比賽。蘭迪從第一圈中間就領先，抵達終點時，領先對手半圈，時間四分十四秒八。賽後他接受一小群墨爾本體育記者訪問，說自己穿最舊的那雙鞋跑，因為想把真正的好成績保留到十二月初。「兩英里和三英里賽是我目前的目標，」他說道，「我要加強耐力，只有跑這兩種比賽對我才有幫助，在奧運比賽中，我就是輸在耐力差。」[26]三天後，他參加一場兩英里賽，再度破紀錄。[27]熱切注意蘭迪在賽季初的勝利，墨爾本報界認為很快就會有更多紀錄刷新，體育記者訪問蘭迪的每個朋友，想知道他們預期會發生什麼事。培里說，蘭迪會打破麥克米蘭的紀錄，「沒什麼事比這更篤定的」，甚至會把自己的一英里時間降到四分六秒。《墨爾本先鋒報》（*Melbourne Herald*）的何伍德（Steve Hayward）猜測兩年後，蘭迪便能迎頭趕上最近以四分兩秒八跑完一英里的雷夫，這是七年多前海格和安德森競賽後第一個低於四分三秒的成績。其實何伍德不用等那麼久。

十二月十二日，蘭迪參加在普倫提斯家舉辦的澳洲奧運選手團聚，當時是星期五晚上，剛好可以趁機宣洩壓力，暫停訓練，跟朋友一起放鬆。[28]大家喝福斯特啤酒，吃香腸酥捲，暢談哲托貝克和其他他們遇過的明星跑者，還拿謝魯狄在倫敦和赫爾辛基的舉止說笑，但是避談敗給比他們強許多的歐洲和美國跑者，不過其實他們在一起時，總是會想起當時失敗的回憶。那晚談話焦點一度轉移到蘭迪和他截至目前的賽季成績，許多人知道他加強訓練，但是不曉得細節，當然也絲毫不知道他到底多拼命。他們只是興奮他有長足進步，猜測只要比賽中他有人可以追，肯定能跑出優異的一英里時間。蘭迪對這樣的猜測一笑置之，不想成為矚目焦點，於是說道：「我只能做我做得到的事。」

隔天剛好可以休息，夏季暴風雨肆虐整整一個星期，維多利亞州的要道全都淹水，水患造成家庭流離失所的報導占滿新聞版面。蘭迪花半天申請土地業權，中午才完成，度過漫漫長夜，而且沒吃飽，覺得有點反胃想吐。[29]他匆匆把運動服裝進袋子，決定去呼吸新鮮空氣，走到奧運公園。他兩點半要比賽。

前往體育場途中，他停下來買巧克力冰淇淋，吃完後仍覺得不飽，於是又吃了兩塊肉餡餅，以維持體力到比賽結束。謝魯狄或希臘人絕對不會建議吃這些食物，但是蘭迪不以為意，天天都這樣吃。接著他沿著雅拉河畔漫步數英里後才走到跑道。

雖然從一八三五年作為英國的前哨基地奠定基礎至今，墨爾本已經大有進步，但是墨爾本市主要仍是以電車軌道連結的多個村莊構成，鮮少出現汽車阻塞交通的問題，教堂尖塔仍是天際最高的建築。酒吧下午六點就打烊，民宅客廳還沒有電視。因此，烤肉野餐、社區活動中心舞會、私人派對以及地方運動，使成了主要娛樂活動。

在蘭迪所屬的吉隆聯合體育社和眾家徑賽社團中，運動員龍蛇混雜，學生、眼鏡技師、會計師、髮型師、牛奶工人，無所不包。很少墨爾本的運動員上過國際新聞，墨爾本本身就更不必說了，早報新聞有報導馬鈴薯降價、市府預算改善、搶奪黃金失敗的搶案、在奧運公園舉辦的一英里賽跑，沒人料到最後一則報導竟然會讓墨爾本登上全球報紙的頭版，蘭迪自己尤其沒料到，因為這實在太荒謬了，令人難以想像。

奧運公園是墨爾本市業餘運動員的聚集地，也是澳洲兩處擁有國際標準跑道的其中一處。[30]河畔有塊平地，多年來用於各種活動，包括耕作、軍隊訓練和摩托車比賽，跑道就在平地上。一九二〇年代，一位當地商人改善那塊地，設置跑道，鋪上碾壓過的火山岩渣（火山噴發產生的一種有孔岩渣）。跑道設置在一處天然盆地裡，覆滿青草的高地圍住三面，第四面則是分層水泥觀眾席。這個地方實在平平無奇，儘管名叫奧運公園，卻不曾舉辦過奧運。

兩點時，蘭迪已經換上吉隆聯合體育社的運動服和從赫爾辛基買回來的白色歐洲釘鞋，這個賽季前幾場比賽，蘭迪跑得出色，這雙鞋功不可沒。[31]他在毗連主賽道的橢圓草地跑道上熱身，依慣例稍微伸展、慢跑、衝刺。上週的三英里賽因雨取消，他覺得有點緊張，得消除緊張情緒。他今天很想快速奔馳，不過仍打算等跑到一半再決定是否全力奔跑，端賴節奏和感覺而定。出於期盼跑出好成績而參加比賽是沒有意義的。

「他們好像在叫你出賽喔。」一名選手說。[32]

蘭迪陷入沉思，沒聽到比賽工作人員宣布一英里賽選手就位。如果他沒準時到起跑線，就會失去參賽資格。他迅速跑過小丘，跑向賽道，趕緊加入正要到起跑線就定位的那群一英里賽選手，及時趕到。參賽選手很多，必須排成兩列，蘭迪排在第二列。發令員依慣例下達指示：「跑到別人前面超過兩碼，才可跨越跑道跑到別人前面……這是一英里賽，跑四圈，剩最後一圈時，各位會聽到鈴聲。」[33]選手就定位。

每個體育社的隊伍都一起站在賽道旁，觀眾看臺上有零星的家人朋友，包括蘭迪的父母，只有幾名記者到場。沒有賽程表、攤販、旗幟橫幅，許多觀眾選擇坐在終點直道旁的坡地上，在草地上鋪羊毛毯子，喝用瓶子裝的果汁或茶。整個下午，他們頂多小聲鼓掌喝彩，很少大聲鼓噪。謝魯狄的門生羅賓斯說，這場比賽跟許多場比賽一樣，感覺就像「郊外野餐」。

「各就各位……預備……」發令員的槍聲響起。

培里一起跑就跑得很快，比平常快。蘭迪並不知情，其實培里暗自決定要全力吸引好友蘭迪跑快點。一圈六十秒對培里而言根本就是衝刺，第一圈跑到四分之三時，他仍領先，但是速度漸慢，他沒辦法再保持這樣的速度太久。第一圈還沒結束，蘭迪就在直道超越他，那一刻，他輕聲自語道：「加油，蘭迪。」希望好友能打破麥克米蘭的紀錄。

現在蘭迪獨自跑，跑在第一道外側，因為內側邊緣經過之前幾場比賽，加上豪雨下一整星期，損毀了。他以非常優異的五十九點二秒跑完第一圈，跑得輕鬆。其餘選手都落在後頭，他一馬當先，於是放鬆進入跑步節奏。他從手指開始放鬆，喜歡保持手掌放鬆，跑步時手掌幾乎是打開的。一旦進入節奏，他就能在必要時增加速度。跑完第二圈時，他聽到報時：兩分鐘。羅賓斯和與蘭迪一起修習農業學的海馬門體育社半英里跑者連恩．麥克雷（Len McRae）在直道報時，要讓蘭迪知道自己跑多快。真快。蘭迪認為如果不是時間報錯，就是自己即將跑出驚人的一英里時間。其實時間報錯了，不過只差一秒，蘭迪以兩分一秒跑完半英里。

過去十週，他以費力的速度跑了無數圈，幾乎對使力造成的痛苦免疫了，儘管速度極快，仍舊跑得放鬆。最後一圈的鈴聲響起時，羅賓斯喊道：「三分三秒！」他跑最後一圈不可能需要用到六十五秒，蘭迪心想：「不可能。」他將跑出優異的一英里時間，至少能打破麥克米蘭的紀錄。他一點也不覺得精疲力竭，感覺雙腿還有很多力量能加速。

「接著我加速了。」蘭迪後來談論第四圈開始時說道。[34]他把數個月訓練所獲得的每一分力量都投入最後一圈，進入非終點直道時，兩百名觀眾全都起立歡呼。他加快速度，但是保持節奏，越跑越拼命，在最後彎道加大跨步。麥克雷和羅賓斯趕緊跑到直道前端好看清楚些，知道蘭迪即將跑出驚人的時間。他跑過一千五百公尺標記時，時間稍微超過三分四十五秒。蘭迪在直道衝刺時，他們扯嗓嘶喊，叫蘭迪跑快點。羅賓斯感覺歷史將在奧運公園被改寫。培里遠遠落後，但是在心裡為蘭迪加油。蘭迪跨出最大的步伐，衝過終點帶，接著減慢速度慢跑。他氣喘吁吁，但完全沒有要倒地的跡象。他轉身看見計時員們聚在一起，以為出差錯了。

半英里跑者麥克雷跑向他說：「你跑四分三秒！」[35]

「什麼？」蘭迪驚呼道。

「我們從頭到尾都有計時！」

片刻後，蘭迪還沒調勻呼吸，記者就蜂湧擠到他身邊問問題。擴音器宣布時間為四分兩秒一，奧運公園裡人人都起立為蘭迪鼓掌，這是史上第三快的一英里紀錄。

記者們的鉛筆飛快寫著筆記簿之際，他才慢慢領悟自己達成了什麼成就：他把自己的最佳一英里時間降低八秒，逼近海格保持已久的世界紀錄，僅差零點七秒。蘭迪跟記者們談他的新跑步姿勢，並且說這是他在運動生涯第一次對體能狀態充滿信心，認為自己能從頭領先到尾。

儘管跟以前的教練已然分道揚鑣，蘭迪仍展現雅量說道：「主要得歸功於謝魯狄。要不是他，我絕對不會有今天的成績。唯有刻苦訓練才能獲得好成績，謝魯狄始終這樣訓勉我們，我們在奧運的經驗證實了他說的沒錯。」[36]

蘭迪解釋著自己如何發明跑步技巧，計時員和賽道工作人員緊張地依程序確認刷新紀錄的時間。[37]就在此時，謝魯狄跟妻子進入體育場，這是他回澳洲後第一次到這裡。他不知道為什麼大批群眾在賽道和內場喧鬧。現在應該是在舉行比賽才對啊，肯定有事發生。他看見培里在觀眾看臺旁邊。

「發生……發生什麼事？大家怎麼那麼興奮？」謝魯狄問道。

「蘭迪剛剛用四分兩秒跑完一英里。」培里說道。

謝魯狄聽到這個時間時宛如遭到重擊，先是臉色沉下來，接著旋即爆發。「那小子從奧運回國時活像喪家之犬，跑四分十四秒，連決賽都沒資格參加。現在他重返比賽竟然跑出這樣的成績！當初大家努力湊錢讓他參加奧運，他卻把旅費都給浪費了！」[38]蘭迪的父母坐在觀眾看臺，聽到謝魯狄說的話後便離席，不想再聽他批評。後來他們才告訴兒子，他應該好好享受那一刻才對。

蘭迪簽署必要文件認證紀錄後，包括認證跑道距離和主辦單位的計時器準確無誤，繼續到觀眾看臺下的那間酒吧慶祝。蘭迪和朋友們暢飲啤酒，繼續談那場比賽。那是他這輩子跑最好的一場比賽，也是最出人意表和獲得最多報酬的一場。蘭迪欣喜若狂。

蘭迪回家跟父母一起吃晚餐時，顯而易見，四分兩秒的成績澈底改變了他。[39]跟現在他可能達成的目標和別人對他的期盼相比，贏得澳洲錦標賽和擁有澳洲一英里紀錄實在微不足道。在大家最料想不到的地方，一名大家最料想不到的運動員，引起世人注意一英里障礙可能會被突破。

第七章

一般人體重十英石，所含的水分足以填滿一個十加侖的桶子；脂肪足以製造七塊肥皂；碳足以製造九千枝鉛筆；磷足以製造兩千兩百個火柴頭；鎂足以作成一劑量的鹽；鐵足以作成一根中等尺寸的釘子；石灰足以洗淨一個雞籠；鉀足以發射一個玩具大砲；糖足以裝滿一個糖罐；硫足以除掉一隻狗身上的跳蚤。但是根據當代價格，只要區區幾先令就能買全這些東西。

——阿道夫・亞伯拉罕爵士（Sir Adolphe Agrahms）
《人類機器》（*The Human Machine*），一九五六年

一九五二年十二月十四日，羅禮士和羅斯行經倫敦維多利亞車站，順便到報攤買《團隊報》（*L'Equipe*），《團隊報》是總部設在巴黎的體育報，專門匯集全球的外電新聞，在許多國家都有自己的特派記者。[1]這對雙胞胎本身也是報社體育記者，由於熱愛事實與數據，也創辦一家小出版社，涉獵的領域不只有體育，還延伸到考古學

和動物學等領域。對他們而言，《團隊報》是生活必需品。翻開報紙看見澳洲的新聞後，他們打電話到班尼斯特的公寓。

「澳洲的蘭迪剛剛跑出四分兩秒一。」羅禮士說道。

班尼斯特嚇得驚呆。[2]他在英國透過同為澳洲人的麥克米蘭認識蘭迪，接著在赫爾辛基跟蘭迪一起跑第一輪的一千五百公尺賽，當時蘭迪絕對不是能跑出四分兩秒一的一英里跑者。絕對不是。這樣的進步實在令人難以想像。驚訝的不只班尼斯特，接下的日子，英美報紙紛紛懷疑報導，不相信無法晉級奧運一千五百公尺決賽的一英里跑者，竟然能在短短數月間，把自己的最佳一英里時間降低八秒。《紐約時報》的戴禮（Arthur Daley）寫道：「在賽跑史上，從來沒有籍籍無名的人打破或逼近世界紀錄，只有名聲顯赫、表現一流的人才有辦法……蘭迪要不是現代的奇葩，就是哪裡出了差錯。得知蘭迪的四分兩秒一成績完全符合規定，確實令人欣喜，但是關於這件事，暫時談到這兒就好了。」[3]三週後，蘭迪在強風中跑出四分兩秒八，懷疑他的人，包括戴禮，紛紛道歉。

一九五三年初，班尼斯特參加一場又一場比賽，同時持續關注蘭迪。許多媒體聚焦關注，讚揚蘭迪為「流星一英里跑者」，因此實在很難忽視他。墨爾本的報紙在頭版讚揚說，「不可能追得上他，就算搭計程車也追不上」[4]，率先引發熱烈討論蘭迪。接著《雪梨晨鋒報》簡介這名一英里跑者，橫跨幾個欄位刊登他的照片。外電爭相報導澳洲第一大報的這則新聞，於是一夕之間，蘭迪成了全球體育新聞的主角。

班尼斯特不用看報紙就能追蹤蘭迪進步的最新消息，麥沃特雙胞胎兄弟會提供他想要的一切情報，因為他們希望第一個打破四分一英里障礙的是英國人，而班尼斯特不只是他們認為最有希望的人，更是他們的死黨。最近才出版田徑雜誌《體育世界》的麥沃特雙胞胎，主動全力搜集蘭迪的情報。這兩人善於搜集資料，在七歲時就有這項技能，開始有系統剪輯報紙，搜集事實，未來更將創辦《金氏世界紀錄》。一九五二年十二月，他們詳細描述蘭迪如何「猛攻」一英里紀錄後說道：「一九二四年爾文（Irving）和馬洛里（Mallory）攀爬聖母峰，完成百分之九十六的路程；一九二三年努米以四分十秒四的時間跑完一英里。這兩項目標從此激發了人們的鬥志。一九五三年，人們將對這兩項目標發起史上最大的攻勢。」[5]他們刊登一些蘭迪跑一英里的時間，而且寫信給他，詢問訓練方法。蘭迪也恭敬回信告知細節，羅禮士刊登回信，讓班尼斯特和每個人都可以看見。每週兩雙胞胎兄弟的其中一人會登門拜訪班尼斯特，告知關於蘭迪的最新消息，並且強調「當第二個突破四分一英里障礙的人沒有好處」。[6]

班尼斯特要操心的遠不止那位澳洲一英里跑者上週跑得怎樣、下週有沒有機會破紀錄，他還有一個病房的病患要診察、有課要上、有個案要研究、有書要唸，在聖瑪麗醫院實習第二年，每天早上八點三十分開始工作，有時通宵達旦。他只能在工作之餘，勉強找些時間準備這個賽季在五月的第一場比賽。讀醫學就已經煞費心力，一邊讀醫科，一邊又要嘗試達成艱難的體育目標，對多數人而言是過度苛求呀。

班尼斯特的每日生活從倫敦伯爵府區（Earl's Court）的一間地下室小公寓開始，他形容自己的生活「亂七八糟」，自己煮餐點，通常煮簡便的燉肉和醃鯡魚，攝取蛋白質；接著想辦法騰出時間洗衣服和做其他雜務後，便去帕丁頓車站附近的聖瑪麗醫院。聖瑪麗醫院初創於一八四五年，服務貧窮的「臭帕丁頓」區，但是現在已經發展成英國數一數二的醫學院和醫學研究中心，最為人知的就是亞歷山大・佛萊明（Alexander Fleming）發現盤尼西林。班尼斯特獲得莫倫勛爵（Lord Moran）創辦的獎學金，才能在這間小型教學醫院學醫；莫倫勛爵在第一次世界大戰中擔任醫官，曾經獲得勛章，後來擔任邱吉爾的醫生。

擔任醫學院院長時，眾所周知，莫倫喜歡招收業餘運動員，認為運動能教化品格，養成良醫。面試醫學院學生候選人時，莫倫會俯身到桌子下拿橄欖球，扔給接受面試的人，如果接受面試的人能接住球，就能獲准入學，如果再把球扔回去，就能獲得獎學金。[7]雖然這是陳年舊事，但是聖瑪麗醫院至今仍全力招收多才多藝的學生，班尼斯特大學成績優異，認真追求目標，出身運動家庭，因此獲得獎學金入學就讀，所以他不可能為了運動而怠惰課業。

每天早上班尼斯特搭地鐵到醫院，就被繁忙的工作纏身，必須巡視一間四十個病床的病房；在會診醫生指導下，幫病患問診，提出治療方式。[8]除了這些臨床訓練，他還要上課和學習驗屍。班尼斯特很少有機會坐下。每幾個月，他就得輪值不同時段的班，忍受睡眠嚴重不足，接受新挑戰，包括學習初級醫學、初級手術、婦科醫學、產科醫學、急救醫學等專業。他一整天都在巡視病房、讀書、寫報告，只有午餐時間可以休息。午餐時間，他會從醫院趕緊用跑的去搭地鐵，中途停靠兩站後到華魏路站（Warwick Road Station），接著快步走到帕丁頓休閒體育場（Paddington Recreation Ground）。他整個星期都在這裡訓練，陪伴他的是一群過胖的中年男子，氣喘吁吁繞著跑道跑，想趁午餐時間減幾磅。他付六便士後便去更衣，片刻後就依慣例，在欠缺保養的黑色煤渣跑道上快跑幾圈，連伸展和慢跑的時間都沒有。他只有三十五分鐘能訓練，接著就要去洗澡、買餐點吃、回醫院。

自從蘭迪以四分兩秒一的一英里時間突然聲名大噪的那天起，班尼斯特就加強訓練，他從赫爾辛基奧運結束後，就懷抱雄心，想突破四分一英里障礙，顯然這個雄心現在岌岌可危。醫科學業只剩一年半，他可以跑步的日子屈指可數了，永遠沒辦法獲得奧運金牌了。在赫爾辛基失敗使他渴望兌現自己的承諾，誠如他所說的，處理「沒解決的事」。[9]

越想一英里障礙，他就越認為此事意義非凡。自從蘭迪重新喚起大家對一英里障礙的興趣，新聞界與大眾輿論就不斷問班尼斯特，是否可能打破四分一英里障礙。班尼斯特確定有人會辦到，因為就人體極限來考量並非不可能。不過他後來寫道：「然而，說『四分鐘不過就是一個時間』是狂妄了點兒，除非我能回答必然會出現的下個問題：『既然可能，那你怎麼不做？』」[10]

斯堪的那維亞人把這樣的成績稱為「夢幻一英里」，「夢幻一英里」擁有神話般的魅力。被突破之前，這項障礙將一直是人類體能的極限。班尼斯特體內的理想主義者想突破這項障礙，證明這道極限不存在，更重要的是，他想證明業餘運動員能突破這道障礙。還有，他體內的奧運輸家想成為第一個辦到的人。

到二月下旬參加比賽前，從十二月中旬起，班尼斯特就認真鍛鍊耐力，主要在父母家附近的哈羅公學板球場。[11]跳過圍籬進入校園後，他就開始跑，沒有嚴謹的例行訓練方法，十五英畝的原野和山坡，讓他能隨意自由奔跑。他喜歡在晚上訓練，看不見樹木和其他靜物，感覺自己的速度沒有上限。他只能用消耗的體力來估量跑步強度。不過在黑暗中跑步並不是沒有危險，去年，他擦撞到留在草地上的水泥塊，腿上傷口見骨，爬出圍籬，攔車到醫院就醫。[12]

儘管如此，他仍非常喜歡在板球場上訓練，這樣的訓練完全稱得上是法特雷克跑法：他跑步時快時慢，有時上坡有時下坡，自己判斷腿何時要出力或收力，不用秒表。不只如此，有時他跑在原野上，會想像終點線在五十或一百碼外，衝刺衝過想像中的終點帶。有時他會像沒有終點似地跑，只想逼自己跑到精疲力竭。二十分鐘後，他通常會跑到巔峰狀態，接著用接近最快的速度跑八百碼。上坡時，他會專注於加強雙腳的力量，下坡時，則專注於平衡。偶爾他會訓練得非常激烈，得花幾天才能恢復體力，不過通常會保留體力。

兩個月後，他準備在跑道上進行更嚴苛的訓練，到三月初，他才開始看見成果。他不喜歡在跑道上訓練：艱苦的訓練使得跑步少了許多樂趣。從一九四六年開始在牛津大學訓練起，他就被灌輸「輕鬆達到卓越」的觀念，這是紳士業餘運動員的一貫做法：不要讓人感覺你曾經為了成功而努力過。牛津短跑選手洛德（Bevil Rudd）就曾經示範過，嘴裡叼著點燃的雪茄去參加四分之一英里賽，把雪茄放在跑道邊緣，跑完贏得比賽、刷新紀錄後，悠然拿起還在冒煙的雪茄。[13]六年來，班尼斯特穩定減少自己的一英里時間，謹守信條，認為跑步應該只是大生活的一小部分。但是要持續提升體能，同時顧及課業，他必須在每次訓練中有更多收獲，卻又不能增長時間，這表示必須不斷加強艱苦的跑道訓練。

班尼斯特獨自訓練，沒有教練，深信自己能鍛鍊出最佳體能。他在跑道上只進行間歇訓練，以前他就是用這個方法來提升速度，但是不曾以這樣的強度來進行間歇訓練。他的訓練理論很簡單：跑相同距離，一週必須比一週更快。他有速度，只不過沒辦法維持長久；要突破四分鐘障礙，就必須能維持長久。這點他在赫爾辛基就領悟了。每次訓練，他以每圈六十三秒跑多達十圈，兩圈之間只休息兩、三分鐘。麥沃特兩兄弟的其中一人，偶爾會到場幫他測量每圈的時間，不過通常是班尼斯特自己帶秒表測量。

班尼斯特每天都會測試有沒有比前一天進步，雖然跑道訓練使跑步喪失樂趣，但是他卻熱愛每天調整速度，全力鍛鍊體能。他喜歡腦力激盪，自行決定每次訓練需要什麼。他的訓練方法完全符合科學：

訓練有效嗎？[14]沒效嗎？要從錯誤中學習，訓練與成效的關係很微妙，訓練過度強烈，導致體力無法恢復，其實一點好處也沒有。就像使用機器，如果把性能和相對使用量畫成圖表，線條一開始會平穩上升，但是到某個點後，如果再增加使用量，產能會降低，線條會下降。

很少人像班尼斯特那樣檢驗過人體承受勞損的極限。除了醫學院學生的勞累生活，和嚴苛強烈的體育訓練，班尼斯特還有第三項工作：完成牛津大學墨頓學院（Merton College）的獎學金研究專題，研究跑步對生理的影響。班尼斯特說跑一英里是一項「需要耗費超過極限體能的運動」。[15]他首先根據科學來研究這項運動。動脈血二氧化碳分壓、血乳酸、肺通氣、頸動脈體化學感受器、氧混合物、呼吸過強、氣體張力，班尼斯特用這些科學術語來描寫鍛鍊身體產生的影響。[16]一九五三年三月，他在寫兩份報告時，用同樣的科學術語來命題：《劇烈運動時二氧化碳對呼吸造成的刺激》和《增加吸入氣體含氧量在運動時對呼吸與運動表現的影響》。這種專業知識罕見於一般一英里跑者身上，班尼斯特認真研究在實驗時發現的大量數據，像是乳酸數、二氧化碳值、氧消耗量，目的就是要搞懂這些數字的意義。

班尼斯特在兩名牛津教授指導下開始學士後研究專題，兩年半後，關於運動對身體的影響，能學的似乎都學到了。「有效整合人體，以達成四分一英里之類的目標，」他說，「遠超出我們的能力，我們無法測出要達成那樣的目標，呼吸、心跳或血液循環需要多快。」[17]

自己和研究對象付出大量血汗後，班尼斯特才瞭解哪些是已知的知識，哪些是未知的知識。羅禮士戲稱自己是實驗用的天竺鼠。

「你能來幫我做個實驗嗎？」[18]班尼斯特問道。羅禮士不假思索，沒有多問便答道：「哦，好呀。」

羅禮士到一間擁擠的小房間，裡頭有一台電動跑步機和一堆嚇人的附加裝置：氣囊、計量儀器、閥門、管子、唧筒，看起來是用緊缺的預算和懇求湊齊的。他一進門，身後的門迅即關上。羅禮士被迫脫到剩一條運動短褲和一雙跑鞋，助理抓住他的手，用裝著解剖刀刀身的彈簧槍扎手指抽血。實驗開始前，他的運動服就染血了。他踏上跑步機，嘴巴咬住從可調式平臺前面伸出來的橡膠管。就他所瞭解，這項實驗是要測量跑到筋疲力竭時，各種氧混合物的濃度從一般的百分之二十一到高達百分之七十五，對身體有何影響。他從管子吸入含氧濃度高的空氣，班尼斯特再測量呼出氣體的多項數值，不過太複雜了，沒辦法跟每個受試者解釋。

班尼斯特穿著白色實驗衣，啟動羅禮士口中的「恐怖機器」，也就是跑步機，羅禮士便開始狂奔。整台機器發出吵雜的嘎啦聲，但是羅禮士擔心的絕對不是噪音。班尼斯特告訴他，跑步機能調到非常大的斜度，讓人感覺像六個鐘頭內爬三萬呎的聖母峰。班尼斯特甚至測試過最新一批要遠征聖母峰的團隊成員，發現他們體能不足。幾分鐘後，羅禮士不僅精疲力竭，而且痛苦萬分。沒錯，他不是長距離跑者，但是主要是因為跑步機速度太快、斜度太大。讓他跑起來更加困難的是嘴裡咬著橡膠管，而且跑步時實驗室助理反覆抓他的手，用解剖刀扎另一根手指抽血。不管吸入的是不是含氧濃度高的空氣，他都跑得痛苦萬分；多虧左右兩側有木槓，他才沒從旁邊摔下去；還有一台擺在適當位置的電扇，避免他熱過頭。

實驗進行五分鐘時，羅禮士漸漸虛弱，上氣不接下氣，感覺雙腿漸漸無力，跑得太拼命，出現跑者所說的「陣陣強烈嘔吐感」。[19]在第六分鐘時，他就撐不下去了，脊椎前彎，下巴垂到胸口，膝蓋抬到跟臉一樣高，接著猛然間，從跑步機摔到放在後面的一堆毛毯和羽絨被上，澈底虛脫，連頭都抬不起來。[20]助理再次用彈簧槍扎他。羅禮士氣喘吁吁，身上被血濺到，十分鐘後才終於稍微恢復體力。他的朋友要他再跑三次「接近極限」的實驗，就這樣被折磨了四次。

研究過程中，班尼斯特自己也接受十五次相同的實驗，設法在跑步機上待其他受試者的三倍時間，反覆把自己逼到虛脫，他的實驗結果也列入報告中。接著，在實驗室中，他分析呼出的氣體，想瞭解運動中哪些要素會影響呼吸。[21]這種分析要求極度精確，他工作時無比細心認真，相較之下，世界上其他事似乎都變得微不足道。在教授指導下，他開始瞭解研究結果。他注意到，他和其餘受試者吸百分之六十六的氧，比吸百分之百的氧，能在跑步機上撐更久，並且試著推論出原因。他讀了許多生理學論文和研究報告，有些談論深奧難懂的主題，像是羊血球吸收一氧化碳和氧。

氧氣是關鍵。遠距離跑者受限於吸收與運用氧氣的能力，這項極限可以透過訓練擴展，班尼斯特從對自己進行的研究知道自己有天賦。根據希波克拉底最早分類的體型，可以測量三種人體要素：纖瘦、強壯、肥胖。班尼斯特和許多中距離跑者一樣，喜歡高纖瘦值和強壯值，加上零肥胖值。[22]一位科學家測量這三項要素加上幾項其他要素，包括身高、體重、心臟尺寸，給班尼斯特的運動潛能打一萬八千八百六十九分，不過這個數值只有正確跟別人的數值比較時才有意義。天賦帶給他的優勢僅止於此，在一英里賽跑史中，各種體型身高的運動員都成功過，優秀的遠距離跑者是訓練出來的；反之，短跑選手是天賦異稟，訓練只是有助於讓動作更俐落。倘若班尼斯特想跑出四分一英里，就得發揮潛能，調整身體，承受艱苦的訓練，畢竟，沒辦法在高含氧濃度的氣泡中跑步嘛。

他的實驗和輔助研究顯示，身體一旦缺氧，肌肉會停止運用氧氣產生能量，改變運作機制，但是只能短暫維續，而且會造成乳酸被釋放到血液中，而乳酸過多，則會導致強烈疼痛，最終引發肌肉收縮，這是一種自我防衛機制。既然問題在於氧氣，班尼斯特便設定兩項目標。第一，減去不必要的動作，並且以穩定速度跑步，減少耗氧量；第二，增加吸入、呼出與運用氧氣的效率。

班尼斯特老早就調整出完美的跑步姿勢，沒有浪費能量的動作，也沒有受限於肌肉緊繃。[23]不流暢和不正確的跨步會減少動能，為了補回動能，跑者必須使用氧氣來產生更多能量。為了保持頭部平穩，班尼斯特習慣看著前方跑道的十五碼處。為了維持跨步平均，他練習加速時保持放鬆。每個跑者都有自己習慣的身體自然傾斜角度與擺臂方式，班尼斯特也在多年訓練中養成自己習慣的姿勢。本來必須刻意注意的動作，現在都變成反射動作了。至於穩定的速度，班尼斯特知道這是挑戰突破一英里障礙的關鍵。加速跑步消耗的能量，多過放慢速度跑步節省的能量，在一英里賽中，分別以五十八秒、六十二秒、六十四秒、六十六秒跑四圈，比連續四圈都跑六十秒更耗費體力，差別雖然微小，但是對於突破幾步之差的紀錄卻是關鍵。

至於第二個目標，提升氧氣吸收效率，班尼斯特知道自己的身體運作效能很少人比得上；一開始吸入氧氣，接著肺使氧氣擴散進入血液，心臟把含氧的血液送到腿的微血管，肌肉細胞把消化過的食物和氧氣轉換成能量，激起肌肉收縮，最後排除這些反應的副產品。一九五三年，班尼斯特的脈搏率是每分鐘五十下，比一般人少二十二下；肺每分鐘吸收五點二五夸脫的氧氣，是標準的兩倍。[24]換句話說，他跑步時，身體運作效率比一般人的高出將近百分之五十。雖然訓練獲得的成效逐年減少，但是他的肺臟、心臟、肌肉的功能幾乎都提升到極限。為了繼續減少一英里時間，他必須心無旁騖，一心專注鍛鍊跑一英里所需的體能。他的法特雷克跑法訓練增加了跑一英里所需的耐力，而跑一英里的主要關鍵是有氧能力。在帕丁頓體育場，他苦練加長維持速度的時間，訓練到某個程度後，關鍵就變成突破身體承受缺氧的極限。要在四分鐘內衝過終點帶，必須平衡運用各種能量到極限。

班尼斯特對這件事的瞭解並不透澈，數十年後科學證明，用於產生速度的快縮肌靠無氧能量運作，用於產生耐力的慢縮肌靠有氧能量運作，兩者都能在細胞層面鍛鍊，肺臟、心臟、血液、微血管能調適，促進整個鍛鍊過程的成效。[25]班尼斯特懂得比大多數人多許多，就他所知，人體能跑出四分一英里的速度，他從生理研究得到這個結論。這項研究加上本身跑一英里的經驗，他能剖析必須如何跑一英里賽，不只有訓練，還有方法和姿勢。雖然他不願承認，但是他確實親身瞭解身體能承受的痛苦有極限，因為他在實驗中自己擔任過受試者。他跟羅禮士一樣，也曾經從跑步機後面摔下，因此瞭解人體的忍耐極限。他的朋友羅禮士解釋道：「就心理層面而言，我度過高峰了，剩餘的人生只會走下坡。大家談到身體疼痛就大驚小怪，經歷這些實驗後，所有身體疼痛都是小菜一碟啦。」[26]

班尼斯特結束典型的一天後，都會倒頭大睡，一整天行程滿檔，巡視病房、苦思病患的病歷、上課寫筆記、在三十五分鐘的訓練中完成兩個鐘頭的訓練量、把兩年實驗研究總結出有說服力的結果、擔任醫學協會的祕書，還有維持社交生活，包括邀約會對象參加阿基里斯社舞會之類的活動，表現得像王爾德在《溫夫人的扇子》描繪的達林頓勳爵，以及跟朋友飲酒作樂，討論政治和藝術，使他疲倦不已。儘管繁忙，但這是他選擇的生活，他最大的特色就是能面面俱到。

一九五三年三月，赫爾辛基奧運結束後，想把班尼斯特送上絞刑臺的那些英國「專家」，紛紛發表高見，說必須全心投入才能打破一英里障礙。《體育評論》（*Athletic Review*）的一名專欄作家提出警告，說蘭迪「虎視眈眈」盯著目標，全力投入時間訓練，每星期跑超過五十英里。[27]「我國的一英里跑者啊，」他寫道，「以為快速跑幾次四分之一或半英里，加上偶爾跑一次超過一英里的一英里半或兩英里，每星期總共八英里左右，就能成功突破障礙。」

跟準備赫爾辛基奧運時一樣，班尼斯特遵循自己的計劃，大多獨自跑步，不願每天訓練數個鐘頭，擱下其他事。他打算在兩個月後賽季的第一場比賽證明，兼顧體育仍然能擁有生活，而且是充實的生活，同時達成數一數二的偉大體育目標。

第八章

不能跟賽道調情，必須跟它結婚。

——伊思頓，引述詹姆斯·剛恩（James E. Gunn）
《第二名不夠好》（*Second Isn't Good Enough*）

第三步兵師正在韓國短兵接戰，最近史達林去世後，艾森豪總統便對俄國官員以禮相待。[1]科學家在內華達州的沙漠引爆另一顆原子彈。愛荷華州狄蒙市到處都是花車、遊行隊伍、舞會，以及希望成為一九五三年德雷克大學接力賽皇后的少女，飯店被訂購一空，餐廳門外顧客大排長龍，街上塞滿剛開出停車場的福特和克萊斯勒，這個週末的焦點是來自中西部各地的運動員要同場競技，包括高中和大學的運動員。這段歲月歡樂無慮，美國景氣繁榮，感覺無人能敵，因而採取孤立政策。沒錯，美國害怕共產主義，但是樂觀主義無所不在，畢竟，諾曼·文生·皮爾（Norman Vincent Peale）的《積極思考的力量》（*The Power of Positive Thinking*）是當前美國最暢銷的書，而且大家比較關心的不是政治和世界舞台，而是給家裡新添班狄士牌（Bendix）自動洗衣機和奇異牌電氣用品。

四月二十五日，接力賽達到高潮，一萬人擠滿體育場兩側的觀眾看臺，許多人帶著標語幫最愛的選手和隊伍加油，包括桑提和他的堪薩斯州雀鷹隊。男性不是穿連身工作服和靴子，而是穿便褲、燙得平整的襯衫和平跟船鞋。女性則穿春季服裝，把頭髮梳理得整整齊齊，再戴上寬邊帽遮擋陽光。旗子圍繞體育場，足球場上有割得平整的深色綠草，寬廣的草地調降到低於跑道數呎，使橢圓跑道看起來就像為了這場盛事而上升。

然而，此刻，桑提只注意著教練，再過幾分鐘，桑提就要跑一英里混合接力賽的最後一棒，第一棒四百四十碼，第二棒八百八十碼，第三棒一千三百二十碼，最後一棒一英里，比賽已然開始，隊友再度落後喬治城。

「教練，咱們棄權吧。」[2]他在觀眾的加油聲中大聲說道。

「噢，不行，不行。」伊思頓答道，把一塊寫字板緊抓在胸前，板子上面印著「伊思頓教練的財產」幾個字。他在賽場上總是威風凜凜，看起來就像戰場上的將領，眼鏡後面的深褐色眼睛透露出堅毅的決心。「我們不能棄權，絕對不能。」

「我會落後很多，這樣跑實在很蠢。」

伊思頓搖搖頭。「我不棄權，這可是德雷克接力賽吶。」

桑提走開。他想跑單人一英里賽，不想再次在穩輸的比賽中跑團隊的最後一棒。如果沒勝算，浪費體力有什麼意義呢？他看著隊友在比賽中擴大落後差距，心裡越發沮喪。他知道這對指導過德雷克田徑隊的伊思頓而言是重要的比賽，但是桑提厭倦再次在落後七、八十碼時接下接力棒，試圖反敗為勝。昨天四英里接力賽對上喬治城，輸得臉面無光，證明他根本無力扭轉乾坤。在將近二十四小時內，這是他的第三場比賽，但是他只想專心跑一英里賽。

這場比賽跑到第三棒時，桑提又到賽道旁找伊思頓。「拜託啦，教練，咱們棄權啦。」

「不行。」伊思頓說道，看都不看他一眼，「你得跑。」

桑提於是走到接棒位置，準備從柯比手中接過棒子。喬治城的最後一棒是查理．卡波佐利（Charlie Capozzoli）已經疾速奔離，桑提不耐煩地等待著。柯比終於接近，桑提開始跑，兩人交接棒子後，桑提開始跑一英里。卡波佐利領先超過半圈，跑得很好，桑提根本不可能趕上他，還沒起跑就註定要輸了。桑提只取得第二名，落後喬治城一百碼。他衝離跑道，避免昨天的羞辱重演，昨天卡波佐利跟他握手時說道：「嗨，老兄，你爛透了。」[3]

桑提走過教練身旁，伊思頓叫住他。

「我不想跟你說話。」桑提說完旋即轉回身繼續往前走。他頭也不回一直走，隊友和許多旁觀者都看得目瞪口呆，這是三年來他頭一次忤逆教練。他回到更衣室，不再參加這次比賽的其他賽事，他忍無可忍了。

此時是戶外徑賽賽季的高峰，桑提處於跑步生涯的最佳狀態。三月的德州接力賽，在四英里接力賽擔任最後一棒時，他以四分六秒七跑出自己迄今最快的一英里成績，刷新那項賽事的紀錄。[4]在短跑混合接力賽、長跑混合接力賽和兩英里接力賽中帶領隊伍獲勝後，他獲選為那次大賽的表現優異選手。桑提將刷新一英里紀錄的傳言很快就變成不爭的事實。桑提才二十一歲，對中距離跑者而言算是年輕，多數中距離跑者是在二十四或二十五歲達到巔峰，不過他已經引起評論者談論他的潛力。德州接力賽結束後，《紐約先驅論壇報》的一名記者寫道：「這是史上無人能及的開季表現……現在大家無時無刻期待桑提挑戰四分一英里障礙。」[5]另一名目睹桑提在德州接力賽中一枝獨秀的人，對他的自信留下深刻印象：

桑提極度沉著自信，他會把辦得到的事告訴別人，別人會認為他可能在吹牛，但是他會身體力行確實辦到。[6]貝比．魯斯在兩好球後，指向要把下一球擊出全壘打的位置，各位記得這個老掉牙的故事嗎？各位還記得貝比確實做到了嗎？嘿，桑提就是那樣的人。

然而，一個週末接著一個週末，教練不斷疏忽，沒有給桑提機會一展身手。桑提瞭解，贏得比賽不是個人的事，通常他都是在賽道旁嗓門最大的加油者，為自己的雀鷹隊加油。他對雀鷹隊的勝利絕對有貢獻，幾乎每種距離的賽事都參加，以獲得分數。但是何時他才能專注於一英里賽，不用每週參加四場比賽，跑得筋疲力竭呢？

他在更衣室踱步，絞盡腦汁思考這個問題。就在此時，隊友們進入更衣室，轉達說伊思頓變更了一英里接力賽參賽名單，要他穿回釘鞋去參賽。

「我不想跟你們一起跑，你們沒人想求進步。」桑提說道，「你們都只是志在參賽。」

他的話使隊友大為震驚；以前桑提從未拒絕參賽，也不曾抱怨隊友的表現。[7]隊友無法相信他竟然拒絕伊思頓，教練的話就像法律，教練訂下嚴格規定，學員若沒遵守，就會受到懲罰。隊友比爾・尼德（Bill Nieder）有一次參加比賽忘記打領帶，伊思頓在公車車門攔住他。「領帶在哪？」伊思頓問道。「噢，教練，在家裡，我忘了打。」尼德答道。「好，下車去拿領帶。」伊思頓說道。那位優秀的鉛球選手下車後，他便轉頭告訴司機：「好了，繼續開向狄蒙。」車門關上，公車隆隆開走。

學員如果講粗話，就得捐錢到「花朵基金」；如果訓練遲到，即便只遲到幾分鐘，就得付出汗水。離開堪薩斯州到外地，如果有人違反宵禁規定，伊思頓會叫他立刻回家，不管是否會因此輸掉比賽。隊員如果使田徑隊蒙羞，教練有權力撤消獎學金，而且會那樣做。他很嚴肅經營田徑運動。

但是伊思頓的學員會聽話，是因為尊敬他，不是因為怕受到懲罰。誠如一名隊友所說的：「只要是伊思頓說的事，我們都相信會發生。」[8]因為通常真的會發生。伊思頓是印第安納大學校優秀教練海思（Bill Hayes）的門生，訓練跑步的方法很有系統。他喜歡自己的訓練課表，會詳細紀錄學員，包括訓練量和跑步前後體重改變量。大小事他都會訂定書面規定，像是睡眠時間（完整八小時）、賽前飲食（水果，絕對不能吃炒蛋、香腸、馬鈴薯）、讀書時間（訓練和睡覺以外的時間都是）。[9]他甚至會規定學員參加比賽要帶哪些服裝（運動外套、白襯衫、領帶、高頂禮帽），勸誡隊員：「你們是大學生，代表大學……別標新立異！」[10]伊思頓幾乎把醒著的時間全投入學員身上，獲得學員尊敬，而且他也要求學員尊敬他。他的紀錄輝煌：到一九五三年，得過多次雙隊對抗賽、接力賽、七大錦標賽的冠軍，外加三次國家大學體育協會錦標賽冠軍。

然而，現在桑提卻違逆他的話。隊友啞口無言，魚貫走出更衣室，回去向伊思頓回報。

伊思頓把雙手插入上衣口袋，露出別說廢話的表情，說：「去叫他出來跑。」[11]

再過幾分鐘一英里接力賽就要開始了，他們趕緊回去求桑提：「我們認為我們可以贏……只要你出來跟我們一起跑。」

桑提冷靜下來了，這時才發覺違抗伊思頓的命令是在玩火，不只因為伊思頓對他而言不僅是教練，也因為他對隊友極度忠誠。他告訴他們，只要他們保證從此全心跑，他就跑，於是他們承諾會全心跑。回到跑道後，伊思頓冷淡對待桑提，兩人完全沒有看彼此，教練只對桑提說他要跑第三棒。比賽中桑提接到接力棒後，盡情宣洩沮喪情緒，以四十七秒四疾速跑完一圈四百四十碼，快得讓最後一棒唐・史密斯（Don Smith）獲得領先，為堪薩斯州雀鷹隊贏得勝利。

賽後伊思頓告訴桑提：「我們得談談。」[12]

在堪薩斯大學，桑提生活的世界裡，跑步和讀書由伊思頓管理。桑提住在相思樹兄弟會宿舍，他的小寢室裡貼滿他收集的最新戰績剪報。他很早就起床，通常六點，幾分鐘後就出門，在日出前快走一段距離。大學座落在奧瑞德丘（Mount Oread）的陡坡上，他喜歡在兩側有樹木和簡樸石屋的步行小徑散步一小時，促進血液循環。接著到碧飛姊妹會宿舍報到，幫學生擺放早餐，這項工作是體育獎學金附帶的。八點前他會去上課，修習體育教育學位的必修課程，伊思頓在他一年級時建議他主修體育教育。

教練會在每個學期開始前幫桑提安排好計劃表，跟教授商談，確保他能在兩點訓練，課業不會落後，對其餘選手也是這樣。一旦選手課業落後，授課教授就會發通知函給伊思頓。有一次，桑提的英文課成績不佳，伊思頓給他兩個選擇，一是改善成績，二是不准參加即將到來的比賽。「要全力以赴。」伊思頓勸告道。桑提拜訪教授，詢問要怎麼做才能改善成績，接著便夜以繼日拼命完成教授交代的事。伊思頓從此就沒再收過通知函。

午餐時間，桑提會回到姊妹會宿舍收餐盤，接著再上一堂課後，便到紀念體育館（Memorial Stadium），開始當天的訓練課程。在更衣室，他和其餘選手脫掉衣服，逐一坐到檢查桌，讓伊思頓檢查身體姿勢是否標準以及調整背脊。接著每個選手會量體重，收到當天訓練課程細目，一天通常訓練二到四小時。

在高中，桑提一天只訓練四十五分鐘，通常利用圖書館課訓練。不過他每晚跑步到女友家，往返各兩英里，加上在牧農場跑無數英里，很難知道他以前一天到底跑多少距離。高三時，塵地鎮有閒言閒語說他這樣成天跑，可能會罹患心臟肥大，又稱運動員心臟症候群，這種病在當時被認為是危險的。醫師用內視鏡檢查後，發現他的心臟肌肉發達、形狀狹長。前往堪薩斯大學就讀時，他非常擔心此事。不過身兼籃球教練的合格整骨醫生艾倫（Phog Allen）對他進行身體檢查和登階測試後，向他保證他健康無虞。從那時起，伊思頓指示他跑多少，他就跑多少。桑提感覺就像獲准每天增強體魄。

伊思頓的一週訓練課程天天都不一樣。星期一用五、六英里鄉野跑步暖身，從奧瑞德丘沿泥路跑，偶爾有坡地，大多是平地，延伸數英里，非常適合耕作畜牧和長跑。速度大約是極速的一半，時而加速，衝刺四分之一英里或半英里，通常是因為桑提在最前頭衝刺，其餘人才跟著衝。快跑衝刺時，隊伍會依體能分成好幾群。

桑提總是跟亞特·戴卓（Art Dalzell）、柯比、狄克·威爾森（Dick Wilson）一起跑，四人被稱為「四騎士」。四人都是領獎學金到堪薩斯大學就讀，是伊思頓的田徑隊核心成員。女孩子很喜歡戴卓，他有三寸不爛之舌，是隊裡第二快的一英里跑者。到外地比賽時，他都和桑提住同房，桑提都會假設他會忘記帶跑步服裝去參加比賽，幫他帶一套放在行李袋裡。柯比剛到堪薩斯大學時，跟桑提一樣是小鎮農家男孩，威爾森是「外地人」，四人裡面，只有他不是來自堪薩斯州，他和柯比都很文靜、聰明、實在，不過不是出色的一英里跑者。

鄉野跑步時，大家心情都很輕鬆，笑談約會中的女孩，或下週比賽要痛宰對手。他們經常惡作劇，有一次把別人停在屋外的福斯汽車抬到門廊上。回到校園時，伊思頓通常已經發現他們幹的事。那一次，他叫他們把車子抬回原位，並且重跑一趟。

通常回到體育館後，他們會換上乾淨的運動服，並且把平底鞋換成釘鞋。接著伊思頓會馬上叫他們全速跑四分之一英里，桑提會跟戴卓競速，很少輸。伊思頓相信，長跑選手如果能跑出好的四分之一英里成績，任何距離的比賽都能參加。短暫休息後，他們會在內場草地上赤腳進行短距衝刺，通常衝刺二十趟一百碼。完成這些訓練後，他們會回到檢查桌，再次讓伊思頓檢查與紀錄體重。伊思頓無時無刻緊盯隊員，不只看得出來他們當天是否有全力投入訓練，也看得出來隊員前一晚有沒有在外頭待太晚，或吃不該吃的食物，尤其是他們最愛的喬氏麵包坊甜甜圈。「你沒有跑出應有的表現。」[13]他會這樣訓斥隊員。什麼事都逃不過他的法眼，如果聽到他問有什麼問題，最好實話實說。

星期二用兩英里鄉野跑步熱身，接著回去進行跑道訓練，通常包括遞減跑，從一英里依序遞減到四分之三英里、半英里、四分之一英里，接著再從一英里開始遞減，跑完每個距離後，都要先慢跑片刻，再跑下一個距離。星期三先在鄉野跑兩英里；接著快慢交替跑半英里；接著短跑衝刺；接著再進行遞減跑，不過距離縮短，從半英里依序遞減到六百碼、四分之一英里、兩百二十碼。星期四專注鍛鍊速度，通常跑八次四分之一英里，或十二到十六次兩百二十碼。不論訓練多艱困，伊思頓都會在一開始告訴大家：「咱們今天會訓練得很開心。各位放輕鬆好好享受吧。」[14]星期五和星期六比賽，星期日全隊一起跑十到十五英里耐力訓練，紓解比賽造成的壓力和緊張。

平常訓練結束後，桑提就得趕緊回到姊妹會宿舍擺晚餐，接著拿一些自己要吃食物，回去體育館清理更衣室，這也是獎學金附帶的工作。八點前，他會回到相思樹宿舍讀兩小時書再就寢，見女友丹娜（Danna Denning）的機會通常不多。

兩人是去年在美式足球體育場相識的，桑提當時在那裡賣賽程表。[15]他的幾個兄弟會成員正在和丹娜的姊妹會成員約會，他們慫恿兩人約會。當時桑提還在跟高中女友交往，偶爾會回塵地鎮探望她。赫爾辛基奧運後，桑提決定邀丹娜出來「單獨約會」試探試探。兩人到離兄弟會宿舍只有一個街區的粉筆石餐廳（Rock Chalk Café），喝了杯汽水，聊了半小時，丹娜就得趕在晚上十點三十分宵禁熄燈前回去姊妹會宿舍。丹娜出生富家，家人定居堪薩斯州愛卡市（Elkhart），康寧漢的故鄉。她十五歲便提早進入堪薩斯大學就讀，嫵媚動人，個性嚴肅，充滿書卷氣。兩人在許多方面迥然不同，丹娜關心的是會計學課業，不是運動；她非常內向，桑提卻是極度外向；桑提得辛苦工作攢錢才有錢花，她卻有優渥的零用錢，開父親送的奧斯汀希利代步。不過兩人卻相處融洽，一次約會變兩次，接著變很多次。兩人星期日會去教堂，聯袂參加正式社交活動，丹娜會順道到跑道看桑提訓練。到一九五三年四月，兩人已經論及婚嫁和生兒育女。看樣子，桑提有很多事情要做呐。

伊思頓不准選手跟女友打得太火熱，不過桑提跟丹娜雖然親密交往，卻仍能不對運動分神，其實他也沒有太多閒時間分神。[16]他連睡覺也會夢到跑步，多次夢到自己進入最後一圈的最後彎道時衝過對手，把對手遠遠甩在後頭，衝到終點線。

從赫爾辛基回來才一個月，桑提就展開越野賽季，到中西部各地參加雙隊對抗賽和錦標賽。雀鷹隊連勝六場會賽，包括十一月的七大錦標賽。伊思頓用「堪薩斯州力抗全球」的演說來激勵隊員，但是雀鷹隊完全不是喪家之犬，因為桑提參加三英里賽屢戰屢勝。

放假前，伊思頓寄一封信給每個隊員，詳述該如何兼顧訓練與讀書準備期末考，並且建議隊員休假期間在家要天天跑步：「這樣返校後各位才能承受嚴苛的訓練。」[17]信上的標題是「聖誕節快樂！」

室內賽季一月開始，桑提同樣一枝獨秀，報紙封他為「單人紀錄破壞者」[18]和「奧瑞德丘斯文悍將」。[19]二月下旬，這台「跑步機器」帶領團隊再次奪下七大錦標賽冠軍。連休息都沒休息，戶外賽季就緊接著開始，從三月到五月下旬，他每個週末都有比賽。

這就是他的生活。即便他跑好玩的時候（跑步能帶給他樂趣），伊思頓也會在一旁指導。冬天時，相思樹宿舍的兄弟會成員們對桑提受到報界矚目冷嘲熱諷，於是桑提向他們下賽跑戰書：他從堪薩斯州東嘉諾西市（Tonganoxie）到勞倫斯市跑十三英里半，挑戰二十七名兄弟會成員，每人跑半英里路程。他斷言自己會打敗他們全部的人，率先抵達終點線。這本來只是兄弟會的噱頭，但是立刻激發鎮民們的想像，賽前伊思頓告訴記者：「我知道他有多堅決，我賭他會贏，我甚至想要開車沿路幫他測量每英里的時間，搞不好會有收獲喔，對吧。」[20]桑提的兄弟會成員們也自信滿滿，根據引述，相思樹的會長這麼說：「只要每個參賽者都能在三分鐘內跑完半英里，我們就能贏他，而且我們正在訓練。」[21]

十二月某天早上，在嚴寒的零下五點六度中，公路巡邏車和觀眾排在公路兩側，桑提穿著藍色厚長袖運動服，把羊毛運動襪套在手掌上禦寒，迅速超越一年級美式足球隊員穆迪（Ralph Moody），以四分四十一秒跑完第一英里，接著減為平均每英里五分三十六秒的速度。他跑完一半路程時，對手落後，於是他嘲諷一名等待起跑的兄弟會成員：「我跑超過一半囉，你們哩？」在勞倫斯三英里外，一陣西北風吹襲桑提，害他肌肉緊縮，側身疼痛。他擔心自己可能無法繼續跑，幸好，他轉身面南後，身子便暖了起來。他繼續跑，領先兄弟會成員超過四百碼。比賽過程中，伊思頓從頭到尾都坐在老婆開的旅行車的後座，用臨時拼湊成的擴音器報每英里的時間，並且嘲弄被桑提超越的等待中跑者。

撇開這場表演的噱頭不談，伊思頓告訴桑提和記者們，桑提即將成為美國、甚至世界最優秀的一英里跑者，只是需要更多時間開發潛能。記者隻字不漏記下伊思頓說的話。然而，桑提知道自己沒有太多時間了，澳洲跑者蘭迪已經證明大家正競相爭奪四分一英里紀錄，班尼斯特和雷夫等歐洲一英里跑者即將展開季賽，障礙可能會在數個月內被打破。為堪薩斯大學贏得比賽而訓練固然重要，但不應該因此犧牲他更重要的目標：率先跑出四分一英里。

堪薩斯大學隊從德雷克接力賽返校後，伊思頓召見桑提。三點時，桑提走過校園到羅賓森體育館（Robinson Gym），伊思頓的辦公室就在裡頭。學生中只有桑提在校園裡穿牛仔褲、牛仔靴、西部風格襯衫，他總是走很快，刻意出其不意超越別的學生。

在美國諸多頂尖運動員中，從桑提身上最能看出體育樣貌的改變，現在運動的重點在於迎合觀眾，製造激情氛圍，而他就喜歡那樣做。默默取得成就，當沉默的英雄，已經過時了。觀眾不僅喜歡自信活潑的運動員，也要看紀錄被打破。一九五〇年代體育記者何藍（Gerald Holland）有報導這樣的巨變：

> 吸引全球關注參與，吸引大批觀眾，門外漢和處於劣勢的選手打破紀錄和表現驚人，這個嶄新的黃金時代在許多方面都超越以往，令人嘆為觀止。體育界充滿精彩表演、激情氛圍和高昂的運動精神，其他領域相形失色。[22]

美國體壇的熱情洋溢反映了這個時代，這個年代出現了有帥氣尾翼的大型凱迪拉克、富及第「新鮮彩色造型冰箱」、亮粉紅色服裝、鈕扣襯衫、高傳真音響、迪士尼樂園、喜劇雙人組狄恩・馬丁（Dean Martin）和傑瑞・路易斯（Jerry Lewis），每戶新家都希望有一台電視。[23]美國人有錢又有閒，因此熱衷運動。

許多孩童跑到棒球場、高爾夫球場、英式足球場、美式足球場、游泳池、跑道、網球場、拳擊場，夢想成為下一個偉大的明星，父母鼓勵孩子追夢，學校推廣校內體育計劃以滿足需求。[24]然而，觀眾人數遽增，把體育場擠得水泄不通，追蹤最喜愛的選手的一舉一動，相形之下，參與運動的人數增加量顯得微不足道。一九五二年奧運顯示體育與政治關係錯綜複雜，但是美國人和俄國人誰表現得比較好並不重要，相較之下，能從激情的觀眾身上賺多少錢才重要。隨著電視數量增加，體育賽事被帶入全國客廳，賺錢的新商機出現，家家戶戶爭相買這個新的黑盒子。或許一開始大家只是要看演出《我愛露西》（I Love Lucy）的露西兒・鮑爾（Lucille Ball）和戴希・亞納（Desi Arnaz）、密爾頓・伯樂（Milton Berle）搞笑表演，或看華特・寬凱（Walter Cronkite）播報新聞，但是很快就愛上坐在舒適的沙發上觀賞體育節目。大家可以在燈火通明的客廳幫班・霍根（Ben Hogan）加油，期待他在重要錦標賽中繼續連勝；或驚嘆優良純種賽馬天才舞者（Native Dancer）又在賽馬比賽中以風馳電掣的速度獲勝；或敬畏蜜糖雷・羅賓森（Sugar Ray Robinson）和亞契・摩爾（Archie Moore）的拳擊威力；還有開心或氣憤地觀看米奇・曼托帶領洋基隊打敗布魯克林道奇隊，準備奪下連續第五次世界大賽冠軍。若要說一九二〇年代無線電收音機以金箔打造了體育經濟，那麼可以說一九五〇年代電視以純金取而代之。

體育變成重要事業後，體育樣貌徹底改變，數百億美金投入贊助，協助選手取勝，這自然改變了職業運動的性質：取得成績的壓力高於以往，反之，失敗付出的代價也比以前高出許多。業餘運動也受到根本的影響，高中和大學很快變成培育隊伍，負責為職業聯盟培訓選手。學生若取得運動成就，就很有可能在畢業後成為賺大錢的職業選手。漸漸地，商業利益使業餘體育偏離了初衷。

桑提瞭解追求四分一英里目標能引發想像力，使體育場座無虛席。倘若能達成，他知道贏得的將不僅是頭版報導。光談論自己能辦到，就能獲得矚目，他樂在其中。「我不知道什麼時候能辦到。」[25]他告訴一位記者，「但是我絕對會辦到，這點你可以放心。我確信我能跑出四分一英里，就像你確信你能開車回家一樣。當然，天有不測風雲，但是撇開意外不談，我絕對能辦到的。」桑提本來就沐浴在媒體的鎂光燈中，而這類的評論只會再加強鎂光燈。

身為業餘大學運動員，桑提知道現在他的努力只能幫慫恿他參加比賽的賽跑承辦人員發財。[26]以後他成為職業選手就能賺點錢，尤其如果能率先攀上這座體育界的聖母峰。賺錢可以等等，但是這座障礙可不會永遠存在，伊思頓必須瞭解這點，並且給桑提機會。

桑提爬樓梯到體育館的三樓，一次跨兩階，準備面對伊思頓，並且為在德雷克接力賽發生的事接受責難。他必須說服教練認同他必須全力投入一英里訓練。伊思頓等著他，坐在教師用的老舊木桌後面，桌上散放著報紙和雜誌的剪報。這間小辦公室裡擺滿檔案櫃、獎盃以及歷年選手和團隊的照片。

伊思頓一如平常單刀直入。「我認為昨天你表現得既不專業，又不得體。」

「是，教練。」桑提說道。

「你不僅抗命，還無禮。」

「那些傢伙沒有全力以赴，我很氣。」

「唉，我知道，桑提，但是人生就是這樣，不可能事事順你的意。」伊思頓態度冷靜、語氣平和，「我不想要中途退賽，即便你拼老命跑也只能得第二。你瞭解我的立場嗎？」

桑提點點頭。他知道教練以從前在德雷克的成就為榮，希望雀鷹隊也能如此。伊思頓帶桑提到外頭，兩人坐在階梯上，這大堪薩斯州的午後景色美麗，藍天看似延伸到地球的盡頭。

「很多時候事情無法盡如人意。」伊思頓說道。

「我不介意為團隊跑。」桑提激動解釋，「但是我什麼時候才能為自己跑？」他是挑戰四分一英里障礙。

「唉，我一直在想該如何讓這兩件事相輔相成。」

自從一九五二年十二月蘭迪跑出石破天驚的一英里成績，伊思頓就一直追蹤他的進展。伊思頓剪下關於「世界第一一英里跑者」的新聞報導，一一記下蘭迪跑每一圈的時間，研究他如何在比賽中調配速度，以及領先整場比賽後，他要在最後一圈保持速度有多困難。伊思頓紀錄每個細節，思索桑提必須怎麼做。在德雷克接力賽的風波讓伊思頓知道不能再阻攔桑提了。

「你還是要幫團隊跑。」伊思頓繼續說道，「但是我們參加某些比賽時，我會讓你只參加單人一英里賽。」

桑提盼了幾個月就是想聽到這番話。

「你將會是率先跑出四分一英里的人。」伊思頓信心滿滿地說道，「但是你還得加強，必須做跟大家不同的訓練，必須給自己更多壓力。」

接下來兩小時，兩人談論桑提要如何減少四百四十碼反覆跑的每趟休息時間，逐漸加強訓練；談論安排「兔子」，也就是定速員，在他挑戰自己的一英里紀錄時，至少幫他定速前四分之三英里；談論班尼斯特和蘭迪以及其他有機會打破一英里障礙的跑者。桑提最後清楚明白，伊思頓跟他一樣極度渴望打破一英里障礙，當然，伊思頓教練總是希望幫選手取得最佳成就，桑提在尼德身上見證過這點。尼德以前是高中美式足球明星，到堪薩斯大學就在第一個賽季傷了膝蓋，放棄運動。然而，伊思頓說服他改練鉛球，使他成為世界紀錄保持人。伊思頓每天調整選手的訓練；長時間待在跑道上，總是最早到，最晚離開；桑提從這些付出也看見了教練多麼渴望幫助選手。但是桑提到這天下午才確信，伊思頓願意幫他達成跟雀鷹隊沒有關係的目標。

兩人談完跑步後，伊思頓轉向桑提討論未來，也就是畢業、服完海軍陸戰隊預備軍官訓練團的役期後，打算做什麼工作（他聽從伊思頓指示，加入預備軍官訓練團，避免被徵召參加韓戰）。儘管桑提主修體育，想當教練，但是伊思頓卻建議說他比較適合從事其他行業。

「怎麼不去讀商學院呢？」伊思頓問道，「你的個性比較適合從商。」

「我本來也是那樣想。」桑提說道。

「你得快點轉換跑道。」接著伊思頓說會幫他。會談結束後，桑提覺得自己受到保護與支持，自從莫利農姑丈去世後，他就不曾有過這樣的感覺。這是伊思頓和桑提交談最久的一次，桑提永遠沒辦法跟父親這樣談心。兩人握手後，伊思頓把手臂搭到桑提的肩膀上。

一九五三年六月初，在加州康普頓邀請賽（Compton Invitational），桑提將首次認真挑戰一英里障礙，屆時，伊思頓打算聯絡比賽承辦人艾爾．法蘭肯（Al Franken），商談安排定速員，協助桑提突破障礙。桑提迫不及待想嘗試這次機會。

第九章

不論你能做什麼，或認為能做什麼，放手去做吧。
大膽蘊含力量、才賦以及魔力。

——歌德

一九五三年，在蘭迪的賽季巔峰，謝魯狄邀《墨爾本百眼巨人報》的體育專欄作家奎田登（Max Critenden）到雜亂的南雅拉區書房。謝魯狄喜歡蘭迪幫他博得的媒體矚目，而且一如平常，誇誇其談。

「人能在四分鐘內跑完一英里嗎？」奎田登問道。[1]

「我會在有生之年目睹有人辦到！」謝魯狄斷然道，因為他的門生蘭迪就是要辦到這件事的人。

整個夏天，謝魯狄老是說著這類的話，持續宣稱自己仍是一英里跑者蘭迪的教練。蘭迪完全不理會他。當蘭迪跑出石破天驚的四分兩秒一，謝魯狄在他的父母面前出言無狀，從那時起，蘭迪就不想跟謝魯狄有任何瓜葛。到一九五三年四月，澳洲時值秋季，他結束了「刷新紀錄」的挑戰，至少接下來八個月不會再挑戰紀錄，希望能躲一陣子，避談四分一英里障礙。[2]

在墨爾本大學的最後一年，課業繁重，他每週有三十四小時的農業學講習課和實習課，占去生活的大半時間。他才剛開始為下個賽季展開訓練，這可能是他的最後一個賽季，因為他得考慮未來的生涯：到底要從事農業或擔任教職，他仍舉棋不定。他當初會選擇農業學，是因為墨爾本大學沒有跟昆蟲學明確相關的課程；不論選擇什麼職業，他都希望能到處旅行以及在戶外工作。他的父親白手起家，二十五歲時已經在墨爾本成立自己的會計公司。父親勸誡他，犧牲職業前程投入運動是不智之舉，尤其在過了二十四歲後。蘭迪在下個四月就二十四歲了。「人生有更重要的事情。」[3]父親告訴他，他也認同，打算十八個月後從體壇退休。

但他的專注力沒有因此變弱，反而變強，因為他所剩的時間不多。他已經達成離開赫爾辛基後設定的兩項目標：一是打破麥克米蘭的紀錄，二是贏得澳洲錦標賽。現在他想打破一英里世界紀錄，並且在一九五四年八月大英帝國運動會（British Empire Games）的一英里賽中獲勝，才收起釘鞋退休。雖然這樣做他將贏得全球最佳一英里跑者的封號，但是這並非他的目標。跑步變成比較像在開發最大潛能的競賽，他就像在探索意志力的強度。

但是，自從去年十二月跑出驚人的成績後，他在澳洲就變成公眾人物，備受矚目，在澳洲通常只有明星板球選手和橄欖球選手才會如此受矚目。他不論在哪裡，賽跑、吃午餐、在大學圖書館讀書、在當地公園慢跑，都會被拍照。當時一位記者寫道：「他只有早上洗澡時不會被拍照。」[4]他沒辦法再像奧運之前那樣，對追求跑步目標保持低調。當時墨爾本大學的一名講師在下課時攔下他。

「嘿，蘭迪，你有在跑步嗎？」講師問道。[5]

「有呀。」

「是嗎？上星期六我看到一個傢伙長得很像你，跟一群人拿著血淋淋的矛，在聖基爾達跑。」

「不是啦。」蘭迪漲紅臉答道，「那不可能是我啦。」

無疑，當時他之所以感到難為情，主要是因為聯想到謝魯狄。蘭迪對自己在赫爾辛基奧運後獨力達成的成就感到驕傲，在每場一英里賽都獨占鰲頭，從一開賽就全力跑，從前段就領先，全程掌控速度。不管是不是世界紀錄，至少他跑出七年來最快的一英里紀錄。《紐約時報》的戴禮曾經說，籍籍無名的澳洲人不可能有辦法如此大幅度增加速度，這番言論公開侮辱了蘭迪，有人甚至開玩笑說他跑一英里時是在遠處從奧運公園看布梅火柴公司（Bryant & May）的大鐘來計時。[6]但是《紐約時報》的一名特派記者出席他在一月三日的下一場一英里賽，他再次以極短的時間跑完，贏得戴禮誠摯的道歉文章：「或許我上次把話說得過於尖酸……這位經驗豐富的跑者剛開始參加徑賽時，四分一英里障礙被認為完全不可能被突破，但是現在大家不再那樣認為了。」[7]

不久後，蘭迪每每出賽，大家就期待他破紀錄，當然，多數人心裡想的是四分一英里紀錄。在一月十八日的《雪梨晨鋒報》，體育作家亭內（Frank Tierney）條列蘭迪破紀錄所需要的條件：

．放鬆心情看待賽跑。
．宣洩緊張情緒。
．技術高超的配速協助。
．蘊含「活力」的平坦跑道。
．低於攝氏二十六點七度的溫度。
．不含濕氣的空氣。
．無風狀態。[8]

一九四五年海格就是在這些條件下締造四分一秒四的一英里世界紀錄。瑞典馬爾默的跑道和天氣很理想，而史傳德（Lennart Strand）預先調配好的跑步速度也幫了海格。

一月二十二日星期六，伯斯（Perth）舉辦澳洲錦標賽，蘭迪參加一英里賽時就沒那麼幸運了。前一天，他帶著捕蝶網到市區附近一座一千英畝的公園。為了跑出好成績，他得逃離嚴密監視。他能贏得比賽，已是預料中的結果。記者逼問培里，蘭迪什麼時候會回來，培里只是說：「他餓了就回來。」[9]比賽當天溫度接近攝氏二十六度，濕度很高；前三週蘭迪都有參加比賽，而且沒有特別放鬆，因為新聞界施加巨大的壓力；加上儘管培里想幫忙，但是速度不夠快，沒辦法幫他定速。最後，比賽工作人員甚至忘了安排通常屬於標準程序的每圈報時，導致蘭迪不曉得速度，盲目奔跑。儘管出現這些不利的因素，他仍以出色的四分四秒二跑完，領先第二名選手七十碼。但是觀眾聽到宣布時間時，或沉默，或聳肩，或失望提早離席。從此之後，蘭迪每次比賽都會擔心見到這種令他氣短的反應。賽前他告訴過一名當地記者：「我會全力以赴，如果能破紀錄，那最好。但是如果不能，拜託，大門開著，我得開溜，不然觀眾會用私刑處死我。」[10]

整個夏天蘭迪持續每週參賽，有時會因為汗水刺激眼睛而難以看清楚跑道。工作人員出錯也繼續困擾他。[11]二月下旬，大家預料他會在墨爾本的一座橢圓跑道打破一千五百公尺紀錄，跑道一圈約三百三十公尺，也就是說得跑四圈半才能跑完一千五百公尺。蘭迪覺得自己狀況很好，一開始就跑很快，跑完第一個半圈，一名工作人員喊道：「剩三圈。」蘭迪跑過去後，知道他報錯了，大聲喊道：「是四圈。」蘭迪又跑完一圈後，那位工作人員喊道：「剩兩圈。」其實應該還有三圈才對。「不對啊。」蘭迪心想，但仍繼續跑。或許跑道比他以為的還長吧。蘭迪再跑兩圈，衝過終點帶。聽到成績是三分五十五秒四後，他又懷疑有誤，因為他跑很快，至少能在一千五百公尺跑出三分四十五秒。蘭迪回到更衣室，回想整個過程，最後確定確實少跑一圈。他氣沖沖到跑道跟那位工作人員爭論。他的跑步時間其實是兩分五十五秒四，那位工作人員搞錯了。

在另一場一英里賽中，他的速度太快，工作人員都看傻眼，沒有及時在終點拉好終點帶。[12]他們還在從終點桿拉開羊毛線時，蘭迪就衝過終點線，得斜移才能搆到他們勉強鬆開的四呎線帶。但是線帶張力太小，沒被扯斷，一名工作人員沒抓緊終點桿，蘭迪展現以前玩橄欖球時的敏捷，在半空中接住桿子，高舉過頭，讓攝影師拍照。蘭迪或許準備好要突破一英里世界紀錄，但是他跑步的環境卻幾乎沒有提供任何幫助。

一九五三年三月中旬田徑賽季結束時，他精疲力竭了。[13]在最後七場一英里賽，他的平均時間是四分十一秒。「要突破四分一英里障礙，我想我還得花十年。至少我暫時辦不到。」[14]有一次比賽結束後他這樣說道。在下個澳洲賽季，如果他想打破任何紀錄，就得在沒有亭內條列在《雪梨晨鋒報》的理想條件下辦到。至少到那時候之前，他不用再承受大眾矚目，能專心讀書與訓練。

五月二日，蘭迪開始為下個賽季展開訓練之際，班尼斯特跨越牛津的莫德林橋（Magdalen Bridge），艾希思河（Isis）的河水在下方流動。他要前往逸飛路跑道（Iffley Road Track）。牛津大學時值春季，百花盛開，在這個時節，樹蔭遮蔽狹窄曲折的街道，空氣裡滿是花朵盛開的芬芳。學生抱著書本進出學院大門，數代英國上層階級曾經在各學院的柯茲窩石牆後頭生活與讀書，班尼斯特在愛塞特學院就讀時，留下了美好回憶，包括閣樓房間、兩側有彩色玻璃窗和油畫的餐廳走廊、四方形院子。學生喜歡在院子裡，躺在草地上，或研讀上課筆記。雖然大學生活結束了，但是他仍然熱愛牛津大學，尤其是學校裡的跑道，希望在那裡創造歷史。

一九四六年讀大一時，班尼斯特發現跑道年久失修，慘不忍睹。跑道一圈約六百碼，三圈一英里，殘破變形，排水不良。跑過某個彎道時，跑者經常順著向下陡斜的跑道消失在長草後面，片刻後才會再出現，跑向終點。有些地方有舊磚塊外露，這對釘鞋很危險。以前的英國中距離冠軍，像是史卓德·傑克森上校和洛夫洛克，就是在這裡打響名號，在跑道上順時針跑。「那個跑道爛透了。」[15]羅禮士這樣說一九四八年班尼斯特獲選為牛津大學體育社社長之前的跑道。班尼斯特決定剷平跑道，新建煤渣跑道取而代之，一圈四百四十碼，六條賽道寬，符合國際跑道規格。班尼斯特籌資聘僱承包商，經歷兩年風風雨雨，差點失敗，最後終於建成，過程中他向自己保證，他將在逸飛路跑道締造個人最偉大的成就。[16]

他想在牛津打破四分一英里障礙，不僅因為他幫忙建造過跑道，也因為牛津大學充滿他崇尚的運動精神。十九世紀初，牛津大學的教師開始籌辦體育競賽，培養強健的體魄，好與強健的心智相配。[17] 一八三八年，維多利亞成為英國女王後，體育加強推動，開啟新時代，英國開始革除歷年處處可見的弊病，包括道德淪喪、貪汙腐化、怠惰懶散、政治醜聞。英國青年追求健全教育，學習鑑賞藝術，崇尚維多利亞時代的價值觀，包括生活俐落有目標、獨立、自制、從運動學習刻苦耐勞。這也是業餘運動理想的一部分，誠如歷史學家賈曼（Allen Guttmann）所言：「業餘運動理想可追溯到文藝復興時代，也就是博德賽內．卡斯提葛良內（Baldassare Castiglione）在《廷臣論》（*Il Cortegiano*）描寫的那個世界，至於那名廷臣，他會跳舞，會寫十四行詩，會彈奏魯特琴，能在戰場指揮軍隊，但是卻不是舞者、詩人、樂師與軍人。」[18]

在這段維多利亞改革時期，倫敦、牛津、劍橋紛紛成立體育社，他們限制社員參加職業跑步賽事，因為他們被教導運動是高尚的鍛鍊，不是為了追求像錢這種庸俗的東西。一八七九年，三名牛津學生邀各個體育社的領導人齊聚會面，接著到藍道夫（Randolph）餐廳吃晚餐，在那裡決定創立業餘體育協會，作為英國業餘體育的管理機構。三名牛津學生中的薛門（Montague Sherman）幾年後寫道：「目的是要保障真正的業餘運動員，只要遵守業餘體育協會的規定參加賽跑，不論到哪都能找到能幹的管理幹部，公平競技，也就是公平比賽，沒有偏頗。」[19]此舉樹立了全球仿效的典範。

然而，到一九五三年，班尼斯特知道紳士業餘運動員快速變成落伍的觀念，赫爾辛基奧運證明那種觀念固然高尚，教人如何以及為何參與運動，但卻漸漸失去榮耀。不計代價取勝漸漸變成新的主要運動信條，在許多方面，美國人都是領頭羊。美國運動員訓練有素，能振奮人心，卻也驕矜狂妄，不擇手段求勝。第二次世界大戰結束後，美國以強權之姿主宰世界，並且期盼英國和世界上的其餘國家亦步亦趨跟隨，包括美國的運動精神。但是班尼斯特不願背棄在牛津學到的價值觀，誠如邱吉爾所言：「我們還沒穿越所有的年代、海洋、高山、草原，因為我們是冰糖做的。」[20]

由於醫學課業繁重，班尼斯特沒時間每天訓練三、四小時；如果有，他大概每週都能參賽，因為身體能更快從疲憊恢復。但是他的目標不是每週參賽，而是突破四分一英里障礙。不幸的是，這讓有些運動員和報紙社論作家感覺他冷漠疏遠。對班尼斯特而言，突破障礙將是最有力的證據，能證明紳士業餘運動員仍能達成運動員最夢寐以求的目標。此外，對他而言，在協助打造紳士業餘運動員這個理想的地方突破障礙，將讓勝利更加甜美。

業餘體育協會與牛津大學年度對抗賽是一九五三年賽季選手訓練數月後第一次顯身手的機會，由於一英里賽的參賽人數有限，不會像比較大型的比賽一樣，出現跑者互相推擠的現象。[21]換句話說，這種比賽很適合用來破紀錄。班尼斯特走進運動場，沿著跑道走向更衣室所在的觀眾看臺，只有寥寥幾人知道他的盤算。

查特威是知情者之一，他已經接替班尼斯特成為牛津大學體育社社長。[22]這位身材健壯的紅髮跑者比班尼斯特小兩歲半，兩人是班尼斯特在墨頓學院就讀研究所時相識的，查特威當時覺得年紀較大的班尼斯特個性冷淡，把他當成牛津教師來看待。大家不知道班尼斯特經常到逸飛路跑道，他甚至讓查特威感覺他從來不訓練，儘管有傳聞說，有人經常看見他在遠處牛津附近的操場跑步。查特威在赫爾辛基跟班尼斯特共住寢室後，才跟他成為朋友，才知道他多認真進行跑步訓練。

查特威答應幫班尼斯特定速到四分之三英里標記，儘管前幾日報紙頭版慫恿道：「查特威應該報一英里賽敗給班尼斯特的一箭之仇。」[23]查特威比較適合跑三英里，最近跟班尼斯特到摩洛哥參加一系列比賽，知道班尼斯特的狀況比較好。[24]查特威沒有勝算，因此選擇幫忙。再者，場上沒有別人有能力驅策班尼斯特跑完整場比賽，尤其是關鍵的最後一圈。這點他知道，班尼斯特也知道。唯有幫班尼斯特定速前三圈，班尼斯特才有機會突破四分一英里障礙。這套策略有前例：一九三七年在馬刺柏公園，湯馬思（R. H. Thomas）幫伍德森定速前四分之三英里，使伍德森取得四分六秒四的一英里紀錄。既然這招當時有效，現在也應當會有效。蘭迪之流的跑者紛紛跑出優秀的一英里成績，因此現在分秒必爭。

自從展開嚴苛的跑道訓練，兩個月間，班尼斯特體能大幅提升，儘管在聖瑪麗醫院的助產工作導致一段時間特別辛苦，作息時間不穩定。[25]復活節假期他到威爾斯健行，喝清新的山溪水，以雙腿能承受的最快速度衝下陡峭的碎石坡，之後，他在四分之三英里測試中跑出三分一秒。[26]更重要的是，他的每英里速度很平均，兩週後，四月十三日，他在八百八十碼測試中跑出一分五十二秒一，顯示他的速度調整得很好。他已經達到巔峰狀態，而且正好在絕佳的時機。

五月二日三點，觀眾看臺和逸飛路跑道周圍的草坡人山人海，再十五分鐘一英里賽就要開始，業餘體育協會與牛津大學對抗賽總是能吸引觀眾，新聞報導說這次對抗賽將是「運動史上最精彩的開季賽事」，出席人數也因此增加。[27]班尼斯特午餐只喝一杯柳橙汁加葡萄糖，這是他的獨家配方。接著他便跟平常一樣，慢跑二十分鐘熱身，為比賽做準備，顯而易見，他專注於放手一搏。[28]上週，他對這一天感到日漸亢奮。誠如他後來所言：「不久後我就要用這股專注力和亢奮情緒在四分鐘內釋放心智和身體的每一分能量。」[29]

發令員叫喚選手就位後，包括奧運障礙跑選手布萊希爾和約翰．狄士利（John Disley），以及一英里選手德瑞克．伯費特（Derek Burfitt）和約翰．布萊恩（John Bryant），全部參賽選手到觀眾看臺左側的起跑線排好，發令員舉起槍時，選手們繃緊身子。「碰！」選手們起跑，查特威跨幾步就衝到領先位置，初跑速度異常快，其餘選手拼命追趕。查特威以六十二秒一跑完第一圈，班尼斯特只落後幾碼。

查特威增加速度，不確定第一圈跑多快，儘管有大喊詢問，計時員卻沒有告知時間。班尼斯特保持第二，節奏穩固。狄士利跑到第三順位，其餘選手落在後頭。查特威以兩分四秒一衝過半英里標示，太慢了。對抗強風，他使盡全力跑第三圈，拼了命以六十秒九跑完，總共以三分五秒跑完四分之三英里。再跑幾步他就退出比賽，差點跑進跳遠沙坑，累得頭暈眼花。

「只剩步伐行雲流水的班尼斯特仍有勝算。」[30]羅禮士在《體育世界》記述這場比賽，「平靜的班尼斯特獨自繼續奔馳，帶著哀傷但卻放鬆的面具，令人不禁聯想起偉大的馬諾萊特在鬥牛場使出致命一擊。」

進入最後一圈，班尼斯特仍有餘力加速，訓練成效讓他有足夠的耐力，能以極快的速度跟隨查特威，卻不會在最後衝刺前耗盡氣力。現在他開始加速，強忍雙腿開始出現的疼痛，在一千五百公尺標示跑出三分四十七秒，只比在奧運跟世界頂尖跑者競賽的最後一次時間慢一秒八。剩下的一百二十碼他全力衝刺，用盡氣力以四分三秒六跑完一英里，比他的最佳時間少超過四秒，也是英國的新紀錄，以及史上第五快的一英里紀錄。他領先狄士利七十碼跑完，狄士利第二名，接著依序是布萊恩和布萊希爾。一群人圍著班尼斯特向他道賀。幾個鐘頭後，他搭火車到倫敦，知道自己必須回去讀書。

隔天早上他再度成為倫敦市的話題。「班尼斯特輕鬆刷新紀錄。」賽後《世界新聞報》（*News of the World*）的頭版標題寫道。「班尼斯特跑出驚人的一英里成績。」另一份報紙寫道。《每日電訊報》（*Daily Telegraph*）讚揚道：「他是認真工作的醫學生，寫論文與接生嬰兒之餘，還能動腦思考跑步的技巧與理論。班尼斯特的體格雖然完全稱不上非常強壯，但是還算不錯，許多人肯定跟他一樣非常幸運。他的跑步是技術上的勝利……他的成功是應用智慧工作的結果。」[31] 英國新聞輿論接著預言班尼斯特「何時」會打破一英里紀錄，而不是「是否會」。在《體育評論》，班尼斯特的照片跟幾位英國登山家的照片擺在一起，那幾位登山家當時「泰然處於聖母峰的冰凍陡坡上，逼近山巔，準備最後攻克這座至今世界上無人能征服的高山」。[32]

班尼斯特早就料到媒體會瘋狂報導，四分三秒六的成績或許使他重獲新聞輿論的寵愛，但是他並不太在意新聞界的預測。這場比賽後，他明確知道「四分一英里並非無人能及，遲早有人會辦到」。[33] 但是他也發現，他需要兩名定速員幫他挑戰目標：第一名以低於兩分鐘帶他到半英里標示，第二名以約六十秒帶領他跑完第三圈。就像研究醫療個案一樣，他已經診斷出需要什麼。激起意志力或情緒似乎不重要。

在能安排這兩名定速員和進一步提升速度之前，班尼斯特只能無助等待，憂心其他一英里跑者會比他更早突破這項紀錄。

五月中旬，在堪薩斯州勞倫斯市伊思頓的兩層樓房子裡，桑提和教練坐在長沙發上，一台畫質粗糙的黑白電視擺在前面。兩人等著看專訪芬蘭一英里跑者約翰森的重播，伊思頓在跟小雜種獵狗玩一些把戲，像是用鼻子平衡餅乾，接著拋起餅乾接起來。桑提在一旁觀看，心想伊思頓的狗跟他的運動員一樣訓練有素。最後約翰森終於出現在螢幕上，根據專訪報導，約翰森每天抽二十五根香菸，外貌俊美，善於與女性交往，這兩樣特色跟他的賽跑技術一樣有名。他誇談著六月即將在康普頓邀請賽跟桑提和比利時的雷夫同場競賽。桑提和教練想親耳聽聽他怎麼說。

「我想桑提有朝一日會成為偉大的一英里跑者。」[34]約翰森對著攝影機說道，「但是他的體能和心態都還有待加強，他太不穩定，太輕浮，太驕傲。」

桑提無法相信自己聽到的話。這傢伙是哪根蔥哪根蒜啊？他的最佳一英里時間是四分八秒三，桑提今年在一場室內賽就超越這個成績了。的確，約翰森在赫爾辛基目睹桑提在五千公尺賽慘敗，但是那是往事啊。

約翰森繼續說道：「或許再過幾年他才會真正達到巔峰，心態對他的阻礙更甚於體能，他的體能已經快開發到巔峰了。我想桑提夠優秀，能定出快速的步調，但是缺乏一流比賽的經驗對他不利。」約翰森結論時說他要打敗的目標是三十一歲的雷夫，因為雷夫是兩英里、兩千公尺、三千公尺的世界紀錄保持人。

桑提火冒三丈。「我要打敗你。」他大聲說道，對著電視揮拳。伊思頓叫桑提冷靜，不過只是做做樣子。他要桑提燃起鬥志參賽，而約翰森正好激起桑提的強烈鬥志。康普頓邀請賽是桑提這一季突破四分一英里障礙的最佳機會，泥土跑道跑起來快，天氣向來很好，這場比賽將是這一年條件最好的比賽。這場比賽很重要，因為伊思頓要找兔子幫桑提在康普頓邀請賽定速的事被業餘體育聯合會拒絕了，當初就是這個組織不讓桑提代表美國在赫爾辛基參加一千五百公尺賽。

業餘體育聯合會於一八八八年由紐約體育社（New York Athletic Club）為首的幾個私立體育社創立，旨在協助推廣與編纂業餘運動規則，跟英國十年前所做的事一樣。到一九一二年，業餘體育聯合會掌控美國田徑，最主要是藉由控制奧運參賽資格。從此之後，業餘體育聯合會便小心維護權力，根據這樣的規則運作：「此為自願組織，運動員沒有權利……唯有本會能給予特權。」

業餘體育聯合會的主席是艾佛瑞．布蘭戴吉（Avery Brundage），不過到一九五三年時，掌控的權勢大過頭銜。[35]布蘭戴吉以前是十項全能選手，經常敗給索普（Jim Thorpe），一九一二年退休不再參加比賽，擔任工程師，最後成為建築業巨富。他最愛的是業餘運動，在不同時期擔任過業餘運動相關的大多數管理職務，一九五二年獲選為第一任美國國際奧運委員會主席。他打從心底認為運動應該是娛樂，不是工作。在他看來，職業運動員就像「訓練有素的海豹」，業餘運動員則實踐了「道德的金科玉律」。[36]毫無疑問，他深信這樣的觀點。他對奧運格外著迷，因此，一九三六年猶太團體試圖叫美國抵制柏林奧運時，他直言反對猶太人。沒人敢干預他對奧運的決策或掌控權力。

到一九五〇年代，布蘭戴吉拒絕接受體壇樣貌逐漸改變，尤其是體育明星出現、營利主義加強、追求紀錄。丹．費利斯（Dan Ferris）協助他對抗這些改變。費利斯是業餘體育聯合會的財務主任，緊緊掌控行政職務長達四十年。他身材矮小，臉蛋肥胖，舉止活像學校校長，第一直覺總是想到處罰，而不是協助。業餘體育聯合會做出的決議得先送到他的桌上，儘管他知道追求一英里紀錄能使美國業餘體育受到巨大矚目，但是並沒有因此通融。[37]費利斯跟伊思頓挑明說，若發生疑似為了突破一英里紀錄而在康普頓邀請賽或任何賽事安排定速員，桑提跑出的時間將不算數。由於業餘體育聯合會不提供申訴管道，因此以費利斯說的話算數，跟桑提去年被拒絕參加奧運測試如出一轍。這些業餘體育聯合會的官員看起來越來越像故意要刁難桑提；桑提稱他們為「橫渡大西洋順風旅遊人士」，因為他們喜歡跟著運動員環遊歐洲和美國，吃香喝辣，住高檔飯店。[38]

他們全面阻攔安排定速員的計劃，因此現在最好的機會就是利用跟約翰森之類的選手比賽，尤其約翰森又批評桑提不成熟。班尼斯特不久前才以四分三秒六跑完一英里，伊思頓一看到《美聯社》的報導，就開始分析每圈的時間。此外，根據權威雜誌《田徑新聞雜誌》的報導，蘭迪已經在為下個賽季認真訓練。桑提現在就必須開始嘗試挑戰四分一英里障礙，康普頓邀請賽是最佳機會。雖然約翰森會卯足全力求勝，但是其實他幾乎跟兔子一樣，很適合當桑提的定速員。如果約翰森在最後一圈能緊逼桑提，就能刺激桑提跑得更加賣力。

五月二十四日星期日，桑提讓芬蘭一英里跑者約翰森預先看看在加州可能會發生什麼事。在愛荷華州艾姆斯市（Ames）舉辦的七大錦標賽，桑提以四分六秒三跑完一英里，從康寧漢手中奪過保持了十八年的全國大學一英里紀錄。賽後桑提說：「每一圈我都跑得跟預計的一樣快，比賽過程跟伊思頓教練和我盤算的一樣順利。」[39]四十分鐘後，他又以一分五十秒八贏得半英里賽，引起觀眾高呼：「堪薩斯無敵！」他的隊伍輕鬆獲得全面勝利。一週後他又跑出四分七秒四的成績。

「約翰森真是傻蛋。星期五晚上咱們再瞧瞧誰不成熟。」桑提前往加州前這樣告訴記者，「希望他看到我在艾姆斯市和密蘇里河谷業餘體育聯合會賽的表現會臉白氣噎，我跟那傢伙有帳要算。」[40]聽到記者說桑提是最有希望獲勝的選手，伊思頓也只是稍微客氣些：「我們覺得這話合理。我們從來不參加我們認為不會贏的比賽，如果認為不會贏，幹嘛參加？」[41]

在堪薩斯城機場，桑提和教練被接待搭乘環球航空公司的超級星座號客機頭等艙，這在當時是頂級的旅遊享受。[42]機長特地前來打招呼，祝桑提在加州好運。接著服務人員端上美酒佳餚，年輕的桑提很快就發現，只要是參加法蘭肯承辦的比賽，一切服務都是頂級的。業餘體育聯合會不准業餘運動員收錢，但也沒明文禁止法蘭肯熱情招待眾所矚目的明星。畢竟，桑提是觀眾買票的原因，而且企業也贊助比賽。然而，不論法蘭肯或桑提知不知情，業餘體育聯合會開始擔心這股影響力。

六月四日星期四，伊思頓和桑提抵達洛杉磯，法蘭肯用福特敞篷車接兩人，天氣晴空萬里。法蘭肯身高六呎二吋，瘦巴巴的，肯定是因為一舉一動都精力旺盛、情緒高昂才會這麼瘦。他有銷售員的特質，能讓賓客感覺受到極受重視。幫伊思頓和桑提辦理入住頂級的比佛利山飯店後，法蘭肯便展開工作，陪同桑提到市區參加一連串電視和廣播節目。他安排能言善道的赫達．霍伯（Hedda Hopper）專訪桑提，接著開車載桑提到好萊塢電影拍攝現場，桑提在那裡見到凱薩琳．格雷森（Katherine Grayson）和霍華．基爾（Howard Keel）這兩位好萊塢最大牌的明星。在拍片途中，豪伍認出桑提後，大喊：「停！」豪伍快步走向桑提，表示非常喜歡他。他們甚至與瑪麗蓮夢露短暫相遇，法蘭肯好像認識每個人似的，桑提備受矚目，也對好萊塢深深著迷，驚嘆連連。「我看得目不轉睛。」他後來說道。後來，桑提展開訓練，法蘭肯便安排記者觀看，為隔天的比賽激起更強烈的興奮情緒。桑提是法蘭肯這位比賽承辦人夢寐以求的明星，桑提主動前去找記者，說自己有信心獲勝，還有，打破四分一英里障礙絕對有可能。

在前一週，桑提精進了速度，在訓練中進行四分之一英里快跑，而不是長跑。他和伊思頓在堪薩斯州已經在黑板沙盤推演過策略，桑提前兩圈保留體力，第三圈再衝到領先位置，雷夫和約翰森絕對料不到這一招，他準備一展身手了。

星期五早上比賽前，桑提早餐吃燕麥粥、喝熱茶加蜂蜜後便去散步，伊思頓則在飯店看晨報。「桑提準備教訓芬蘭跑者。」一份報紙預言道。「桑提將跑出『奇蹟的一英里』桑提。」另一份報紙寫道。《洛杉磯先驅快報》（*Los Angeles Herald and Express*）刊登一幅大漫畫，畫桑提繞著時鐘跑，雷夫和約翰森在後頭推他，說明文字寫道：「堪薩斯龍捲風桑提在雷夫和約翰森的刺激下，很可能突破四分障礙！」伊思頓知道桑提有信心和能力迎戰人生最重要的比賽，法蘭肯顯然也克盡己職，全力激起矚目。

伊思頓和桑提入夜不久後抵達體育場，比賽預定九點十分開始。康普頓邀請賽的賽程表由法蘭肯操筆，特別強調這場一英里賽是「西岸有史以來最重要的賽跑比賽，不是宣傳人員老王賣瓜，是實話實說」。[43]五位一英里選手都有簡介：雷夫——「全球史上數一數二的長跑明星」；約翰森——「出類拔萃，許多人認為他是今晚競賽中最有希望獲勝的人」；麥米倫——「賽場上的神祕人物」；羅斯．邦漢（Russ Bonham）——「勝算渺茫」；桑提——「美國史上最優秀的一英里跑者」。

桑提為比賽做準備時，把天花亂墜的宣傳全拋到腦後。[44]四個小時前，他吃了一些吐司，又喝了一些熱茶加蜂蜜，這是他的習慣，每次比賽前他一定會這樣做。一英里賽開始前的一小時，他穿上寫著「堪薩斯州奧運隊」的長袖運動上衣，到體育場外頭進行和緩的跑步和伸展，接著回到內場。將近九千名觀眾全神貫注觀賞著八百八十碼接力賽，他則進行短距衝刺，全力熱身，最後用比賽的速度跑一段距離後就結束熱身，回到更衣室，換上乾的跑步背心和短褲，躺在訓練桌上十五分鐘，雙掌放在腹部，閉上雙眼。開賽前十五分鐘，他把曼秀雷敦潤唇膏抹在嘴唇和牙齦，以免因為緊張而口乾舌燥。他離開更衣室，像拳擊手一樣用毛巾蓋著頭，穿著特製的日本釘鞋。每當需要一雙新的，他就會把兩隻腳掌的輪廓圖寄給大一結束後到日本比賽時認識的那名鞋匠。日製釘鞋格外輕盈。

賽前桑提不跟人說話，不跟對手說話，甚至也不跟伊思頓說話。兩人已經一起想出通盤策略，現在就看桑提的表現了。快要槍響時，桑提才走到起跑線，一心只想著打敗約翰森。觀眾從擁擠的看臺擠到離跑道非常近，使體育場感覺起來不像室外的，比較像室內的。桑提面向正前方，等待槍聲響起，對周遭的吵雜聲置若罔聞，不過他知道支持者會在比賽過程中激發他，他們就像緊跟著他的另一名選手。

雷夫一開始領先，他的最佳一英里時間是四分兩秒八，不過腳傷使他的步伐不像平常那樣平順。然而，他仍率先跑完第一圈，桑提落後幾碼緊跟在後，接著依序是約翰森、麥米倫和邦漢。桑提聽到報時——六十二秒七——便知道跑慢了，但是他得等待適當時機才能出擊。雷夫第二圈從頭到尾繼續領先，以兩分五秒二跑完半英里。觀眾紛紛嘆息，認為這是場比賽沒看頭。法蘭肯猛抓頭髮；他邀請這些明星一英里選手同場競技可不是要呈現二流的比賽吶。一名工作人員站在《田徑新聞雜誌》的記者旁邊嘆氣道：「至少四分十秒以上。」

桑提同樣焦急，前半英里太慢了，難以破紀錄，他得儘快想辦法。在第三圈，約翰森快速超越雷夫，桑提緊跟在後。[45]他們跑完彎道時，對他而言，速度仍不夠快。觀眾繼續抱怨發出噓聲。進入非終點直道後，桑提失去耐心，加速到接近衝刺，純粹被一時衝動所激。他在直道結束前衝過約翰森，約翰森無法相信，心想：「這傢伙幹嘛離終點七百碼就衝刺？太早衝了吧。」但是桑提可不這麼認為，他認為如果想突破四分一英里障礙，就得「孤注一擲」。他拉開五碼差距，觀眾就喜歡看他這麼大膽。約翰森也加快速度，心知如果桑提把差距拉到太大，比賽就結束了。雷夫跟著加速。第三圈結束時，芬蘭的約翰森反敗為勝，領先桑提一碼，比利時的雷夫則落後領先的約翰森六碼。桑提以不可思議的五十八秒二跑完第三圈，而計時板出現的總時間則是三分三秒五，觀眾席爆出喝彩聲，因為這可能是場有看頭的比賽喔。

麥米倫和邦漢幾乎認輸了，只剩三人在比賽。桑提繼續奮力狂奔，約翰森想不透他怎麼能維持那樣的速度。雷夫超越慢下來的約翰森。到非終點直道的起點時，桑提領先雷夫超過十五碼。桑提的最後四百四十碼，從第三圈的非終點直道中間到第四圈的非終點直道中間，以驚心動魄的五十五秒跑完，不過他漸感疲憊。雷夫慢了下來，約翰森趁機縮小差距，進入彎道跑三步後便超越雷夫。桑提拼命維持速度，顯然腿快要用盡氣力，不過領先幅度很大，聽不到雷夫或約翰森在後頭喘息，由此可確定大幅領先，約翰森追不上他。桑提接近終點帶時，觀眾再次譁然。「衝到終點線！」他告訴自己，「別放慢啊！」他身子前傾，用胸膛衝過終點帶，領先約翰森十二碼，時間四分兩秒四，打破美國人的一英里紀錄。他放慢速度到變成用走的，觀眾不斷高喊他的名字。

芬蘭的約翰森走向桑提，伊思頓已經在桑提的身旁。「你瘋啦。」[46]約翰森上氣不接下氣說道，「我從沒看過有人距離終點七百碼就衝刺。」

桑提微笑跟約翰森握手，賽後他經常會跟對手握手，總是能從握手力道判斷對手有多累。約翰森筋疲力竭了。這位堪薩斯少年難得表現謙虛，大會主席硬拖才回跑道上，繞場一圈慶祝勝利，桑提會答應，純粹因為廣播系統極力要求。他赤腳繞行一圈，把鞋拎在手上，對著觀眾揮手。觀眾可是幫了他大忙吶。

繞場後，他到看臺底層，擠在欄杆後面的小孩爭先恐後把賽程表塞到他手中請他簽名。這是人生的關鍵時刻，跟記者談論自己的表現時，他又恢復自負了：「我沒想到跑得那麼快。」[47]桑提說道。伊思頓被問到對這場比賽有何感想時，簡單答道：「我們越來越接近了。」[48]人人都知道他在說什麼。

從洛杉磯到紐約、倫敦、墨爾本，這場比賽的新聞都登上頭版。約翰森率先稱讚桑提超群絕倫，緊接著道歉一番：「他教會了我講話別口無遮攔。」[49]雷夫預言，如果桑提跟班尼斯特正面交鋒，桑提會贏：「桑提最後五、六百公尺跑太快了。」然而，多數報導都在談四分一英里障礙，根據引述，伊思頓說道：「這是這次的極限。咱們等一陣子再看下一次的極限如何……不過如果這次前半英里能跑快一點的話……」[50]橫貫全頁的大標題寫得一目了然：「桑提跑出奇蹟的一英里」；「四分一英里？桑提發誓要跑更快」；「桑提坦言離四分一英里幽靈越來越近」；「噴射引擎推進的桑提不把四分一英里障礙放在眼裡」。本來沒聽過桑提想要突破障礙的人，現在肯定全知道了。

第十章

他們一邊奔跑，仍一邊往後看，
聽見每一陣風中都有一個說話聲，
瞬間感到極度喜悅。

——湯馬士・葛雷，〈伊頓公學遠景〉
（Ode on a Distant Prospect of Eton College）一七四二年

在墨爾本的運動員小社群，大家會像聊八卦一樣，談論國際一英里跑者的最新戰績，當地報紙只會用極小的篇幅報導，因此大家便爭相尋找訂閱《田徑新聞雜誌》和《體育評論》之類的雜誌的少數人提供消息。「培里便是其中一人，他會跟朋友分享雜誌，包括蘭迪。培里在水利局擔任文職人員，附近有一間餐廳能鳥瞰火車站，偶爾兩人會一起到那裡吃肉餡餅午餐。培里已經迫不及待把雜誌都看完了，要借給蘭迪看，接著再借給華倫和其他人看，不過被翻爛的雜誌最後一定會回到培里手上。

最近的頭版新聞很聳人聽聞，「哇！康普頓邀請賽精彩萬分！」和「班尼斯特跑出四分三秒六！」是最近多數雜誌最常見的頭版標題，報導讚揚班尼斯特和桑提逐漸逼近海格的紀錄，對四分一英里障礙虎視眈眈。儘管有收到邀請到美國和英國比賽，但是蘭迪得等到英美的賽季結束，英美的夏天是澳洲的冬天，而且他正埋首學業，這著實令徑賽承辦人們大失所望，他們正在策劃邀這三位一英里跑者同場競技。蘭迪跟兩人最接近同場的時候，是他到市區戲院觀賞一小時長的電影，裡頭混雜卡通、新聞報導和微電影，中間插播一小段美國或英國的賽跑比賽。[2]在港海鎮跟他同寢的華倫跟一位戲院老闆有私交，每當有新體育報導影片都會接獲通知，不過永遠都是幾個月前的影片。儘管熱切想見聞班尼斯特和桑提的賽跑新聞，但是蘭迪卻認為他們的進步無關緊要：他有自己的路要走，不會因為別人而加快速度。追求一英里紀錄是要證明他有多厲害，不是要爭搶率先跨越四分門檻，他是要為自己跑，不是要為國家榮譽而跑。

一九五三年賽季結束時，蘭迪清楚表明不會休息太多。「停止訓練到下個春天完全沒益處，如果下個十二月以及之後，我想跑出好的一英里成績，」他告訴記者賈利，「我打算整個冬天都遵照這套嚴苛的訓練計劃。」[3]計劃細項列在紙上，釘在衣櫃的門上。他的訓練理論只是直接將去年的稍微修改：他打算把訓練強度增加一點五倍。[4]為了確保做到，他記下每個訓練細項，過去三個月的訓練表看起來活像受刑日誌。

從三月十八日到五月二十四日，他一共跑超過三百英里，主要是在墨爾本的連外道路進行耐力跑，去年跑步時他沒有計時，不過今年有，如此就能更明確知道每次訓練耗費的體力。五月二十五日、二十七日和三十日，他用四十分鐘跑七英里，接著舉重半小時，強化上半身。六月一日，他跑六英里，每英里五分鐘；接著用十六分鐘跑三英里；最後舉重三十分鐘。六月三日，他交替「快速跨步跑」八百八十碼和慢跑八百八十碼，共八英里。他花許多時間在中央公園訓練，因此開玩笑說他對附近樹上的每隻喜鵲都瞭若指掌，尤其是「轟炸過」他的。[5]

舊教練謝魯狄對於如何訓練才能以三分五十三秒跑完一英里有一套想法，在體育報刊上廣為宣傳，包括建議該如何「在各種地形跑」，以及何時該離開賽道，「到山坡、沙道、沼澤地跑，每天固定跑十英里」。[6]但是蘭迪並沒有聽信這一套，反而深信更強烈的訓練才能跑出更短的時間，儘管澳洲的跑道跑起來慢，又缺乏比賽。

一九五三年六月下旬，地上結霜，還有移植橡樹和榆樹掉落的樹葉。蘭迪堅持這樣的訓練方法，不聽從勸告去休息，延後訓練。丹登農路（Dandenong Road）是連接墨爾本和雪梨的濱海公路起始路段，他沿著丹登農路長跑，聽著腳步聲，聽著那節奏，陷入近乎出神的狀態。他知道十二月第一場比賽到來時，亢奮的能量會在跑完第一圈後耗盡，第一圈的動能只能供他跑到半英里處，接下來他就需要這些跑步訓練的成效來維持速度直到終點。[7]為了跑出破紀錄的時間，這天、明天、後天，他都必須跑七英里。

讀書和訓練限制了他的社交生活[8]，大多數時間都跟家人在一起，待在家裡，或週末到南吉地的農地，或種樹，或在農地散步，他不認為跑步是犧牲，喜歡跑步所需要的紀律，喜歡感覺身體學習忍受不斷加強的壓力。他能自在獨處，測試自己能自我鞭策到什麼程度。

同樣這個六月的第三週，澳洲一英里跑者麥克米蘭在倫敦的學生宿舍安靜讀書之際，走廊上突然有人喊道：「喂！大麥克！有人打電話找你！」他很驚訝竟然有人打電話找他，趕緊下樓。赫爾辛基奧運後，麥克米蘭就決定到英國讀一年師範學院，同時繼續參加賽跑比賽。不過其實他比較想待在澳洲，跟好友蘭迪競賽，互相砥礪彼此跑出更短的時間，就像海格和安德森那樣。[9]

麥克米蘭疑惑地拿起話筒。

「我是羅傑．班尼斯特。」[10]

麥克米蘭過了一會兒才確定電話另一頭真的是班尼斯特。「你好呀，羅傑。」

「攀登聖母峰的好消息很令人振奮吧？」

他竟然打電話來談這件事，這著實古怪。「是啊，確實令人振奮。」

「這可是帝國的偉大成就呢。」班尼斯特繼續說道。

「是呀。」麥克米蘭摸不著頭腦班尼斯特為什麼打電話給他，兩人沉默片刻。

「了不起呀。」他最後補了這一句。

「加冕典禮好看嗎？」

「哦，好看呀。」

「現在跑步狀況如何？」

「現在狀況不太好。腿疼。你呢？」

「我跑得很順利。你覺得桑提怎樣？」班尼斯特問道。

桑提在美國康普頓邀請賽獲勝，而且差點打破一英里障礙，這個消息很難錯過。英國報紙報導那場比賽和桑提預告六月二十七日要再次挑戰。海格甚至寫了一封廣為刊載的信給那位堪薩斯少年，勸進鼓舞他：「我認為你能率先突破四分障礙，不過你得加緊腳步。」[11] 根據報導引述，班尼斯特就是必須加緊腳步的原因。

「你認為他辦得到嗎？」麥克米蘭問道。

「我認為有可能，但是我要比他還早辦到。」停頓片刻，「你願意幫我嗎？」

「我盡力而為，但是我的狀況不是很好。」

「我的盤算是，咱們六月二十七日星期六早上到馬刺柏公園，桑提當天要跑。」

班尼斯特解釋說由於時差六小時，他能比桑提還早突破障礙，不過必須在那個週末才行。羅禮士說動了一場學生會賽（薩里郡學校業餘體育協會錦標賽）的主席，在賽程中多加一場一英里特別邀請賽。「你必須以每圈六十秒的速度全力撐到最遠的距離。布萊希爾也會參加，他會故意落後，算準時間，我們開始跑最後一圈時，放慢速度跑的布萊希爾會剛好落後我們一圈，屆時他就能帶我跑最後一圈。」

「好，我會全力以赴撐到最遠的距離。」麥克米蘭說道。他心想，既然沒辦法幫蘭迪突破四分一英里障礙，那由大英帝國的班尼斯特突破，也好過讓美國人突破。

「星期六早上，麥沃特兄弟的其中一人會開黑色車子去載你。」從班尼斯特的語氣就聽得出來這件事不能走漏風聲，「他會在頭登漢宮路（Tottenham Court Road）的路角跟你碰頭，載你到馬刺柏公園。」

麥克米蘭答應後，兩人便互相告別。班尼斯特有兔子了。

自從一英里四分三秒六的成績凸顯班尼斯特可能率先突破四分一英里障礙之後，突破障礙的壓力就不斷加強。顯然他狀況很好，初夏在一系列比賽中表現優異，因此記者如影隨形緊跟著他，追問是否就在今天。「這已經變成折磨了。」[12]他斥責一名記者。五月二十三日在白城體育場，他在比賽中跑慢了，一群支持者發出噓聲，奚落他沒突破障礙，儘管他輕鬆打敗其餘選手。[13]翌日報紙說班尼斯特「讓無數觀眾失望」，還有「讓現場兩萬名觀眾大失所望」。接著五月三十日，他在狂風中以一分五十一秒九跑完半英里，打破紀錄，報紙卻連提都沒提。英國民眾想看另一項偉大成就，也就是突破四分一英里障礙，這才比得上最近征服聖母峰和伊麗莎白女王的加冕典禮，其他成就都不夠看。

六月中旬，麥沃特雙胞胎開始籌劃馬刺柏公園的比賽，有一天班尼斯特在帕丁頓體育場訓練完後，羅禮士告訴他：「我們知道比賽可能沒辦法如你的意，但是我能安排。」[14]比賽辦得偷偷摸摸，加上在比賽中公然安排定速員，實在算不上好比賽。再者，桑提在康普頓邀請賽跑出四分兩秒四那天，班尼斯特在四分之一英里賽中跑到左大腿肌肉撕裂，幾天後，感覺左腿後側活像被馬踢到一樣，仍然沒有信心左腿能承受疾速奔跑一英里的衝擊。儘管如此，羅禮士仍極力勸進：「桑提想要突破障礙……你絕對不能讓他得逞啊。」[15]

班尼斯特跟全體國人同胞一樣心潮澎湃，整個五月，舉國幾乎都在暢談伊麗莎白女王即將在西敏寺接受加冕，以及英國登山隊攀爬聖母峰的進展，關注喜馬拉雅山的氣象報告和登山隊的路徑。六月二日加冕日當天，班尼斯特跟英國同胞感到無比驕傲，他們已經將近十年不曾如此驕傲了，當大的慶典讓世人記起英國偉大顯赫的聲望。那天消息傳到倫敦，說英國登山隊的一名隊員艾德蒙．希拉里（Edmund Hillary）跟雪巴人丹增諾蓋抵達「世界的屋頂」聖母峰頂。《時代雜誌》說這項成就的偉大歷史意義比得上法蘭西斯．德瑞克爵士（Sir Francis Drake）的航海環球壯舉。歷史學家解釋征服聖母峰的意義：「最令英國人開心的是完成這項壯舉的態度，登山隊充滿業餘運動主義和古怪的行為，令人著迷，他們帶雨傘爬到海拔一萬三千呎的地方，約翰．航特上校展現英國人的學養、才幹、冷靜，一邊讀《牛津希臘詩集》（*Oxford Book of Greek Verse*），一邊不慌不忙地安排調度補給物資和技術支援。英國仍有希望。」[16] 撇開社論作家和歷史學家的評論不談，六月二日，一名英國父親告訴兒子的話，完美總結了當天英國洋溢的氛圍：「英國人是世界上最優秀的民族，只有我們才辦得到。」[17]

班尼斯特透過報紙和廣播密切注意聖母峰登山隊，他在生理學實驗中結識幾位隊員，甚至把那年夏天自己在一英里跑步上的進展比喻為到達「六號營地」；聖母峰上的六號營地是全球最高的營地。桑提快速逼近紀錄，班尼斯特必須率先突破障礙，才能就像艾德蒙．希拉里把英國國旗插在世界巔峰上的時候一樣，取得無上的榮耀。跟蘭迪相比，班尼斯特比較瞭解率先突破四分一英里障礙的歷史意義，不會讓任何事阻攔他。

六月二十七日早上，挑戰障礙的行動一切安排就緒。[18] 羅禮士從倫敦開車載班尼斯特、麥克米蘭、越野障礙跑選手布萊希爾到馬刺柏公園；布萊希爾是阿基里斯社社員，最近在奧地利教練法蘭茲．史坦福（Franz Stampfl）指導下展開訓練。布萊希爾並不是跑得特別快的一英里跑者，不過依照定速安排，他沒必要是。查特威在讀書準備牛津大學政治學期末考，沒辦法參加。他們下午一點十五分抵達，離開賽還有半小時。現場有麥沃特雙胞胎安排的兩名官方計時員，準備在破紀錄時驗證時間，羅禮士自己擔任第三名計時員。業餘體育協會人員克倫普和亞伯拉罕也在場。除了出席會賽的一千名學生，只有寥寥幾名其餘人士。

學生休息吃午餐時，三名選手在鄰近的板球場熱身，場地主管馬達嘉（J. McTaggart）開著灑水車，灑些水在煤渣上，為比賽做準備。下午一點五十分，天空晴朗，氣溫適中，只有微風吹著終點直道。三名跑者排在起跑線後方。班尼斯特穿著新的德國釘鞋，感覺肌肉撕裂傷痊癒了。麥克米蘭一百九十磅，六呎四吋，最佳一英里時間是四分八秒八。他轉向班尼斯特說會全力跑出四分五秒。布萊希爾沉默無語，清楚知道自己必須做什麼，一如往常，迫不及待想要開跑。

「希望能跑出最好的成績。」[19]班尼斯特說完比賽便開始。

依照計劃，澳洲人麥克米蘭從一開始就領先，班尼斯特緊跟在後。布萊希爾戴著粗框深色眼鏡，體能處於巔峰狀態，但是步伐卻不自然，故意跑慢，因為他的任務到第三圈結束才開始。根據羅禮士的描述，布萊希爾看起來活像「被截過肢，正在習慣新義肢」。[20]他每圈跑一分半，這樣就有充沛的體力完成最後的任務。相較之下，班尼斯特和麥克米蘭像是在飛行。麥克米蘭果然是出色的定速員，前兩圈四平八穩；在二十九秒五跑過兩百二十碼標示，在五十九秒六跑完前四百四十碼，在一分二十八秒八跑完六百六十碼，在一分五十九秒七跑完八百八十碼，非常完美。布萊希爾跑完半英里時，落後超過半圈。麥克米蘭拼命想快速跑完接下來的兩百二十碼，但是腿沒辦法再維持速度了，大腿灼痛，腳跟磨傷，疼痛竄升到腿部。班尼斯特大喊：「全開呀！大麥克！」[21]意思是全速奔跑，但是麥克米蘭反而慢下來，耗盡氣力了。班尼斯特猶豫了一下，就這樣浪費寶貴的一秒，接著趕緊超越麥克米蘭，在三分一秒八跑完第三圈。羅禮士在跑道邊大聲報時，在場的學生靜靜吃著三明治，摸不著頭腦為什麼這三人會在他們的運動會中賽跑。

鈴聲響起時，布萊希爾才跑兩圈，剛好可以帶班尼斯特跑最後四百四十碼。布萊希爾側轉頭對好友班尼斯特大罵「一連串髒話」，要他跑快點。班尼斯特在三分四十四秒八跑過一千五百公尺標示；如果當時在赫爾辛基奧運跑出這個時間，他就得金牌了。最後一百二十碼他開始「爬梯」；麥克米蘭說「爬梯」是指耗盡氣力，頭往上仰，膝蓋抬高，手臂越擺越高，拼命跨大步伐。[22]布萊希爾再次往後喊道：「快呀！羅傑！」班尼斯特奮力衝向終點帶，但是不夠快，時間四分兩秒。一千名學生最後哄然歡呼，以為班尼斯特在最後的直道追上布萊希爾，逆轉獲勝，卻沒理解到，班尼斯特跑出史上第三快的一英里紀錄。

雖然班尼斯特跑出驚人的時間，但是跑完後大夥兒卻都悶悶不樂，煞費苦心安排這場賽事，結果卻一無所獲。現在大夥兒感覺好無助，只能等待消息，看六小時後桑提的表現如何。儘管挑戰障礙失敗，在更衣室，班尼斯特仍感謝布萊希爾和麥克米蘭相助，畢竟每個人都盡全力了。

「離世界紀錄只差五碼。」[23]班尼斯特說道。不過他離四分一英里障礙仍差十四或十五碼，這段距離雖然他只要跨幾步就能走完，但是卻似乎無比漫長。

三人迅速更衣去搭車，麥克米蘭拿著麥沃特兄弟送的票前往溫布頓（Wimbledon），班尼斯特和布萊希爾擠進約翰．摩爾（John More）博士開的阿斯頓馬丁，準備週末到北威爾斯登山。他們抵達雪墩山（Snowdonia）後，才得知桑提也挑戰失利。羅禮士打電話告訴他們，桑提在戴頓（Dayton）跑出四分七秒六。那天晚上，班尼斯特在乾草棚裡休息，隔天要去登山。他知道儘管分秒必爭，但是自己今年夏天沒辦法重振體力再次挑戰了，極度希望桑提也沒辦法再挑戰。然而，不管對手如何，班尼斯特掛懷的是，自己已經有長足進步，犧牲這麼多，加上跑步生涯剩下的時間有限，到底還要怎麼做才能把成績再減少兩秒。

被問到對馬刺柏公園的那場定速比賽有何感想時，桑提答道：「如果那是各位想要的，或許追著我爸的牧馬跑，我就能突破四分一英里障礙。」[24]桑提七月一日抵達歐洲，參加業餘體育聯合會主辦的夏季巡迴賽，大家對班尼斯特的四分兩秒成績反應迅速高漲，有人說那場比賽「被動了手腳」，而且「違反體育精神」。《紐約先驅論壇報》的亞博松（Jesse Abramson）評論道：「世人確實想看選手突破四分一英里障礙，但是咱們還是用符合規定正式安排的比賽來突破吧。」[25]許多英國報紙也有同感。《每日郵報》說那場比賽不是「真正的比賽」；《每日鏡報》說班尼斯特是「時鐘跑者，善於跟規律移動的時鐘秒針賽跑，但卻不太喜歡在飛奔的釘鞋與碰撞的手肘中競賽」。此外，英國業餘體育協會人員也在考慮是否應該認可這個破紀錄的時間。考慮到業餘體育聯合會對定速比賽的態度，桑提認為應該在真正的比賽中打破障礙。

這趟歐洲之行應該會有機會。跑起來快的跑道，加上頂級競賽，許多人認為在巡迴賽期間，桑提「將成為世界上攀上徑賽界聖母峰的第一人」，亞博松在奚落班尼斯特的那篇文章中這樣寫道。最後一個月，桑提遇到很多事，像是睡眠嚴重不足、四處奔波、飲食差、比賽工作人員不滿、獎金微薄、天天比賽，但就是沒有打破一英里紀錄。巡迴賽在芬蘭開始，在芬蘭，桑提在一千五百公尺賽中輸給當地人約翰森。賽後約翰森帶桑提去洗三溫暖，熱得來自堪薩斯州的桑提得用毛巾罩著臉才能呼吸。接著約翰森出奇不意地帶他去泡冰水池。這就是巡迴賽期間約翰森向桑提展示的熱情款待。

結束在芬蘭各地的繁重賽程後，桑提和業餘體育聯合會的隊友，包括好友惠特菲爾德，搭機到瑞典。在瑞典，桑提打破美國的一千五百公尺紀錄，兩天後參加八百公尺賽，再度獲勝，接著便搭機到歐洲大陸參加更多比賽。兩個月巡迴賽期間，他總共參加二十二場比賽，整個出國期間，不是在比賽，就是在旅行。他想念伊思頓教練，格外思念丹娜。他已經把兄弟會別針送給丹娜，確定要求婚。他在旅行箱裡放一張丹娜的八乘十吋照片，每每到飯店都會拿出來，幾乎天天都會一邊痴痴地看照片，一邊寫信給丹娜。巡迴賽期間，他甚至一度想中斷賽程，回去堪薩斯州找丹娜，但是業餘體育聯合會人員要求他留下。

八月三日在柏林，桑提忍無可忍，決定不要再被當成單人雜耍表演者。數星期來，他幫體育場吸引數萬觀眾，但是每個國家的業餘體育聯合會人員卻給他和美國隊友吃粗茶淡飯；業餘體育聯合會人員跟徑賽承辦人密切合作，銷售門票。選手想吃餐後甜點，或喝第二杯咖啡，都得自掏腰包；而且幾乎沒有零用津貼；表現未達標準，還會受到訓斥。桑提在比賽中奪冠是家常便飯，但只會獲得一面獎牌、一支自動鉛筆或一只廉價的手錶作為獎品。他本來應該保存體力，參加一、兩場重要賽事就好，像是幾天後的英國運動會，但是他卻天天上陣，而且還沒有獎賞。「那根本就是在工作。」他後來說道。[26]他曾經沒領薪餉在牧農場幫父親長時間工作很久，所以他分辨得出來別人是不是在利用他。

幾天前，他去找一位德國官員，問說自己能否拿幾樣獎品換一台愛克發相機；當時愛克發相機是相機中的勞斯萊斯，桑提離開堪薩斯州前，伊思頓還建議他到歐洲後想辦法弄一台。[27]那名官員說會處理。八月三日早上，桑提打電話到官員的家，問換相機的事處理好了沒，官員搪塞他，說正在處理。午餐時間，桑提把未開封的獎品交給官員，跟他要相機。官員說相機價格昂貴，業餘運動規章明文禁止送那麼貴的獎品，「他們不能核准這樣的請求」。這句話讓桑提怒火爆發。他們利用他賺了那麼多錢，他犧牲那麼多，他們至少能給他一台相機吧。桑提一拳捶在桌上，咆哮道：「你這該死的騙子！」[28]

官員說自己無能為力，但卻不顧一切地說：「你得留下來再參加一場比賽。」「你去死啦！我才不會留下來！」桑提怒氣沖沖離開房間，出門後啪一聲猛力把門甩上。他受夠這種對待了，立刻離開德國，前往芬蘭準備參加下一場比賽，其餘隊友比賽完後才跟著過去芬蘭。很少人談論這次風波，但是人人都知道桑提肯定得為這次發脾氣付出代價，業餘體育聯合會人員可不會容忍選手做出這種行為。

桑提從芬蘭到倫敦參加英國運動會，希望能跟班尼斯特競技，但是抵達後卻得知班尼斯特忙著準備醫學考試，退出這場國際一英里賽。不過這仍是一場重要比賽，開賽前海格、伍德森、努米繞行跑道，約翰森和幾名頂尖英國中距離跑者都有參賽，包括查特威、南克維（Bill Nankeville）、皮里，這場比賽本來應該是桑提挑戰破紀錄的絕佳機會，但是他由於旅行奔波和不停比賽，澈底精疲力竭。到第四圈，大部分的人期待桑提爆發衝刺到終點線，但是他卻完全沒有力量衝刺。皮里在非終點直道衝刺，超越他贏得勝利，領先三碼，時間四分六秒八。

「我已經跑了七場比賽，每隔一天就跑一場。」[29]賽後桑提告訴記者，「我很累。」

桑提回美國後，失敗的消息引發權威人士紛紛表示，如果他繼續那麼常參賽，可能會耗盡體力，無法達到最佳狀態。桑提對這些評論充耳不聞，但是心裡知道自己沒有獲得突破一英里障礙所需的協助。他跟對手一樣，需要定速員和由一流對手參加的比賽，以及足夠的喘息空間，並且在賽前充分專心準備。他在柏林跟業餘體育聯合會人員的衝突引發嚴重的嫌隙，因此幾乎不可能獲得這樣的協助。再者，他的越野賽季即將到來。儘管如此，他仍覺得自己會率先打破四分一英里障礙。

第十一章

我們必須覺醒面對事實，運動員不論是現在或未來，都不可能達到完美，永遠要精益求精。

——傳奇長距離跑者「慈愛者」亞瑟・牛頓（Arthur Newton），一九四九年

在倫敦中區的霍爾本地鐵站（Holborn），班尼斯特和羅禮士穿著外套、打著領帶，走出地鐵車廂，剛參加完晚宴要打道回府。[1]此時是晚上十一點，車站幾乎空無一人，兩人穿越迷宮似的地下道走向電扶梯。在電扶梯底層，兩人決定嘗試跑上往下輸送的那道電扶梯，霍爾本站是倫敦最深的地鐵站之一，要跑到頂部得費些勁。兩人都知道這樣做很幼稚，但卻心癢難撓，反正找點無傷大雅的樂子也不是什麼壞事。跑到一半，兩人才發現要跑到頂部沒有想像中那麼容易，距離很長，只要稍微放慢一下，就得花兩倍氣力才能補回下滑的距離，因此兩人不能放慢速度。有幾個搭順向電扶梯往上的地鐵乘客，覺得兩人看起來像瘋子。儘管如此，兩人仍舊繼續跑上階梯，

加速想要跑完，擔心摔到底層搞得尷尬丟臉。跑到頂部後，兩人氣喘吁吁，雙腿發熱，沉浸在勝利中。

兩個少年都沒有從昨晚的嬉鬧舉動領悟太多，不過班尼斯特知道，若想突破四分一英里障礙，不能鬆懈訓練，因為蘭迪和桑提不可能會鬆懈的。到一九五三年九月，獨自打這場硬仗的班尼斯特需要改變一下。[2]他在聖瑪麗醫院的最後一年開始了，而且明年夏天要參加醫學委員會考試。溫哥華的大英帝國運動會和伯恩（Berne）的歐洲運動會結束後，他就必須在一九五四年八月高掛釘鞋。班尼斯特想在巔峰狀態中結束跑步生涯，在這兩場運動會中贏得冠軍，並且打破一英里障礙。然而，這卻是他第一次不確定自己能否獨自辦到。

上個賽季暗澹結束。從北威爾斯健行旅遊回來後，他因為在馬刺柏公園偷偷嘗試打破障礙而遭到新聞界嚴厲批評。接著英國業餘體育委員會（British Amateur Athletic Board）拒絕將他在馬刺柏公園跑出的四分兩秒列入英國紀錄，這個判決令他臉上無光。委員會發出下列聲明：

> 本委員會認定該場比賽不符合規定，因而不得不採取此舉。[3]本委員會希望大家瞭解，本委員會知道大眾熱切期盼選手有突破紀錄的表現，選手自然亦渴望突破紀錄，這固然值得嘉許，但本委員會認為，個人執著於突破紀錄，對於整體體育界並無

太大益處。

會做出此判決，主要是因為有兩名選手沒有跑完，而且賽前沒有宣傳要舉辦那場比賽。班尼斯特接受判決，沒有上訴，儘管業餘體育協會的責難令他痛苦難堪。事後回顧，他也認為在跟普通比賽相差甚遠的條件中挑戰紀錄著實不應該，但是當時他如果想率先打破一英里紀錄，似乎別無選擇。[4]

在業餘體育協會錦標賽的一英里賽中，班尼斯特跑四分五秒二，但是跟在六英里賽中打破世界紀錄的皮里比就相形見絀。皮里不以為意地坦誠自己每天訓練好幾個小時，許多人認為他是英國體壇的未來典範[5]，儘管有傳言說他幾乎算是職業選手，因為不論他需要多少時間訓練與參加比賽，油漆銷售公司的東家都會准許他請假，可能是因為他答應用名字幫公司打廣告，雙方才會達成互利的協議吧。八月，班尼斯特參加四乘一英里接力賽，不僅打破世界紀錄，也跑出個人最佳半英里時間。不過皮里才是眾人矚目的焦點，尤其在英國運動會打敗桑提之後。

班尼斯特樂見眾人將矚目焦點轉移到別的跑者身上，但是也不禁思索，自稱志在打破一英里障礙的皮里是否更有能力打破紀錄。[6]畢竟，連長期支持班尼斯特的賓克斯也在英國運動會後評論道：「皮里是目前世界上最優秀的跑者，訓練方式驚人，似乎能打破許多種距離的紀錄。」[7]

七年來，班尼斯特都依自己的想法循序漸進提升速度，不曾仰賴他人協助訓練或鞭策。儘管他得過許多比賽冠軍、刷新過許多紀錄，但追求最偉大的體育目標時卻功虧一簣。一九五三年秋天，他首次改變訓練方法，不再當記者所稱的「獨行俠」，在午餐時間邀布萊希爾在帕丁頓體育場一起跑。

布萊希爾出生在英屬圭亞那的名門望族，就讀備受推崇的拉格比公學（Rugby Public School）和劍橋大學聖約翰學院。[8]然而，他對人生的大小事卻絲毫不馬虎，靠剛猛的拼勁、旺盛的精力、不言放棄的態度，贏得成就。布萊希爾發現自己有氣喘病，長跑會發作，沒有當一英里跑者的天賦，於是改練障礙跑，障礙跑最重視的是力量與決心。他想參加一九五六年奧運。除了田徑運動，布萊希爾也熱衷登山，可惜錯過參加一九五三年英國聖母峰登山隊的機會。為了彌補登山技術不足，他會要求自己以及別人進行艱難的訓練。「一眼就能在他身上注意到熱忱這項特質。」[9]一名友人說道。「他做事求好心切……感覺得到他做事時總想把事情做到精熟，會腳踏實地逼自己去做。」[10]另一名友人說道。一九五三年秋天，布萊希爾不僅兼顧田徑與登山，同時在美孚石油公司上班，參加幹部培訓計劃。

過去一年，布萊希爾接受史坦福的訓練。史坦福同樣滿腔熱忱，星期五晚上在切爾西區約克公爵皇家軍校（Duke of York’s Barracks）的操場、週末在貝特西公園（Battersea Park），指導運動員。史坦福給了布萊希爾一份訓練課表，部分的訓練項目布萊希爾就利用跟班尼斯特在帕丁頓體育場跑步時完成。偶爾查特威會加入他們，查特威最近也開始接受奧地利教練史坦福的指導進行訓練。

查特威跟布萊希爾一樣，不是別人一看就知道是跑者的人。他結實的體格比較適合打橄欖球，而不是跑一英里賽。他喜歡抽菸喝酒已經到有礙健康的程度，格外喜歡在激烈的比賽結束後抽菸喝酒。再者，他似乎不曾熱愛跑步，尤其厭惡嚴苛的訓練。[11]對於蘭迪和哲托貝克所採用的訓練方法，他這樣說道：「我和許多人根本沒辦法承受那樣的訓練。」[12]儘管如此，查特威卻總是跑得出色，熱愛刺激的競賽。他十八歲時就能以四分二十七秒二跑完一英里；一九五〇年，服義務兵役就讀軍官學校期間，他以四分十五秒六跑完一英里，刷新各軍種的紀錄；一九五二年奧運，若不是在最後的彎道摔倒，他說不定能在最擅長的五千公尺賽奪冠。讓他成為出色跑者的是他堅持跑完比賽所展現的精神。羅禮士寫道：「他很有運動家的精神，精神可嘉。」[13]

查特威比班尼斯特小兩歲，是四個孩子中的長子，父親罹患心絞痛，日漸虛弱。查特威今年夏天從牛津大學畢業後，隨即到健力士酒廠（Guinness）任職，擔任釀酒助理。史坦福找到他時，他已經快放棄跑步去掙錢謀生了。「教練把全部心力都投入這個辛苦的工作，想幫助選手跑快一點。」[14]查特威談到新教練時這樣說道，「他會讓選手覺得跑步是最棒的事，如果能跑得好，就能跟米開朗基羅、達文西齊名，而且他總是深信選手能跑得好。」

跟班尼斯特一起跑幾個星期後，布萊希爾和查特威勸班尼斯特去見史坦福。「來吧，加入我們的行列吧，很有趣的。」[15]兩人一開始這樣說道，但是班尼斯特婉拒。他很久沒有接受教練指導了；從維多利亞時代起，教練又被稱為「按摩師」，因為當時按摩師也負責提供建議。[16]訓練長距離跑步的關鍵在於進行細微調整，使體能提升到極限，發揮最大潛能。教練怎麼會比運動員自己更能判斷該怎麼微調呢？班尼斯特發現跟別人一起訓練是有益的，也喜歡有人陪伴，縱使如此，卻完全沒辦法接受教練指導。布萊希爾和查特威力勸，說史坦福幫了他們，也絕對幫得了他。布萊希爾堅持到底，認為一定要有教練。「你一定要有人可以求助，那個人必須對你完全坦誠。」[17]他說道，「你必須確定那個人不會提供你虛假的建言。對我而言，這個人就是我的教練，他主要不是教我怎麼擺臂抬腿，而是在我忍無可忍時鼓勵我，指引我眼前的目標……我認為人不能那麼自負，認為自己不需要別人幫忙。」

長久以來班尼斯特就坦言不諱說自己獨行其道，不要別人鼓勵，也不聽別人的見解。上個賽季挑戰打破一英里紀錄失利後，他才終於決定敞開心扉接受別人，已經單打獨鬥到盡頭了。十月，在醫院待一天後，他前去約克公爵皇家軍校見史坦福，尋求建言，查特威和布萊希爾陪他一起去。[18]訓練場地在斯隆廣場（Sloane Square）附近，是倫敦西區的黃金地段。[19]地方自衛隊（Territorial Army）住的營舍附近有一座煤渣跑道，狀況差，小於標準，約五圈才一英里。入夜不久後，那座跑道和營區裡的一座操練館沒人使用，史坦福跟軍方商借用來指導運動員，每節課收取一先令學費。

班尼斯特進入寬敞的操練館時，史坦福正帶領著四十名運動員做熱身操，主要是伏地挺身和柔軟操。他督促著學員，寬敞的空間迴盪著他濃厚的奧地利口音。史坦福胸膛寬厚，身高近六呎。他走近班尼斯特及其夥伴後，看起來更加高大，步伐強健，五官深邃，目光如炬。儘管館內的運動員全都穿運動服裝，他仍穿在薩維爾街訂製的休閒外套、燈芯絨褲、擦亮的皮鞋，看起來比較像體格魁梧的學者，不像教練。

史坦福一九一三年在奧地利維也納出生，是一名奧地利將軍的兒子，在故鄉學過寫作和繪畫。[20]他有滑雪和擲標槍的天賦，一生熱愛運動，在一九三二年奧運參加標槍比賽。一九三六年，他斷定希特勒必然會崛起，搬到英國就讀劍橋大學。兩年後，希特勒出兵奧地利，英國政府要求史坦福證明自己有必要的獨特長才，否則就必須離開英國。史坦福在祖國教過滑雪，向業餘體育協會毛遂自薦，表示能教導選手最新的訓練方法。他那令人無法拒絕的態度為他爭取到北愛爾蘭工作。英國對德國宣戰時，史坦福回到英國加入皇家空軍，但是卻立即被當成「敵國僑民」，遭到拘留。

他展開絕食，抗議遭到拘禁。一九四〇年七月某天清晨，他跟一大群戰俘被雅蘭朵拉星號（Arandora Star）客輪載到澳洲。航行到北海，一艘德國潛艇發射魚雷炸毀雅蘭朵拉星號。不到三十分鐘，恐懼的尖叫聲四起，人員紛紛死亡，客輪淹滿水，最後沉到大西洋底部。為了逃生，史坦福用力移開一塊鋼板，逃到船的表層，跳入有油汙漂浮的冰冷海洋中。他游泳八小時，避免冷到休克，拼命把頭保持在水面上，直到一艘救難船發現他。數百人罹難，倖存者再度被拘留，送到澳洲。到澳洲後，史坦福被送到乾草鎮（Hay）的拘留營。為了減緩折磨俘虜們的絕望，他籌辦體育活動，像是拳擊、摔角、足球等比賽。「對我而言，那不單只是工作。」他說道，「那樣做是因為內心渴望活下去，讓我自己和營區裡的朋友們保持神智清楚。」[21]

戰爭結束後，史坦福娶了在墨爾本結識的澳洲女子，回到倫敦。他過去幾年飽經風霜，遭到長期拘禁，現在蓋著被子或遠離開啟的窗戶仍會難以入睡。儘管如此，他還是欣賞英國人，尤其欣賞英國人熱愛業餘運動，認為英國運動員需要他的協助。他重新跟業餘體育協會聯繫，找到幾份教練的差事，包括在劍橋大學和牛津大學擔任兼職教練。然而，一九五二年他並沒有獲邀協助英國奧運隊，顯然業餘體育協會從來沒有真正把他當自己人，畢竟他是外國人。於是，他便協助巴基斯坦隊。

教練不是酬勞優渥的職業，因此，他偶爾得到運動用品店兼差賺取額外收入。不過他熱愛幫助運動員，不論他們有沒有天賦。到一九五三年秋天，他訓練許多運動項目的運動員，從標槍、鉛球、鐵餅等田賽項目到遠距離跑步。他熟諳間歇訓練法和跑步技巧，不過他最寶貴的智慧是瞭解如何讓運動員發揮最大潛力。戰爭期間，許多不堪回首的可怕經歷使他鍛鍊出鋼鐵般的意志力，他以為，優秀的教練「必須能使學員超越自己以為會死的臨界點」，低於這樣的訓練，是無法使運動員發揮最大潛能的。[22]

史坦福跟班尼斯特以前認識的人都不一樣。[23]部分是因為知悉史坦福的往事，班尼斯特感覺這位教練真的知道何謂勇氣與決心。兩人相談不久，史坦福便直截了當說：「你得更賣力訓練。」[24]班尼斯特說自己還要忙醫學院課業，史坦福答道：「兩者兼顧。」史坦福認為沒有什麼事是辦不到的，運動員只受限於自認為辦不到的事。[25]突破四分一英里障礙？簡單嘛。如果一個人真的想要，就算跑三分五十二秒或更快也行。關鍵不在於投入大把時間訓練，班尼斯特得顧及醫學院課業，沒辦法這樣做；關鍵在於訓練品質。

史坦福的信心和熱情強烈吸引班尼斯特。會談結束時，班尼斯特只答應下星期五過來參加跑步訓練，沒有承諾其他事情。

九月某天深夜兩點，蘭迪獨自沿著丹登農路跑步，在濃霧中幾乎看不見路上的鈉氣燈，投射詭譎的橘光到人行道上。蘭迪跑在上斜直道時，看見一對車頭燈朝他接近，車子忽左忽右，駕駛顯然喝醉了。蘭迪稍微放慢速度，等車子開過，但是車子卻突然停到他前方幾呎。雖然蘭迪早已養成習慣在這條路跑步，但是他知道多數人看見有人深更半夜獨自在這條路上，會覺得形跡可疑。顯而易見，這名駕駛正是這樣認為。他捲下車窗，蘭迪走到車旁。

「你以為你是誰啊，老兄？」醉醺醺的駕駛問道，「該死的蘭迪嗎？」[26]蘭迪認為最好還是別承認自己真的是蘭迪，於是沿著道路離去。雖然不是每個澳洲人都認得他，但是絕對都對他有所耳聞。記者老是談論他的嚴苛訓練。「上個星期六晚上各位在看電影或跳方塊舞的時候，」何普曼（Harry Hopman）在《墨爾本先鋒報》寫道，「蘭迪在進行十英里跑步訓練。」[27]據說從今年五月起，蘭迪只錯過兩節訓練。鮮少人知道訓練內容，只有親近蘭迪而且知情的人才能相信他的訓練多嚴苛。

從七月二十一日到九月三十日，蘭迪每天平均快跑十圈六百碼，速度大約是每四分之一英里六十六秒，兩圈快跑之間慢跑六百碼。[28]十月和十一月由於要讀書準備期末考，他決定每隔一天才訓練，訓練量比平常多一倍，休息日以每英里五到六分鐘的速度慢跑半小時，如此一來就有比較多的時間讀書。在十月辛苦的日子，他會快跑二十圈六百碼，兩圈快跑之間慢跑一圈，一晚總共約跑十四英里。十一月，他在中央公園的碎石步道內側量出一圈四分之一英里的草地跑道，每隔一天以每圈六十二秒的速度跑二十圈四百四十碼，進一步提升耐力。他每晚都會稍微增加訓練強度，如果他的身體是橡皮筋，那麼他已經把它拉長到快斷了，有時連他也會不禁驚奇自己竟然能承受這樣的訓練。

這段訓練期間，他收到幾封謝魯狄的信，建議應該如何訓練。[29]蘭迪連回信都不肯，更別說聽從前教練的建言。去年謝魯狄情緒失控、惡言潑語的風波，澈底斷絕了兩人的關係，但是謝魯狄仍不罷休，蘭迪訓練時，他會出現在中央公園，跟在蘭迪後頭跑，咆哮說蘭迪是「冒牌貨」，沒有「殺手本色」，成不了任何氣候。蘭迪對謝魯狄的奚落一笑置之，加速跑開。謝魯狄遭遇困難，婚姻觸礁，刻苦強身學員一個個離他而去，許多人是因為受不了他在奧運的行為和對蘭迪的態度。但是謝魯狄仍期盼以前的刻苦強身學員蘭迪突破一英里紀錄，新賽季一開始，謝魯狄就在日記中寫道，如果蘭迪成功，他的教練方法就會一炮而紅。

對蘭迪有期待的不只謝魯狄，十一月二十一日第一場比賽之前，頭條新聞就大聲疾呼，「蘭迪回來跑每場重要的一英里賽囉」，以及「頂尖一英里跑者重返奧運公園」。[30]在蘭迪心裡，這場比賽只是賽季初期的熱身賽，有人說他志在跑出「神奇的一英里」，害他得頻頻否認。儘管如此，他跑出四分九秒二的成績，比去年第一場比賽快了超過七秒，因此大家認為他很有機會突破四分一英里障礙。對於這些期望，蘭迪說道：「我唯一確定的是，這個賽季我承受痛苦的能力增加了。」[31]幾天後他接到《墨爾本百眼巨人報》的摩西來電，告知他獲選為一九五三年漢斯獎（Helms Trophy）得主；漢斯獎是頒發給六大洲每個洲的最佳運動員，不包括南極洲。這一年歐洲的皮里和北美洲的惠特菲爾德也有獲獎，對於這項殊榮，蘭迪說道：「哇！真的嗎？這可真是好消息。」[32]接著迅即逃去訓練。持續受到關注，不管是不是讚揚，都開始令他感到厭煩。

期末考結束後，在奧運公園比完另外兩場熱身賽後，蘭迪準備在這個賽季第一次速度全開。他自述處於「巔峰狀態」，剛好就在一年前，他第一次以石破天驚的一英里成績驚動全球。[33]班尼斯特從《體育世界》的頭條標題「蘭迪的『攻擊發起日』」，得知他打算挑戰四分障礙的消息，桑提則是從《田徑新聞雜誌》的報導得知：「蘭迪是現在最有機會的人，因為他不靠別人定速，自己配速，這方面蘭迪勝過美國、英國與歐洲的一英里跑者一籌。」

十二月十二日，在奧運公園的比賽跟去年天差地別，澳洲總理出席，那一整個星期，報紙都在為這場賽事敲鑼打鼓。《墨爾本時代報》（*Melbourne Age*）刊載一幅漫畫，畫著蘭迪奔向終點，背著一個臉蛋是時鐘的人，那個人大喊：「四分一英里！跑快點呀！」排山倒海的壓力極其明顯，蘭迪知道如果太緊張會跑不好。[34]不過他刻苦訓練就是為了這一天，他清楚自己有速度，但是絕對不能用逼的。

下午三點，蘭迪跟其餘三名選手並排。他先環顧觀眾，再低頭看跑道。認識他的人都看得出來他明顯緊張不安。雖然狀況理想的賽道不多，但是內側賽道為了這場比賽經過特別維護，他仍然很有機會破紀錄。

一開賽蘭迪就跑到領先位置，不到兩百碼，就可以清楚看出他志在破紀錄。[35]馬克斯（John Marks）拼了命鞭策他跑前半英里，全力緊緊跟在他身旁；外號「流星一英里跑者」的蘭迪，以五十八秒二跑完第一圈，以六十秒四跑完第二圈。此時馬克斯退出比賽，無法繼續跑。接著第三圈培里一直奮力跟在蘭迪後頭，全力用競爭壓力逼迫他。不過這樣做根本沒用，蘭迪簡直就像獨自個在跑，在他心裡確實是如此，他的競速對手只有時鐘。

培里在四分之三英里標示踉蹌離開跑道，鈴聲在三分零秒二響起。蘭迪聽到報時後，認為自己起碼能打破海格的世界紀錄四分一秒四。他的嚴苛訓練將在最後一圈開花結果，觀眾全都站起身，掌聲雷動。蘭迪受到激勵。

有些人私下幫他計時，測量最後一圈前兩百二十碼的分段時間，不少人自己帶秒表到場觀看比賽。他以二十九秒二跑完，也就是說，最後兩百二十碼他只需要跑少於三十秒六，就能打破四分一英里障礙；要不然，少於三十二秒也能打破世界紀錄。

他持續跑得出色，在整個非終點直道到進入最後彎道都維持速度，然而，進入終點直道時，卻突然感覺終點線彷彿在數英里外。一陣猛然刮起的強風似乎使他瞬間慢下來，雙腿雖然繼續跑，但是風吹亂了步伐節奏，步伐變得不穩。到距離終點帶不到五碼處，他明顯變慢。[36]通過終點後，他靠到一名維多利亞州業餘體育協會人員身上，以免摔倒。時間四分兩秒，加強了訓練，結果卻只比他去年的最佳一英里時間快零點一秒。最後兩百二十碼跑慢了，花了三十二秒六。

蘭迪跟總理握手，微笑讓攝影師拍幾張照後，便回到更衣室，感覺身體不適。不過他旋即出來跟記者說話，話語中清楚透露沮喪之情。

不是運動員的人是沒辦法想像持續訓練數年有多痛苦。[37]或許我能繼續再練十年，但是我覺得不值得那樣做。坦白說，我認為四分一英里超過我的能力所及，兩秒聽起來或許不多，不過對我而言，那就像嘗試衝破磚牆。

或許有人能達成世人熱切渴望達成的四分一英里目標，但是我認為我辦不到。

無疑這番話的其中一個用意是要減少他身上的壓力，其實蘭迪私下認為自己仍可以在接下來的比賽中減少時間。[38]兩個星期前他才考完考試，只要再繼續準備比賽，他確定能跑得更快。

翌日蘭迪前往淘樂魯（Tallarook）的叢林區，在墨爾本東北六十英里，想暫時忘卻跑步。[39]他和幾個熱衷收集蝴蝶的人想找藍紋蝶（Jalmenus ictinus），藍紋蝶超過半世紀沒有在維多利亞州被捕獲過，根據博物館紀錄，淘樂魯有藍紋蝶的蹤跡。蘭迪喜歡這些旅行，手拿著網子，仔細觀察蝴蝶翅膀上的獨特圖案和顏色，這樣獨自尋找蝴蝶有趣極了，跑步使他日漸淡忘尋蝶的樂趣。

記者問及他的嗜好時，他總是惜字寡言，於是記者通常把他描寫成在樹林裡狂奔揮舞網子，其實捕捉蝴蝶的過程既緩慢又謹慎。捕蝶是他熱愛的嗜好，不能跟跑步相提並論，他不喜歡對外透露。關於蘭迪的興趣，培里只知道有一次蘭迪進入他的房間，發現一隻蝴蝶固定在玻璃罐裡，那隻蝴蝶是培里二戰期間在紐幾內亞服役時抓到的，覺得漂亮就帶回來。結果蘭迪一眼就認出蝴蝶的生物分類，讓培里大吃一驚。[40]

在淘樂魯旅遊時，蘭迪難得發現一隻藍紋蝶，深褐色翅膀的中間有一片金屬藍斑紋。「抓到那隻藍紋蝶，」他後來說道，「跟用四分兩秒跑完一英里同樣開心。」[41]

堪薩斯大學的整個奧瑞德丘，地面覆著一層雪，樹上也懸著厚厚的雪。[42] 校園寂靜，寒假結束了，但是大部分學生還沒返校，穿梭校園的步道覆蓋著雪，只有一些腳印把雪踏亂。通往紀念體育館的步道有白色雪花飄落，漸漸覆蓋桑提和伊思頓教練鋪設的跑道。體育場傳出一聲低沉的霧角聲。

在體育場水泥觀眾看臺的下層，在一條只有幾呎寬的廊道上，燈光昏暗，桑提沿著終點直道衝刺。他在十二圈一英里的泥土跑道上全速奔跑，轉進彎道。寒氣凝結成水，造成廊道寒冷潮濕。伊思頓在直道中央測量每圈的時間。桑提跑過伊思頓面前，轉入彎道消失，朝對面的非終點直道奔去，伊思頓準備吹霧角。對面有幾扇門打開到廊道上，門裡住著學生，如果假日有人留宿，桑提就有撞上門的危險，因為他跑太快了，沒辦法及時反應。

號角聲響徹整個空間，在低矮的水泥天花板下迴盪。桑提不受影響繼續跑，每跨一步都感覺步伐強健。再一圈就跑完四分之三英里測試了。他在終點線通過伊思頓，那裡的廊道有四線道寬。桑提感覺時間很快；他判斷自己的四分之一英里速度通常跟秒表的誤差不會超過一秒。他跑進彎道消失時，號角再度響起，壓過腳踏泥地的跑步聲。幾秒後他重新現身，朝終點線衝刺，步伐強勁，非常強勁。

衝過終點後，他放慢速度，回身轉向遞出秒表的伊思頓。桑提臉漲紅，放在廊道附近的電熱器烘乾了皮膚上的汗水。

「哇！你瞧！你準備好囉！你準備好囉！」[43]伊思頓說道，「連在這個老鼠洞你都能跑兩分五十八秒，在真正的跑道就輕而易舉囉。」

桑提知道教練說得沒錯。此時是一九五四年一月上旬，兩個星期後，他將在洛杉磯紀念體育場舉辦的職業盃（Pro Bowl）的中場休息時間，挑戰四分一英里障礙。他熱血澎湃，準備就緒；而幫桑提籌辦比賽的法蘭肯則期待有精彩的競賽。

伊思頓已經再次逐漸加強桑提的訓練，目標是要桑提習慣以四分四秒到四分六秒跑完一英里，好讓他能不費力就習慣跑出這樣的時間。去年伊思頓通常讓桑提以四分八秒到四分十秒跑完一英里，他向記者解釋道：「經常以四分四秒到四分六秒跑完一英里，能讓桑提參加重要戶外比賽時處於正確的心態。優秀的一英里跑者必須能在必要時認為自己能跑出比平常的時間少兩、三秒。」[44]如果取得理想要素，例如強勁的對手和狀況良好的跑道，桑提就有機會刷新一英里紀錄。

過去幾個月，不僅跟隊伍一起訓練，每週每天桑提還額外跑許多圈四分之一英里，有時一天以每圈五十二秒跑五圈四分之一英里。他在每四分之一英里之間採用的休息方式使這些訓練變得格外艱苦，不過桑提知道什麼才是真正的艱苦工作。「訓練根本只是小菜一碟。」[45]他後來談到訓練跟年少時幹的苦工相比時說道，「這樣的成長背景是我跟當時全球其餘運動員的差異。」

桑提不是快跑一圈四分之一英里，接著慢跑一圈，他是快跑四分之一英里後，慢跑一百一十碼彎道，衝刺一百一十碼非終點直道，接著繼續快跑四分之一英里。[46]「每圈四分之一英里之間，」桑提說道，「其實並沒有休息。」[47]四分之一英里訓練結束後，他接著做短距衝刺，從操場的一側邊線衝到另一側邊線，使雀鷹隊美式足球隊的任何訓練都相形見絀。有時他會在一次訓練中跑八到十圈四分之一英里，前兩圈每圈跑六十秒，接著增加速度，接下來兩圈每圈跑五十八秒，第五圈跑五十五秒。如果沒辦法把時間降到五十五秒這個最後的時間，他會縮短跑步距離，通常縮到兩百二十碼，並且增加速度。「這能讓我不斷增加訓練強度，」他說道，「否則我『這輩子』只會越跑越慢。」[48]整個秋天到入冬，天氣不斷惡化，他經常獨自在體育場裡的臨時跑道進行這些訓練；這跟桑提的越野訓練天差地別，無論天氣如何，他照樣進行越野訓練。最近他有紅棕色毛髮的德國牧羊犬班長（Sarge）陪伴，跟班長成了朋友。班長會在跑道等他，跟著他走出校園，沿路如影隨形跟著他，於是他跟班長從此便成為朋友。

這一切訓練成效顯著。十一月，在七大錦標賽和國家大學體育協會越野錦標賽，桑提帶領雀鷹隊獲勝奪冠。一九五三年最後一天，在紐奧良的糖盃（Sugar Bowl），他在一英里賽衝出四分四秒二，這個成績著實驚人，一是因為跑道被雨淋濕，二是因為他以令人驚嘆的五十五秒跑完最後一圈。賽後一名美聯社記者在報導中提出下列問題：「桑提……蘭迪……班尼斯特……到底誰會率先達成眾所盼望的艱難目標，突破大家津津樂道的四分一英里障礙呢？」[49]

報導寫道，唯一追得上桑提的人是丹娜，兩人最近宣布訂婚。報紙紛紛刊登兩人一起穿著相配牛仔襯衫的照片，標題寫著「終於追上桑提的女孩」。[50]她陪桑提南下紐奧良，使得住宿安排變得不自在，桑提得跟伊思頓同房睡覺，丹娜則跟伊思頓的老婆愛妲同房。[51]不過桑提很開心丹娜親臨現場觀看他比賽，因為最能激勵他表現的莫過於丹娜了。

現在，測速跑取得好成績後，桑提準備好參加職業盃的比賽了。然而，就在他即將前往洛杉磯之際，費利斯用兩個嚴重的壞消息打擊他。第一，業餘體育聯合會判定他沒資格參加一九五四年國家大學體育協會徑賽錦標賽，因為伊思頓在桑提大一時，在國家大學體育協會錦標賽誤把他列入「大學代表隊」隊員。[52]這根本是雞蛋裡挑骨頭，因為桑提有權利以堪薩斯大學「K社」（K-Club）社員的身分參賽。伊思頓過去兩年半一直在駁斥這個判決，那其實只是在表單上勾錯方格，但是費利斯不為所動，至少現在不肯更改判決。第二，費利斯決定繼續調查桑提在歐洲的旅程，根據報導，桑提可能會因此失去業餘運動員身分。調查已經害桑提失去頒給年度最佳業餘運動員的蘇利文獎（Sullivan Award）。費利斯沒有提出證據證明桑提行為不當，只是向記者解釋道：「桑提涉嫌不當行為……這個獎項的頒發依據是運動家精神、品格與才能。」[53]情況看似越來越糟，體育報紙不斷報導此事，報導篇幅跟他想挑戰一英里障礙的報導一樣多。

桑提和業餘體育聯合會的衝突一觸即發，桑提對業餘體育聯合會掌控權力的威脅日漸加強，因為他能讓他參加的比賽門票銷售一空，尤其他熱愛大眾矚目，而且離一英里障礙只有咫尺之近，所以他擁有權力。在德國的衝突嚇到業餘體育聯合會了，擔心桑提會失控。《週六晚報》刊登鮑伯．赫特（Bob Hurt）寫的桑提簡傳，標題為「我絕對會突破四分一英里障礙」。文章中引述桑提說：「我想再跑十年左右，但是要能賺錢我才跑，我才不要白白浪費十年。」[54]赫特還寫說桑提希望靠徑賽比賽賺足夠的「報酬」，好買塊農地。布蘭戴吉肯定讀了報導，氣瘋了，在他的眼皮子底下，不容許業餘運動員誇這種口。當期晚報開賣後，費利斯去找桑提，桑提否認說過那些話。儘管如此，業餘體育聯合會似乎鐵了心要扳倒桑提，起碼要挫挫他的傲氣。

桑提抵達洛杉磯後，跟法蘭肯見面，對業餘體育聯合會的調查惴惴不安。不過有幾名美國頂尖一英里跑者要跟他同場競賽，包括卡波佐利和麥米倫，他很有機會破紀錄，不管業餘體育聯合會是否會調查。法蘭肯樂觀以對。「我們安排妥當了，希望你能在這兒破紀錄。」[55]

一月十七日職業盃當天清晨，桑提離開國賓大飯店（Ambassador Hotel），去晨間散步，一踏上草坪，腳掌就陷入六吋深的水裡。雨下整晚。幾個鐘頭後法蘭肯前來帶他去體育場。法蘭肯搖搖頭，顯然煩惱極了。「真抱歉，桑提，五年來第一次下這麼大的雨，跑道淹水了。」[56]

他們驅車到紀念體育場，天空終於出現太陽，無奈為時已晚，跑道淹水，比賽取消。桑提痛苦萬分，他現在處於完美狀態。蘭迪也處於賽季巔峰，班尼斯特也確信自己一開賽就能跑得出色。桑提的戶外賽季幾個月後才會開始，而且如果業餘體育聯合會得逞，他極可能無法參加任何頂尖賽事。[57]半場休息時間，他跟卡波佐利和麥米倫繞足球場跑幾圈，對著人潮擁擠的觀眾看臺揮手。要是業餘體育聯合會也熱衷於他想達成的目標就好了，或者要是這次幸運之神能稍微眷顧就好了。

第十二章

那人歡欣喜悅，詩人們歌頌他手腳敏捷、力大無窮，獲得勝利。

——品達（Pindar）

一九五四年一月二十一日星期四下午四點，墨爾本時值夏季，晴朗無風，觀眾紛紛前往奧運公園，一開始三三兩兩，接著變數十人，接著變數百人。穿西裝、戴帽子的男士提早下班要前往觀賽，擠滿有軌電車和街道。女士穿著泡泡紗洋裝陪丈夫一起去，學童陪父母一起去。酒吧打烊，請所有主顧下次再光臨；商家老闆關門歇業要準時趕到賽場，整座城市的居民都想到體育場觀賞晚上傍晚這場特別的比賽，主角是一英里跑者蘭迪，這場比賽有可能成為名垂青史的比賽。

「蘭迪突破一英里障礙的完美夜晚。」《墨爾本太陽報》（*Melbourne Sun*）的頭條標題寫道。「全力挑戰四分一英里障礙。」《墨爾本時代報》寫道。市裡的每份報紙，不論是頭版或尾版，都有一些關於蘭迪的報導。記者詢問氣象局後，表示這一季的氣候「有神明保佑」，不會再威脅到蘭迪。受人敬重的奧運公園場地管理員郭士里（Dick Crossley）親自檢查過跑道，表示跑道狀況完美。至於蘭迪的狀況呢，蘭迪自己覺得很好。六個星期前，以四分兩秒跑完一英里後，他參加過兩場一英里賽，在那兩場都沒有挑戰破紀錄。當然，大家認為他是在為特別安排的比賽保存體力。

大學考試結束了，他現在利用白天在中央公園訓練，在碎石步道內側的四百四十碼草地步道進行大量速度訓練。週末時，半英里跑者麥克雷會跟他一起進行四分之一英里跑步訓練；麥克雷現在在墨爾本外的一所學校任教。兩人在攝氏三十二度的高溫中訓練一個半小時，很少對談。蘭迪會測量自己的時間，麥克雷覺得蘭迪就算獨自訓練也會很開心。偶爾參加職業短跑比賽的跑者，像是參加吉福特跑步大賽的選手，會到公園看蘭迪跑步，他們的反應通常是「你為什麼要這樣訓練？」[1]

和「你會把自己操死。」他們離開後，蘭迪和麥克雷經常開玩笑談論職業選手果然比較進步，還有職業選手認為跑步姿勢的瑣碎細節，像是攤平手掌降低風阻，比訓練來得重要。然而，除了這些時刻之外，蘭迪都認真嚴肅、堅定不懈地訓練。晚上這場比賽將是他的審判日。

賽前三天，蘭迪亟需休息，停止訓練，於是到南吉地，跟蹤他還沒收集到的蝴蝶，穿梭於矮樹叢中。比賽前一晚，他睡了十二小時。[2]比賽當天，他整天都在位於東馬門區的家裡讀尼赫魯的《發現印度》（*Discovery of India*），放鬆心情。只有偶爾被打斷，記者打來幾通電話，郵差送一疊電報到門口，都是來祝他好運的。

談及挑戰突破一英里紀錄時，他這樣告訴記者：「我一點也不擔心，那只是一場大賭注，可能會賭贏，也可能會賭輸……挑戰四分一英里障礙不只是打敗對手，而是嘗試達成史上從來沒有人達成過的成就。」[3]一篇又一篇報導開始讚揚蘭迪的睿智、工作道德、魅力、謙遜。一名記者說，在他認識的世界級表演者中，蘭迪是「最謙虛的」；他也認為蘭迪能言善道，「笑容稚氣，勤奮好學，善於分析」。

到六點，售票人員把特製的賽程表發完了。[4]警察傳送緊急增援訊息回總部，請求增援，應付出乎意料的交通混亂，超過一千輛車，前保險桿對著後保險桿，塞在巴特曼大道上，有些已經超過一小時沒移動了。越來越多人潮湧入體育場，門票賣得不夠快，售票處後頭排了數百碼的人龍。

蘭迪跟麥克雷以及四分之一英里跑者翁斯比（Ian Ormsby），在接近最混亂的時刻抵達體育場。[5]麥克雷開六號歌手紅色敞篷車到家載蘭迪，因為交通擁塞，他們只好把車停在近的小山上。蘭迪驚訝竟然有那麼多人到場觀賽，大概有一萬人，甚至兩萬。現場氣氛比較像橄欖球賽，而不是徑賽，徑賽通常頂多吸引三、四百名觀眾。三名選手拼命擠過人群，但是看似沒辦法擠到前面，他們擔心會錯過比賽。

「咱們要怎麼進去呀？」麥克雷問道。群眾越來越喧鬧，急著想進去。

三人發現奧運公園周圍有八呎高的鐵絲圍欄，討論片刻後便決定爬過去。他們把運動提袋扔過圍欄，接著爬上木樁，小心翼翼攀越頂部，以免被尖銳的鐵絲鉤住。

一名極受敬重的南雅拉區醫生跟兒子在起跑線後面等待比賽開始，看見三人翻過圍欄後喊叫道：「瞧那幾個混蛋！爬圍牆過來沒付錢吶！他們想不買票就進來看比賽吶！」

「爸。」他的兒子說，「那是蘭迪啦。」

蘭迪換好衣服開始熱身時，觀眾已然暴增，撞倒圍欄，衝進體育場。有些人爬到正面看臺的鐵皮頂蓋上，有些人從附近的小山穿越矮樹叢和長草叢，找到視線清楚的觀賞位置。到比賽時間時，一堵人牆圍住徑賽場，許多人站在外側跑道上。過程中還有一隻雞跑進場內，一群人混亂地追著雞，最後終於有人逮到晚餐。體育場亂烘烘的。

晚上七點三十分開賽前幾分鐘，蘭迪開始走向跑道。[6] 觀眾瘋狂歡呼，新聞攝影機拍攝著，選手們短暫被照相機的閃光燈閃得什麼都看不見。一名賽馬播報員受邀擔任這場比賽的廣播播報員。蘭迪比以前更加強烈感覺有義務打破紀錄，否則可能會使所有人失望。他感到巨大的壓力，在起跑線跟對手握手後，便到內側算來第三賽道蹲好，等待槍聲響起。培里和華倫在他身旁，希望今天是好友蘭迪的大日子。不過他們幫不了什麼大忙。有那麼一刻，觀眾安靜下來，兩千雙眼睛盯著蘭迪，渴望看見他突破障礙，為澳洲爭取榮耀。

一如平常，蘭迪還沒進入第一個彎道就跑到領先位置，從沒回頭看，沒人跟得上他。[7]他拒絕在賽前安排定速，告訴其餘選手，如果他懷疑他們沒有全力求勝，他會中途退賽。既然要打破一英里紀錄，他就要憑自己的實力打破。蘭迪第一圈跑五十九秒，第二圈跑六十一秒三，不過因為觀眾喧譁，他聽不到報時。他清楚知道自己的速度，就像經驗豐富的高爾夫球選手從揮桿力道就知道能把球擊多遠。[8]不過蘭迪沒辦法猜得分秒不差，他知道有許多條件會影響速度，像是放鬆程度、風、氣溫、跑道狀況、競爭壓力、觀眾的加油。他不可能準確知道一圈到底跑五十九秒五或六十秒，就像觀眾也沒辦法光看他跑步來判斷時間。蘭迪唯一能做的就是盡全力跑，希望速度夠快。如果其餘要素齊備，他或許就能打破紀錄。

第四圈的鈴聲響起時，計時員看秒表顯示三分兩秒一。蘭迪遙遙領先，觀眾全都站起來，催促他加速，加油聲震耳欲聾。蘭迪回應觀眾的要求，準備全力加速。然而，距離終點兩百碼時，蘭迪感覺好像「總能源開關」被關掉似的，雙腿的能量漸漸耗竭。[9]他憑藉意志力繼續跑，對抗疲憊，繼續衝向終點線，拼命抗拒想放慢速度的渴望。這著實難熬。從一開始他就獨自個跑，沒理會時間，沒有競爭壓力。

剩下距離不長了，終點帶近在眼前。他全力衝向終點，希望能破紀錄。他衝斷終點帶時，觀眾高拋賽程表、手帕、帽子，接著起立鼓掌。蘭迪等待時間出爐，不確定自己是否打破紀錄，或者再次跑出四分兩秒。他轉動頭部，像在放鬆脖子的筋骨。最後擴音器宣布官方時間為四分兩秒四。

他心裡大失所望，但不願表露出來，向前慢跑，對持續鼓掌的觀眾揮手。

「我本來以為我能破紀錄。」他對《墨爾本太陽報》的傑克・鄧恩（Jack Dunn）說道。

後來，從疲憊中恢復後，他向記者解釋說，由於觀眾高聲歡呼，他聽不到每圈的報時，不過這不是真正的問題：「我深信，我需要別人鞭策才能打破紀錄，我需要別人在後面推我。」這才是影響最大的條件。

他跟麥克雷和歐斯畢回到東馬門區，母親幫他辦了派對。[10]縱然他沒有打破一英里紀錄，家人朋友都不覺得惋惜，畢竟他還是贏了比賽。麥克雷曉得蘭迪對於沒能再次刷新個人紀錄感到沮喪，不過兩人只是一起喝喝啤酒，沒有談論此事。蘭迪總是不願敞開心扉跟別人談論自己的失望。那晚蘭迪懷疑是不是得到外國才能跑得更快，因為外國的跑道和比賽都比較好。

翌日報紙頭版說他的表現「雖敗猶榮！」[11]芬蘭一英里跑者約翰森由於準備下個月跟蘭迪比賽，有到場觀賽。他有不同見解：「蘭迪很棒啊！是我見過最優秀的一英里跑者。如果在一流煤渣跑道跟強勁對手跑，他用三分五十五秒就能跑完一英里。」[12]約翰森保證要幫他實現夢想，找機會讓蘭迪在澳洲賽季結束後到斯堪的那維亞半島。

二月十日，伊思頓教練和桑提最後一次嘗試阻止業餘體育聯合會懲罰桑提。桑提的業餘運動員身分岌岌可危，他們沒什麼求助管道可以推翻業餘體育聯合會從紐約辦事處寄發的判決，於是去函田徑委員會主席奧茲（Lloyd Olds）。[13]德國報導說，桑提拿椅子砸拒絕給他愛克發照相機的那名外國工作人員，桑提跟教練強烈否認有此事；同時澄清《週六晚報》的赫特錯誤引述桑提說想靠跑步賺錢。在給奧茲的信中，桑提附上以前寫給費利斯解釋這些事的兩封信。兩封信都無法阻止業餘體育聯合會的費利斯繼續調查。伊思頓用打字機各打一封信，駁斥每項指控，寄給奧茲；接著手寫一封信，親自懇求費利斯，在最後一頁寫道：「桑提這孩子是勞工，不是要找輕鬆的工作。還有，他得工作才能讀大學，因為他爸不支持他接受高等教育，不肯幫他。」

一星期後，赫特寫信給費利斯，說自己在文章中是推斷桑提的意思，並非直接引述他的話。[14]此外，費利斯不僅沒有證據證明桑提在德國違反業餘運動員的規定，也缺乏確鑿的證據證明桑提除了對那位外國工作人員咆哮捶桌之外，還做了其他事。但是，業餘體育聯合會仍發布命令，禁止桑提參加國際比賽一年，他們對大眾提出的唯一解釋是，桑提去年夏天在歐洲違反訓練規定。桑提對業餘體育聯合會的判決憤恨不平，於是向記者聲明：

那個禁令不痛不癢，完全不痛不癢，教練和我很清楚那是什麼意思，那只是裝裝樣子，迎合上級……他們強制我禁賽的原因，和他們提出的理由，才是我們這麼生氣的原因。違反訓練規定？瞎扯！要違反訓練規定就像不搭飛機要飛過大西洋一樣不可能。

他們其實是不爽我罵那個外國工作人員，既然想整死我，幹嘛不勇敢一點直接整死我……只敢把我冠上「違反訓練規定」的罪名。我氣的是這點，不是禁賽。我認為這樣的處理方法實在太卑鄙。[15]

不久後，桑提告訴記者，他不需要任何對手來刺激他突破一英里紀錄，如果跑道好、天氣好，只要他感覺雙腿狀況完美，在哪裡都能辦到。[16]不過後來他私下坦承道：「雖然我能自我驅策……到某種程度，但是對手能增加拼勁……感覺就像被人拉著跑。我喜歡跑在別人後面……根據別人的速度來調整自己的速度，追趕別人。追上然後超越別人的感覺很棒。」[17]但是現在被禁賽了，他將難以找到優秀的對手。

一九五四年二月二十六日星期五，班尼斯特結束最後一趟巡視醫院病房，完成當天的工作，包括查看圖表、查看血液檢驗、詢問病患病情。他在連接醫學院與醫院的地下道，把半身白袍掛到衣物櫃裡，拿著運動提袋離開聖瑪麗醫院，前往斯隆廣場，要到約克公爵皇家軍校跟查特威和布萊希爾會面。[18]天氣沒有比過去兩週好，冷冽的西風預示今晚可能會再下豪雨，偶爾下冰雹，出現厚厚的霜，使水管爆裂。

整個冬天，不論天氣如何，自從班尼斯特與史坦福初次見面後，三人每星期都一起訓練。三人一開始在操練館做柔軟操，和一大群運動員一起訓練，包括鉛球選手、鐵餅選手、標槍選手。史坦福會叫他們做一系列項目，包括伏地挺身、伸展運動和阻力運動[19]，一方面增加上半身的力量，一方面培養對大團體的歸屬感，有時他甚至會叫他們互相摔角。[20]二十分鐘後，他們短暫休息後便到跑道上。

訓練其餘選手的同時，史坦福會密切監督三名跑者一起進行間歇訓練，不時吆喝：「再一次！」「再使勁點！」還有「再快點！痛苦才會進步！」[21]他們的訓練課表跟班尼斯特獨自訓練的內容只有些許差異，只是管制比較嚴謹。一九五三年十二月，他們開始以每圈六十六秒跑十圈四分之一英里，每圈之間以兩分半到三分慢跑一圈恢復體力，目標是要在幾個月期間漸漸增加每圈的速度。他們各自攜帶秒表，確保跑步速度正確。他們經常在霧中、雨中、寒冷中跑步，三個月後，降到平均每圈六十三秒。雖然在一個星期中他們天天訓練，或進行同樣的間歇訓練，或反覆跑半英里，或進行法特雷克跑法訓練，但是班尼斯特說星期五在約克公爵皇家軍校的訓練是「一週的焦點」。[22]在那裡，他們會評估至今的進步，加強一起訓練的感覺，感受史坦福的熱情。

這位奧地利教練知道班尼斯特不喜歡聽從教練指示，因此想辦法慢慢取得班尼斯特的信賴。[23]史坦福不會強迫他接受某種訓練方法，只會提供建議和指導，總是盡量別逼得太嚴厲。從一開始史坦福就知道，如果想突破四分一英里障礙，班尼斯特需要三項要素：第一，要有定速員帶他跑前三圈；第二，增強腿部力量；第三，澈底相信自己。[24]過去三個月，史坦福煞費心思幫班尼斯特想通透這三個目標，一方面是因為他熱愛幫助滿懷熱情的運動員，他總說：「他們肯定熱愛運動。」[25]另一方面是因為如果班尼斯特在他的指導下突破障礙，就算他的指導意圖昭然若揭，還是會有更多運動員前來請他指導。

定速是明顯要素，但問題是如何安排最妥當。史坦福看過班尼斯特在奧運的比賽，在英國看過他的無數場比賽。[26]班尼斯特跟許多一英里跑者一樣，尤其是英國一英里跑者，比賽過程中大多待在主集團中，最後再展開奔馳如電的衝刺跑到終點。史坦福知道班尼斯特很難獨自快速跑完前三圈，需要兩名定速員，馬刺柏公園的那場比賽就證明了這點：一名帶班尼斯特跑完半英里，第二名帶到四分之三英里標示。定速員不僅得能平穩維持每圈六十秒，還得跑完比賽，唯有這樣才符合業餘徑賽規定。

從一開始，班尼斯特就清楚表明，下次挑戰紀錄絕對不能被質疑比賽作假。也不能突然臨時安排定速員，因為班尼斯特必須能信賴定速員，確定他們能不負所託。查特威和布萊希爾一九五三年十一月就參加訓練，他們之所以貢獻力量並不完全沒有私心：第一，史坦福的課程對布萊希爾的障礙跑比賽和查特威的三英里賽都是很好的訓練；第二，兩人想要參加可能成為歷史壯舉的比賽。史坦福確定這個團隊團結一心，而且查特威和布萊希爾準備就緒。

班尼斯特和史坦福相見時，班尼斯特的身體狀況已經非常接近能夠達成目標，史坦福只需要稍微推他一把。過去數個月，循序漸進增加跑四百四十碼的每圈速度，班尼斯特的身體更能適應壓力了。這樣的訓練計劃符合班尼斯特有條不紊的跑步方法。在他的層級，很難看出進步。跟查特威和布萊希爾一起跑，比較不會覺得乏味，史坦福每週都鼓勵他堅持不懈。然而，最後還是得由班尼斯特自己決定。誠如這位教練所寫：「訓練主要是在考驗信念，運動員必須相信訓練的功效，運動員必須相信透過訓練會變得更強健……必須相信透過訓練，表現會進步，只要依逐漸提高的嚴格標準持續訓練，就會不斷進步。」[27]史坦福只是幫忙訂定這些標準而已。

不過對於班尼斯特嘗試創造歷史，史坦福最大的貢獻是深深激勵了班尼斯特。雖然班尼斯特瞭解科學，駁斥無法突破一英里障礙的想法，但是要相信自己能做到卻完全是兩回事。「心理障礙是很難克服的。」[28]史坦福說道。根據擔任教練和熬過萬難的經驗，這位奧地利人堅信沒有克服不了的障礙。他對這個想法的堅定信念容易感染別人。他熱愛運動以及運動在整個生活中象徵的意義：克服困難的能力。史坦福讓他們的苦練，變成英勇的奮鬥。[29]確實，他讓跑步又變得有趣。[30]

在約克公爵皇家軍校的跑道訓練完後，史坦福會跟三人一起到斯隆廣場附近吃晚餐，到餐館避寒，喝一瓶葡萄酒，放鬆。[31]史坦福主導談話，通常先討論他們的訓練以及進步情況，也會談論蘭迪和桑提以及兩人離四分一英里障礙有多近。不過隨著晚餐進行，談話主題會變成政治、藝術、哲學，無所不談。這位奧地利教練閱讀廣泛，能從每個角度討論，營造熱鬧的用餐氣氛，三名跑者結束令人精疲力竭的訓練後，都期待能這樣開心吃晚餐。

二月最後一週的晚餐期間，除了談論泰特美術館（Tate Gallery）的法國印象派新畫展，以及邱吉爾對德國分裂後赤化的立場，他們比平常聊更多挑戰四分一英里的事。一週又一週，他們緊張等待美國與澳洲傳來最新消息[32]，麥沃特雙胞胎依舊是他們的主要消息來源。[33]羅斯和羅禮士開車到帕丁頓體育場，會見正在訓練的班尼斯特，帶了秒表幫他測每圈的時間，接著到附近的餐館吃午餐，聊蘭迪和桑提的最新進展，最後開車載忙碌的醫生朋友班尼斯特回聖瑪麗醫院。三天前，這對雙胞胎才帶來消息，說蘭迪再次以低於四分三秒跑完一英里，這是他生涯中的第五次。澳洲一英里跑者蘭迪一再功敗垂成，似乎遭遇瓶頸。不過記者證實，約翰森要帶他到跑起來比較快的芬蘭跑道比賽，什麼事都可能會發生。至於桑提，他的威脅很明顯，他最近才在室內八圈一英里的跑道以四分兩秒八跑完一英里，緊接著短短四十一分鐘後，又以一分五十一秒八跑完半英里。「這是美國徑賽史上最偉大的雙項成績，」最新一期的《田徑新聞雜誌》讚嘆道，「顯然率先突破四分一英里障礙的榮耀將屬於美國。」[34]一旦室外賽季開始，桑提可能會跑出更好的時間。誠如麥沃特雙胞胎提醒班尼斯特的，一英里障礙變得「搖搖欲墜」[35]，全球報社紛紛開始撰寫一英里障礙倒塌的「訃告」。[36]

他們最早的挑戰機會是五月初的業餘體育協會與牛津大學對抗賽，班尼斯特瞭解，就像攀登聖母峰，他要達成目標，不僅需要能力與苦練，也需要運氣、團隊合作和一些激勵。他第一次這麼清楚領悟這一點。艾德蒙．希拉里完成攀登聖母峰回到英國幾個月後，班尼斯特邀他進行跑步機測試，發現這位登山高手並沒有像他以為的，擁有超越凡人的體能。測試完後，他走到希拉里面前搖搖頭驚奇道：「我實在不知道你到底怎麼辦到的。」[37]

過去十六個月，一英里障礙承受史上最猛烈的攻擊，班尼斯特知道自己必須善用擁有的一切有利條件攻擊這道「磚牆」，才有機會加以擊破。這兩秒似乎無比漫長，不過至少現在他是團隊的一員，當他感覺訓練變得乏味或信心動搖時，團隊會鼓勵他，這是最重要的差異。

在堪薩斯大學，大部分的週末早晨都在靜謐中度過：學生睡到日上三竿，街道上沒有車子，商家沒有開門營業。[38]不過，每年春天堪薩斯大學都會接待從全國各地來參加堪薩斯州接力賽的選手，這是舉辦派對的好理由。

四月十七日星期六早上，大家全力準備。從黎明起，兄弟會和姊妹會的成員紛紛把大遊行的花車製作完成，敲槌子的聲音，鋸鋸子的聲音，拉細鐵絲網的聲音，刷漆的聲音，蓋過收音機播放的葛蘭・米勒（Glenn Miller）和強尼・雷（Johnny Ray）的音樂。許多高中學生從沒離開過家鄉，穿著有學校英文字母的校隊運動服，在校園裡到處逛，嚮往著大學生活。奧瑞德丘附近的街道塞車，好幾百人開始在人行道排隊等待觀賞這場重要比賽。在紀念體育館裡，音質差的擴音器宣布十項全能裡的鐵餅比賽開始，只有少數零星觀眾在看臺上觀賞早上的田賽賽事，跟即將到場觀看下午三點五分開始的康寧漢一英里賽的數千觀眾相比，實在微不足道。豔陽高照，看起來堪薩斯州接力賽將在「早春的蓬勃生氣」中舉行。

桑提沒有讓煩囂喧鬧的活動擾亂他的賽前老規矩，早餐吃燕麥粥、喝熱茶加蜂蜜，幾個鐘頭後，走路到體育場熱身。這個週末其實很重要，甚至可能是他這輩子最重要的週末，但是他用冷靜的外表來掩飾。他打算在星期六打破四分一英里障礙，接著在星期日娶丹娜。

三個月前，他在職業盃大失所望，當天他只有繞著體育場跑幾圈，宣洩緊張情緒[39]；而保羅・布朗（Paul Brown）領軍的東區美式足球明星隊以二十比九打敗巴迪・帕克（Buddy Parker）的西區明星隊。從那天起，他每週都在跑道疾速狂奔，保持體能，每次都用驚人的表現煽動四分障礙的熱潮。他的隊伍又一年輕鬆拿走七大室內錦標賽冠軍，桑提是大功臣。在德州奧斯丁的賽季第一場室外賽，桑提抵達時，穿著品藍色西裝和橘色靴子，打著紅銅色領帶。[40]他那天跑出來的成績同樣令人讚嘆，在短跑混合賽的最後一棒，以一分四十八秒三跑完半英里，為隊伍贏得世界紀錄，並且在長距離混合賽以及兩英里接力賽和四英里接力賽中率領雀鷹隊。桑提獲得記者熱烈報導，每天把全國各地支持者寄來的最新剪報整理貼到剪貼簿上幾乎快變成苦差事了。

有一群記者會到場觀看他的每一場比賽，有些是當地報社的，但是也有許多是國內重要出版機構的，像是《時代雜誌》、《新聞週刊》、《週六晚報》、《紐約時報》、《紐約先驅論壇報》。桑提喜歡他們的標題：「超音速跑者桑提」、「魅力無窮的桑提可能會跑出魔術數字喔」、「一英里王參加接力賽」、「徑賽明星桑提」。報導寫得更精彩：「有一天晚上桑提會像風一樣在那座跑道上風馳電掣，不僅能突破四分一英里障礙，還會將障礙下修三、四秒。」[41]

儘管預言充斥，桑提仍沒有好機會挑戰突破一英里紀錄，因為他背負著團隊的責任。不過，在堪薩斯州接力賽，伊思頓把那些責任全擺一旁，給桑提機會跑出優異的一英里成績。在整個大四期間，伊思頓幾乎都把他當助理教練對待，訓練結束後，兩人會坐在體育場看臺討論年紀較小的隊員們跑得如何，或他們下一次會賽要對上誰，或哪個雀鷹隊跑者應該參加哪場賽事。兩人一塊決定，雀鷹隊實力夠強，可以冒險讓桑提只參加單人一英里賽，不用像平常一樣參加四場團體賽。

他們必須立刻挑戰四分一英里障礙，因為蘭迪即將前往芬蘭，而且報導說班尼斯特正在準備，五月初要在有安排定速人員的比賽挑戰障礙。再說，桑提也快沒時間了，因為他的海軍陸戰隊軍官訓練七月就要開始。他本來大二時就得去參加十二週的新兵訓練，但是當時他去參加奧運。大三結束後，業餘體育聯合會安排再暫緩一年，因為要他到歐洲參賽。不過現在似乎無法再延了。雪上加霜的是，業餘體育聯合會禁止他參加國際比賽。被禁止參加國際比賽，加上陸戰隊要求他報到服役，康普頓邀請賽成了他最有機會打破四分一英里障礙的比賽。除了康普頓邀請賽之外，他擁有主場優勢的堪薩斯州接力賽則是機會第二高的比賽。

星期六下午兩點，遊行結束了，花車（有花車以「伊思頓—桑提快車」和「透過努力獲得喜悅」為布置主題）怠速停在紀念體育館外頭。[42]體育館裡頭擠了超過一萬六千人，又熱又悶，攤販一下子就把汽水賣光了，接著冰和飲料也依序賣光。觀眾用傘遮擋陽光，用堪薩斯州接力賽賽程表搧涼。賽程表的封面有一幅「堪薩斯州飛人桑提」的圖，他是吸引觀眾的明星，許多人提早排隊進入體育場，找最好的座位觀賞比賽。

依照準備慣例，桑提賽前一小時先在體育場外頭慢跑，再到內場跑幾趟短距衝刺。他回到更衣室更換服裝後，訓練員幫他按摩。伊思頓在外頭觀看桑提通常會參加的兩英里接力賽，兩人昨晚已經把必須對彼此說的話都說了。

「咱們來挑戰破紀錄吧。」[43]短暫訓練後，伊思頓在跑道上說道，「有什麼問題嗎？」

「沒有。」桑提答道。就這樣，兩人把話都說完了。計劃與夢想如何用低於四分鐘跑完一英里將近兩年後，現在已經沒有新領域需要征服了。

開賽前的十五分鐘，桑提拿一塊十六平方吋的棉花沾關摩牌（Kramer）止痛熱力按摩膏，貼在脊椎底部，據信這樣能刺激神經，激發腿部力量。[44]接著他把毛巾蓋在頭上，離開更衣室，在毛巾底下，他的臉上露出冷靜堅毅的表情。外頭，一團烏雲懸在空中，接著突然降下大雨。在雷電交加的暴風雨中，片刻前用來遮陽的傘，現在先後改用來遮擋大量落下的雨和冰雹。陣陣強風掃過運動場，沒得遮蔽的人趕緊跑到遮蔽處。這場暴風雨來得突然，去得也突然，烏雲消散，太陽重新出現。除了多幾支倒置的傘，一切都跟原本一樣；唯有跑道不一樣。跑道上到處積水，還有冰雹把小片草皮打到煤渣裡。

桑提目瞪口呆。跑道毀了，他想跑出優異一英里成績的希望似乎也毀了。很難不去想世界是刻意跟他作對，沒有一件事順他的意。伊思頓立刻採取行動，雙手深深插在口袋裡，這明確表示他是認真的。他傳喚一群選手集合，下令務必要把跑道清理到能舉行單人一英里賽。他井井有條地組織一群大一選手用鏟子把水鏟掉，接著派一名學員開電動壓路機碾壓跑道兩次，壓平跑道。伊思頓還安排一台類似丙烷燃料噴火器的機具，進一步把跑道烘乾。

桑提慢跑到跑道旁，設法保暖。[45]教練和隊友正極盡一切所能，要讓他挑戰破紀錄。堪薩斯州接力賽史上最多的觀眾則靜靜等待著，全都屏息希望跑道能整理好，讓桑提能挑戰紀錄。這位堪薩斯州少年一英里跑者環顧四周，看著伊思頓一會兒指向這一區、一會兒指向那一區，焦急指揮桑提的隊友去清理跑道上各個需要清理的區域。桑提這才感受到自己獲得多大的支持。當然，他曾經為了他們犧牲突破一英里紀錄的訓練，但是他現在才發現自己在過程中贏得什麼樣的友誼。那些朋友直到開賽前幾秒仍在整理跑道表面。

桑提走向起跑線時，跑道仍相當難走，但是至少伊思頓的努力讓他有機會嘗試跑出好成績。桑提打算好好把握這個機會。比賽對手有奧克拉荷馬州農工學院的柏集路（Bjorr Bogerud），大一生，在德州接力賽獲得第三名；德雷克的馬康洛（Ray McConnell），去年在德雷克接力賽的單人一英里賽贏得冠軍；奧克拉荷馬州的德拉孟德（Bruce Drummond），研究生，前來衛冕康寧漢一英里賽冠軍頭銜。[46]桑提知道這幾個人沒有一個能挑戰他，加上觀眾已經站起來呼喊他的名字，他感覺鬥志高昂。他只需要確實依照他和伊思頓仔細計算出來的配速跑就行了，第一圈五十九秒，第二圈六十秒，第三圈六十一秒，第四圈全力衝刺，他的強力衝刺將能讓他及時到達終點。

[47]桑提的待嫁新娘在看臺上看著。開賽前她已經預祝桑提好運，現在只能希望一切順利。她知道這天對桑提有多重要，這些重要比賽讓她很煎熬。「我實在不知道該怎麼說。」[48]她解釋道，「我努力想要不受影響，但是根本沒用，因為我沒辦法不受到影響，每次都擔心得要死。」

就在槍響前一刻，桑提吸了一口氣憋住。[49]槍聲一響起，他便拔腿狂奔。柏集路一開始稍微快些，但是第一個彎道結束時，桑提就領先了。柏集路試圖追趕，但力有未逮，這點他有自知之明。第二圈開始時，桑提只比預訂的速度慢半秒。伊思頓大聲報時，儘管看臺傳來鼎沸的吵雜聲，桑提仍能聽見報時。不管多吵，他總是能聽見教練的聲音，耳朵總是注意聽伊思頓的聲音。

不過桑提仍舊不安。跑道上有多處濕濕軟軟，造成他跑步時摩擦力不足。此外，還有強勁的側風吹襲。儘管如此，他仍繼續奮力奔跑，把領先其餘人的距離拉大到十五碼。觀眾不斷為他加油。在第二圈，他跑得比預訂的速度慢一秒半，這半英里共跑兩分一秒。在這樣的條件能跑出這樣的時間算很好了，比他想像的還好。他開始穩定步伐，為了保持手臂放鬆，把兩手的食指放在拇指上，確保不會握拳。他跑過看臺時，觀眾扯嗓大喊：「加油！桑提！加油！」觀眾也知道他很有機會破紀錄。進入第三圈後，桑提一心想要突破一英里紀錄，渴望今天在丹娜和家鄉觀眾面前辦到。

鈴聲響起時，桑提領先柏集路一百碼，三名對手看似在跑完全不同的比賽。第三圈他跑慢了，比他想要的慢很多：六十三秒。風和摩擦力可能比前兩圈時對他影響更大，很難斷言到底是什麼因素造成速度變慢，但絕對不是缺乏破紀錄的渴望。不過，他仍能破紀錄，他以前曾經在一英里賽中以五十五秒跑完最後一圈；倘若能再次以五十五秒跑完最後一圈，他就能以三分五十九秒跑完一英里，打破四分一英里障礙。

伊思頓在跑道旁喊道：「加油！加油！加油！」觀眾也幫他加油。「觀眾想要看我突破障礙。」桑提心想。人人都想要他率先突破障礙。最後一圈總是最艱難的，他加快速度，剩下兩百二十碼，滿懷鬥志不斷衝刺，強忍痛苦和疲累，全心全力奔跑。

「加油！桑提！加油！」觀眾扯嗓大喊。

訓練成效使他能完成這段最後衝刺，他加強擺臂動作，看起來簡直就像把空氣當成拳擊沙袋在打，雙腿跟著雙臂的節奏，劇烈吐氣。到最後一百碼，他完全依靠觀眾的激動與熱情在衝刺，計時員在終點線等待，內場有一大群選手往前擠到跑道邊，想看得更清楚，許多人屏息凝視。

桑提跨出最後一步時，全力跨出右腿，衝破終點帶，嘴巴張得老大。在這樣的條件下，最後一圈算是跑得很快，可惜不夠快：五十八點六秒。計時板閃現時間：四分三秒一。他再度功敗垂成。短暫的豪雨使他失去突破障礙的信心，比賽對手則無法激發他需要的腎上腺素。

看到時間後，觀眾先是洩氣片刻，隨即鼓掌喝彩，接著反覆高喊：「桑提！桑提！桑提！」[50]失望的桑提從康寧漢手中接下獎杯，康寧漢主動表示願意幫忙拿著獎杯，直到桑提完成長距離接力賽。但是桑提禮貌婉拒，把獎杯交給一名警察，警察走到丹娜面前轉交獎杯。倘若天氣好一點，桑提確定自己一定能送她突破四分一英里障礙這項大禮。

翌日復活節下午兩點，桑提和丹娜在勞倫斯低調舉辦婚禮結婚，伊思頓夫婦代替桑提沒受邀的父母。婚禮後，大家在一位朋友的公寓裡舉辦小型派對，慶祝兩人結婚，派對結束後丹娜的父母和這對新婚夫妻便開車回堪薩斯城。桑提只度不到二十四小時的蜜月，星期一下午就回到跑道進行訓練。有人打賭他不會出現，結果不相信他全心全力想率先突破障礙的人賭輸了。無論如何，伊思頓都不會允許桑提缺席訓練，《堪薩斯城星報》（*Kansas City Star*）向讀者報導：「桑提不會讓結婚這種小事干擾突破障礙的計劃……桑提仍志在突破四分一英里障礙。」[51]

第十三章

我才不在乎一個人是否四肢發達、筋肉強健、身材高壯，我在乎的是精神。

——莎士比亞《亨利四世：第二部》

從秒表就能看出一切，到一九五四年四月中旬，班尼斯特感覺心力交瘁。[1] 經歷跑步生涯最艱辛的四個月訓練，加上參加醫學委員會考試前在聖瑪麗醫院的最後幾天極度勞累，他現在亟需休息。查特威和布萊希爾也是。三人都萬分疲憊，感覺不論訓練再怎麼嚴苛，都不再獲得成效。

自從一九五三年十二月起，他們在特訓中把每圈時間從六十六秒降到六十一秒；特訓就是跑十圈四百四十碼，每圈之間慢跑一圈兩分鐘休息。但是過去幾週，他們一直無法降到六十秒這個魔術指標，唯有降到六十秒，他們才有信心突破一英里障礙。每次嘗試都失敗，每次失敗就讓他們覺得自己已經達到體能極限。或許六十一秒真的是他們能跑出來的最佳極限。他們一再嘗試，但是時間始終無法再進步，誠如布萊希爾所言，他們「遭遇瓶頸」。

班尼斯特始終擔心訓練過度會變得倦怠，導致訓練越多，成績反而只會越糟，最終被倦怠感擊垮。[2]他的英雄洛夫洛克就是這樣形容倦怠的症狀，肇因未明，有人認為完全是身體造成的：肌肉澈底疲乏，過度緊繃，無法再承受任何激烈運動。也有人認為完全是心理造成的：心理厭倦強迫身體日復一日辛苦訓練，無法將內心的渴望轉化為加速的動力。不論原因為何，倦怠確實會產生影響，導致運動員食欲不振，身心澈底委靡，彷彿神智清醒，但是身心卻處於睡眠狀態。

史坦福不相信過度訓練會造成倦怠，曾經這樣寫道：「研究其他領域的個案後，並沒有發現支持這種論述的結果。小孩學寫字，鋼琴家一天練習六個鐘頭，砌磚工人砌磚，這些人的行為成效並不會因為一直反覆做相同的動作而降低。」[3]他認為，倦怠是缺乏競爭和失去目標造成的。[4]

不論原因為何，這三個運動員如果繼續在間歇訓練中每圈跑六十一秒，可能會陷入倦怠狀態。牛津與業餘體育協會對抗賽即將到來，班尼斯特知道，對跑步感到厭倦絕對無法突破四分一英里障礙。史坦福建議三人暫停訓練幾天去放鬆，布萊希爾提議去攀岩。[5]「我請朋友開車載我們去。」他說得胸有成竹。大部分教練想到選手要去從事這種活動肯定會心驚膽跳，但是史坦福卻反而認為這個提議好。查特威婉拒邀約，選擇在倫敦舒舒服服地休息。不久後，班尼斯特便搭上參加過利曼大賽

（Le Mans）的阿斯頓馬丁，蹲坐在座位後頭的行李艙，疾速開往蘇格蘭高地。布萊希爾和友人莫約翰博士輪流開車，班尼斯特說莫約翰博士是「冒險家」。彎著雙腿頂著胸口，班尼斯特聽著引擎的嗡嗡聲，他們連更徹夜開了十小時後，抵達淚谷鎮（Glencoe），這座蘇格蘭小鎮位於山丘上。

班尼斯特以前曾經數次為了重返跑步而逃離跑步，覺得需要呼吸不同的空氣，重振精神。[6]一九五〇年整個夏天和初秋，他輸掉一連串比賽，對旅行和比賽極度厭煩，漸漸覺得輸也無所謂。有一次在巴黎比賽完後，他突然決定離開巴黎去徒步旅行，在當地商店買了一雙靴子，草草寫一封短信給朋友們，就逕自搭最早的火車到鄉下。他搭便車遊遍法國南部，接著進入瑞士和義大利，熱愛自由和完全不知道每個駕駛要去哪裡的那種感覺。有時候他就在野外過夜，有時候在穀倉過夜，經常像一九五四年四月十六日星期五那天一樣，在漆黑的公路上，趁停車加油前小睡片刻，整個旅程就像打一劑腎上腺素，刺激極了。

星期六早晨黎明時分，阿斯頓馬丁通過淚谷隘口（Pass of Glencoe），地平線開始緩緩發出亮光，一開始光線柔弱，黑夜慢慢消失，一去不復返，色彩蔓延整片天空。[7]太陽升起，籠罩大地的濃霧退散，班尼斯特知道環繞四周的高山終於現身了。他捲下車窗，感受涼爽的空氣吹拂臉龐，心情煥然一新。

他們立刻展開冒險。[8]布萊希爾和莫約翰有攀岩經驗，每次開始攀爬某處前，都會告訴班尼斯特：「我們先爬上去。」班尼斯特聽到後並不會感到多寬心，因為他知道自己也得跟著爬上去。他們用繩子把彼此綁在一起，攀岩需要有相當好的技術，偶爾布萊希爾會用繩子幫忙班尼斯特往上爬，但是班尼斯特身手矯健，大部分的山壁都能自己爬。攀岩是會讓人心情緊張、肌肉麻木的活動，需要猛力拉扯，班尼斯特的身體實在不習慣這樣施力。有幾次他們攀爬有山溪水從上傾瀉而下的路徑，水沖濕他們的衣服，從褲子流下，經常害他們冷得刺骨。他們爬了三天，只在一間當地旅館吃魚餅和睡幾個小時，順便把靴子和羊毛衣弄乾。他們沒什麼時間聊一英里紀錄或任何事，幾乎都在談隔天的路徑。

星期一早上，布萊希爾帶頭攀爬名叫耶利哥牆（Jericho Wall）的陡峭山壁時，失足滑了一下，沒能抓穩，摔了下去，摔落二十五呎後，尼龍確保繩救了他的命，止住他的大部分摔落速度後才斷掉。趁還沒用光運氣，他們決定停止冒險，知道如果再繼續冒險，至少也會扭傷腳踝。十個鐘頭後，他們回到倫敦，不確定這個耗費體力的漫長週末有沒有造成身體受傷勞累，不過至少讓他們暫時把跑步拋諸腦後。

再休息三天沒訓練，四月二十二日，三名跑者到約克公爵皇家軍校見史坦福。[9]是時候再次嘗試把十圈四百四十碼間歇訓練的每圈時間減到六十秒了，他們全都知道達成這個目標就證明他們準備好了。熱身後，他們以五十六秒三跑完第一圈四百四十碼，速度非常快。他們在沒有畫標示的煤渣跑道以兩分鐘慢跑一圈後，開始跑下一圈四百四十碼，就這樣一圈一圈跑。班尼斯特用跟跑第一圈一模一樣的時間跑完第十圈，整個訓練的平均每圈時間為五十八點九。他們把之前像銅牆鐵壁的六十一秒減少了兩秒，經過數個月的訓練，這一刻著實令他們欣喜若狂，感覺幾乎就像突破了四分一英里障礙。這支隊伍終於準備好了。

稍後，他們聚在斯隆廣場的里洋茶館（Lyons Teashop），許多女性聚集在這間簡樸的茶館喝濃茶，聊八卦，他們四個男人在裡頭格外顯眼。他們在樓上低聲談論即將到來的比賽，史坦福在一小張紙上畫一個橢圓，說明計劃。

「你，阿旭，」——他看向布萊希爾——「帶前兩圈，第一圈五十七或五十八秒，第二圈六十秒，別快，也別慢，記住。行嗎？」[10]

「行，保證行。」布萊希爾信心滿滿地答道。在史坦福的調教下，他的速度大大提升了。他在心裡總覺得教練認為他是定速計劃中最弱的一環。[11] 布萊希爾極度敬重史坦福，因此覺得必須證明教練錯看他，而他現在做到了。

「而你，阿威，」——史坦福轉向查特威——「必須接手帶完第三圈，時間同樣六十秒。」

查特威點點頭。

「之後就靠你自己囉，羅傑。」史坦福說道，「最後一圈你得自己跑。」

四人都贊同，五月六日星期四挑戰障礙。班尼斯特只剩不到三週微調速度，挑戰這個重要的日子。麥沃特兄弟告訴他，蘭迪五月就要到斯堪的那維亞半島比賽，桑提六月初將參加康普頓邀請賽，這個消息令他心煩不安，也就是說，在逸飛路跑道的這場比賽可能是他最後的機會。

在墨爾本外的機場柏油跑道上，蘭迪爬上四引擎澳洲航空星座號的登機梯。[12] 他將先搭星座號到雪梨，接著依序轉機到新加坡和赫爾辛基。這一天是四月二十八日，他期待離開澳洲。他連睡覺時也會夢到以四分兩秒跑完一英里，但是似乎無法更上一層樓。斯堪的那維亞半島有全球最好的跑道，到那裡也可以擺脫期望造成的壓力，他熱切期盼這趟旅行能大豐收。抵達登機梯頂端後，他轉身讓一群攝影師拍照，同時往下跟開車載他到機場的父親揮手。這麼多個月來的訓練與比賽期間，父母始終堅定支持他，他臨別前，母親最後只對他說：「玩得開心點。」

大家對他仍有很高的期許，希望這趟到斯堪的那維亞半島，他能突破四分一英里障礙。為他送行可是大事，幾天前的某個晚上，大家為了幫他餞別，在丹麥俱樂部（Danish Club）舉辦晚宴。東道主是前任高等法院首席法官，蘭迪獲贈一只金錶，嘉勉他的體育成就，或許也獲得了祝福。彎身進入飛機前，蘭迪再次微笑，讓攝影師拍照，接著便消失在飛機裡。機艙門在身後關起來，他回到座位上，展開一系列漫長的飛行。澳洲同胞期盼蘭迪在這次旅行中打破障礙，但是他卻只希望自己能打破海格的紀錄。

一月下旬在奧運公園的那場夜間比賽，結果固然令人失望，但是從那場比賽起的成績，使蘭迪被譽為全球最優秀的一英里跑者，讚揚他的人是原本心存懷疑的《紐約時報》專欄作家戴禮。[13]二月十一日在雪梨，儘管左腳踝韌帶拉傷，加上刮著每小時十五英里的強風，跑道濕軟，他仍以四分五秒六打敗約翰森。兩週後在墨爾本，他在昏暗天色和濛濛細雨中跑出四分兩秒六的成績。[14]三月五日，他以四分五秒九跑完一英里。就在上週，桑提參加堪薩斯州接力賽的隔天，蘭迪極其勇敢地在草地跑道上挑戰一英里紀錄[15]，儘管在第一圈就有一根皮革足球鞋釘卡在右腳鞋子上，跑步姿勢受到影響，因為鞋釘使他難以踏好每一步，但是他仍在本迪戈運動場（Bendigo Showgrounds）跑出四分兩秒六的成績。

整個一九五四年上半年，澳洲和國際的新聞界不斷報導蘭迪，預報他的每場比賽都是歷史性的挑戰，「蘭迪可能達成難以達成的目標」和「蘭迪今晚應該會成功」是經常出現的兩個這類標題。蘭迪必須背負這些期望的十字架，他知道四分一英里障礙已經變得比體育更重要，突破障礙日漸變成在世界競技場上為澳洲爭取榮耀。每場比賽前的幾天，他都會讀報紙，看看大家對他有什麼期許。「我有任務必須完成。」[16]他說道。其實他寧可在只有幾名計時員和工作人員、完全沒有觀眾的體育場挑戰破紀錄。

每當他在加油的觀眾面前挑戰障礙失敗，從來沒有人怪罪他，澳洲新聞界反而會找五花八門的理由：豪雨、酷熱、強風、跑道鬆軟、對手太弱，偶爾會包含上述所有理由。[17]

蘭迪鮮少談論為什麼會在特定某一場比賽中失敗。他認為，如果他能跑出低於四分，那他應該早就辦到了。然而，隨著時間過去，他漸漸被指責是「辯解大師」，因為祖國的新聞界不斷替他辯解，引發外國猛烈抨擊。《紐約郵報》（*New York Post*）問道：「澳洲吹的風跟這兒吹的風不一樣嗎？」[18]合眾國際社（United Press International）幫腔道：「這位澳洲少年是優秀的跑者，可惜的是，他對秒表顯示的成績放馬後砲時，速度始終更快些。各位絕對可以相信蘭迪的話，他會失敗，不是因為沒實力突破四分一英里障礙，而是因為天氣太熱或太冷、腳痛、觀眾加油太大聲害他聽不見每圈報時。」[19]

到芬蘭參加巡迴賽，就是要逃離這種愚蠢的批評，不過蘭迪最想要的只是加快個人最快時間，[20]一想到繼續跑出相同的時間就心煩，如果得長途旅行到兩個洲參加比賽才能跑出更快的時間，那就去吧。他至少應該能打破海格的世界紀錄。他打算在斯堪的那維亞半島待兩個半月參加比賽，享受跑起來速度快的跑道和爽朗的天氣；接著前往溫哥華參加大英帝國運動會。他心意已決，接著就要結束跑步生涯。他希望約翰森說的對，如果自己在澳洲能持續跑出四分兩秒，在芬蘭應該能輕鬆跑出減少兩秒的時間，打破紀錄。這很可能是他最後的機會。[21]

接近一天後，在雪梨轉乘的飛機抵達新加坡，蘭迪去進行訓練，不想在一連串長途飛行期間減損任何體能。在酷熱中，他跑了一個半小時，在過程中減掉幾磅體重。此時，在墨爾本，報紙爭相刊登蘭迪在機場的照片，報導「這位維多利亞州少年雖然身材纖瘦，卻是全世界最有可能征服體育界聖母峰的人」。[22]蘭迪終於遠離是非之地，不用再承受這種無止境的轟炸，可以專心訓練，跑出好成績。幾天後，他將抵達有機會澈底發揮實力的地方，從一開始立志打破一英里世界紀錄的那一刻起，他就只想著這件事。

五月一日星期六，在妻子陪同下，桑提搭乘單引擎飛機脫離雷雨暴風圈，降落到堪薩斯州塵地鎮的一條細窄跑道上。飛機滑行時，當地高中樂隊便開始為「桑提日」激情演奏進行曲。塵地鎮最有名的子弟返鄉囉。

上個週末，桑提在狄蒙市參加德雷克接力賽，三年前他就是在那裡首次成為世界級跑者。這場比賽一如平常，桑提參加四場賽事，帶領雀鷹隊輕鬆獲勝。在四乘一英里接力賽中，桑提擔任最後一棒，態度幾近懶散。[23]隊友戴卓在跑第三棒時，桑提去找在看臺上的老婆短暫聊天，仍穿著長袖外衣；戴卓開始跑第四圈時，他又跑去跟伊思頓講話。看臺上有些人擔心桑提到底有沒有要跑，而他卻看起來滿不在乎。最後，戴卓接近終點時，桑提才慢跑回去起跑位置，脫掉長袖外衣，剛好及時接過接力棒。他以四分二十四秒懶散跑完一英里，速度緩慢，勉強獲勝。

翌日，桑提在長距離混合賽就跑得比較賣力，隊友們出色地跑完四分之一英里、半英里、四分之三英里後，他以四分七秒四跑完一英里收尾，總共九分五十秒四，刷新世界紀錄，比舊紀錄少了六秒。五十五分鐘後，桑提在兩英里接力賽中，以一分五十一秒六跑完最後一棒，再次幫助雀鷹隊奪下冠軍。報導德雷克接力賽的記者主要聚焦在伊思頓罰五名違反宵禁規定的選手坐冷板凳，伊思頓解釋為何這樣裁決：「在我們的制度中，團隊優先，任何人——任何人喔——都是可有可無的。如果隊員不把團隊和團隊目標放在自己之上，我們會馬上命令他脫去堪薩斯大學的隊服。」[24]他簡直就是在說桑提，其實許多人比較喜歡看桑提參加單人一英里賽，打破四分障礙。

然而，儘管他上週末沒有獲得了不起的體育獎項，塵地鎮的故鄉支持者仍熱情向他表達無比的敬意。[25]當地報紙爭相給予祝福，畜牧州營銀行（Stockgrowers State Bank）用廣告歡迎他回家，同時推銷自家服務：「用支票付款，跟咱們的優秀一英里跑者一樣快速又輕鬆！」熱度一六〇公路咖啡廳（Heat 160 Highway Café）、科羅斯比石油公司（Crosby Oil Company）、海席伯爵服飾店（Earl Haelsig Clothier）還有許多其他公司行號，也買廣告恭賀桑提的成就。鎮長把鎖鎮鑰匙送給他，遊行隊伍帶領他沿著主街遊行，大家為他舉辦一場晚宴。大家開玩笑說，他的到來帶來將近一吋的雨量，這是兩年來「最大的豪雨」，因此塵地鎮打算每個週末都慶祝一天「桑提日」。

桑提的舊教練莫雷有出席，講述自己第一眼看見桑提就認為這孩子很會跑步！一年級導師則談起有一天火警警報器意外響起：全部學生剛離開教室時，她發現桑提已經在街上，攀爬一座風車的梯子。雖然沒人提起，但是禮堂裡的每個人都曉得，桑提在父親的管控下吃了什麼樣的苦。儘管備嘗艱苦，但桑提卻仍能獲得如此偉大的成就，這正是今晚無比甜美的原因。桑提的父母和兄弟姐妹都在場，但都保持沉默。桑提實在難以忍受跟父親共處幾小時，丹娜比多數人瞭解大衛怎麼折磨兒子，因此也沒有多陪大衛。

那晚結束時，桑提感謝幫他度過童年的人，尤其是伊思頓教練。他也承諾很快就會打破四分障礙。在小學禮堂裡的五百人，剛剛看完二十五分鐘他的比賽精華新聞影片，一場又一場比賽證明他在跑道上風馳電掣，無人能比。他們肯定認為這個承諾會兌現的。

五月六日前的兩週，班尼斯特全心全力鍛鍊速度，他必須提升體能，這樣才能在四分鐘內輸出平常長間歇訓練所輸出的等量體能。[26] 四月二十四日，在馬刺柏公園，他跟查特威一起進行四分之三英里時間測試，跟將近兩年前赫爾辛基奧運前的那場測試一樣，現場只有寥寥幾人觀看，包括英國一英里跑者南克維和業餘體育協會國家教練戴森。

從一開始班尼斯特就領先。整場測試他都覺得自己調整得好極了，跑步狀況達到完美，感覺步伐強健、精力充沛。他這麼描述：「我不再需要用意志力強迫四肢跑快一點。」[27]他身高六呎一吋，體格精瘦，每條肌肉與纖維都完美協調，使他能毫不費力跨出每一步。[28]他不需要去想如何擺臂蹬腿最能節省能量，對他而言，在馬刺柏公園以七呎步幅沿著跑道疾馳，就像走過房間一樣自然。他判斷速度也極度準確。「所有肌肉彷彿一台運轉起來完美協調的機器的一部分。」班尼斯特通過四分之三英里標示時，恰好三分鐘整，查特威跟在身旁，班尼斯特心情愉悅。他們跑得速度平穩，而且班尼斯特仍感覺精力充沛。這個時間雖然跟他在一九五二年七月的兩分五十二秒九相差甚遠，但是他知道自己現在雙腿仍充滿能量，足以用相同的速度跑完一英里。

觀看完測試後，南克維驚訝班尼斯特竟然跑得那麼好；戴森也驚嘆班尼斯特和他的同伴竟然跑得如此輕鬆。[29]觀看完測試後，戴森旋即離開跑道，前往白城體育場出席倫敦體育社（London Athletic Club）的一場比賽。他在那裡巧遇業餘體育協會的職員喬治．史密斯（George Smith），興奮地喋喋說道：「一英里世界紀錄即將被突破。我剛從馬刺柏公園過來，班尼斯特和查特威一起以三分鐘整跑完四分之三英里，抵達終點時，兩人都還精力充沛。相信我，兄弟，不久的將來，有大事會發生。」[30]

班尼斯特八成會對這番話充耳不聞，但有一件事可以確定：在多年體育生涯，他第一次跑得如此精力充沛、心情愉悅。[31]四月二十八日，他在午餐時間到帕丁頓體育場進行另一次測試，這次要獨自跑。羅禮士帶著秒表在那裡跟他碰頭。這次是關鍵測試，倘若能以稍微低於三分鐘跑完，班尼斯特就有自信能以三分五十九秒九跑完一英里，反之，如果超過三分鐘，哪怕只是超過一秒，那麼一英里時間可能會是四分一秒。訓練成效已經把他帶到如此接近終極目標了。

一開始強風令班尼斯特猶豫，他想在最佳條件下進行這次測試，因為倘若無法在三分鐘內跑完前三圈，他的信心可能會動搖。最後他還是決定放手一搏。班尼斯特通過終點線，羅禮士按停秒表，時間顯示兩分五十九秒九。班尼斯特一度緊張不已，口乾舌燥。這個時間表示五月六日他很有機會突破障礙，羅禮士也這樣認為。翌日出版社老闆羅禮士在詹姆斯大道（Great James Street）十五號的閣樓辦公室集合《體育世界》的職員，預測班尼斯特的一英里時間。他的辦公室門寫著三個時間：四分一秒八、四分一秒二、三分五十九秒五。最後一個時間是羅禮士預測的，他知道好友班尼斯特的狀況能突破四分一英里障礙，不過只是剛過門檻。蘭迪預定五月三日抵達赫爾辛基，桑提正準備參加康普頓邀請賽，在跑起來速度快的跑道跟來自全球的選手競速，因此，班尼斯特必須現在突破四分一英里障礙，否則就永遠沒機會了。誠如羅禮士將在五月份田徑雜誌所寫的：「真正重要的不是突破障礙，而是**率先**突破障礙。」[32]他持續跟好友班尼斯特清楚解釋這一點。

四月三十日，班尼斯特跑半英里，最後一次鍛鍊速度，接著便收起跑步釘鞋，直到業餘體育協會與牛津對抗賽。[33]他和史坦福都贊同，他現在只能鼓起鬥志。不幸的是，比賽日步步逼近，兩年來全心努力達到巔峰，班尼斯特過度焦慮，卻反而無能為力。他心潮澎湃，卻無法用跑步流汗來宣洩。

接下來五天，他天天擔心自己會生病，或者五月六日肯定會有颶風侵襲牛津。他每晚想像自己在起跑線等待槍聲響起；光這樣想像，他就渾身發抖，得過一會兒才能放鬆入睡。就在重要日子來臨前的二十四小時，他在擦得亮晶晶、像冰一樣的醫院地板上失足跌倒，跛行巡視病房，值完剩下的班。他也幾乎沒辦法在漫長的夜晚安穩睡覺，充分休息。總而言之，他的情況有點糟糕。

至於布萊希爾和查特威，在比賽前的幾天，兩人忙於工作，不過仍會打電話跟班尼斯特聊好幾個鐘頭。[34]班尼斯特確信挑戰不會成功，兩人讓他宣洩憂慮，試圖幫他消除疑慮。有一天晚上查特威告訴他：「你辦得到的。你都跑過四分兩秒和四分三秒了，這次你又訓練得比以前好，根本沒理由辦不到啊。」[35]

當然，兩人也有自己的煩惱。上星期，史坦福找兩人到里洋茶館喝茶，討論要改變定速計劃。本來計劃布萊希爾帶領前兩圈，史坦福現在認為布萊希爾最好嘗試帶兩圈半，接著查特威帶到三圈半的標示，這樣班尼斯特就只要獨自跑最後半圈，而不用像原計劃那樣獨自跑一整圈四百四十碼。新計劃固然好，但是兩人懷疑自己的狀況夠不夠好，能不能維持速度多跑半圈。然而，布萊希爾解釋道：「史坦福總是有辦法把這樣的疑慮從選手心中消除。」教練澈底激勵兩人，使兩人都認為自己不僅能多撐半圈，甚至還能在最後彎道衝刺，超越班尼斯特，自己打破紀錄。

業餘體育協會與牛津對抗賽的前一晚，史坦福在國王路上的單床公寓裡，跟選手們一樣緊張。[36]他確信班尼斯特辦得到，但是如同他告訴妻子小佩的：「明天是大日子，我想我們能辦到，不過萬事還是得靠運氣幫忙。」他的小公寓裡運動雜誌丟得亂七八糟，雜誌裡詳細報導全球優秀一英里跑者們的最新成績。史坦福相信很快就會有人突破四分一英里障礙，因此班尼斯特必須立刻突破障礙。史坦福確信，如果班尼斯特沒有突破障礙，英國體育界肯定會怪罪他這個教練。

羅禮士正在北倫敦，練習在牛津與業餘體育協會對抗賽擔任大會播報員。他忙了一整天，用電話確認班尼斯特挑戰障礙的事一切準備就緒，包括精彩的媒體報導，為此，他五月五日在《星報》寫了一篇報導，標題是「目標突破四分一英里」。[37]但是打電話給英國國家廣播公司的狄摩克（Peter Dimmock）後，羅禮士才知道英國國家廣播公司根本不打算出席。[38]

「那場比賽不是很重要，而且根本不是國際比賽。」狄摩克說道，「騰不出攝影機或人員。」

「好吧，我只是提醒你，錯過那場比賽是非常不智的。」羅禮士說得白直。

「你這話是什麼意思？」

「沒什麼意思。只是如果天氣有利，班尼斯特渴望達成蘭迪和桑提想優先達成的目標，這很容易理解吧？」

「哦，瞭解。」狄摩克答道。他答應派人到場報導比賽後便掛斷電話。

羅禮士比較擔心的是播報工作，而不是可能要參加四乘一百一十碼短跑接力。那天晚上洗澡時，他決定如果班尼斯特成功打破四分障礙時，自己該怎麼播報。他想要語調慎重，但是用字充滿懸疑，像這樣開始：「各位女士先生，第九場比賽，一英里賽，結果出爐囉……」

第十四章

那一刻，我覺得我有機會把一件事做得非常好。

——班尼斯特

五月六日星期四，班尼斯特在位於伯爵府區的公寓醒來。他看向外頭，期盼好天氣的希望頓時落空，風吹得樹頂猛烈搖晃，暗灰色的雲看似會下雨。可能必須改變挑戰障礙的時間，他強忍擔憂，準備到醫院值早班。吃完早餐後，他到外頭，強風吹得他的襯衫像船帆一樣不停拍動，在這種強風中挑戰一英里紀錄絕對會失敗的。在像這樣的日子，他絕對會失敗，倘若他們真的挑戰，而他真的失敗了，他會浪費掉鬥志，下一次要重振鬥志將加倍困難。若要把挑戰延到下一次機會，五月十七日在白城體育場，他就必須再忍受超過一星期的焦慮和緊張。這兩個選擇都不是很吸引人。

班尼斯特來到醫院，滿腦子想著這些事，心煩意亂，無能為力，只能繼續認定要如期進行挑戰，但卻始終確信成功無望。十一點時，他到醫院實驗室用石墨磨釘鞋，從可能的條件來看，這樣能防止煤渣灰黏積在鞋底，這對跑一英里而言，可能會造成幾碼的差距。有人把頭探進實驗室，看見他用磨石機磨釘鞋，問道：「你不會真的認為有影響吧？」[1]班尼斯特清楚得很，在爭取零點幾秒和半秒的競賽中，這絕對有影響。此外，他打算在比賽中穿的這雙鞋，是向倫敦的一位專業鞋匠訂製的。「要作得輕盈。」[2]班尼斯特當時告訴那位曾經幫洛夫洛克製作釘鞋的鞋匠，「我只需要穿這雙鞋跑三場比賽，十二圈。」這雙訂製的鞋子只有四盎司重，比他平常的鞋子輕兩盎司。[3]他仔細盤算計劃時，把這點也考量進去了，每個有利條件都很重要。

磨完釘鞋後，班尼斯特旋即決定提早獨自搭火車到牛津，好整理思緒，決定這次到底值不值得挑戰紀錄。[4]一英里賽要到六點才會排定時間，雖然這樣有很長的時間可以等待天氣改變，但是班尼斯特已經傾向延後挑戰紀錄。他走到附近的帕丁頓站，費了一番功夫才擠過人行道，很多人穿著雨衣或拿著雨傘。車站裡又暗又吵，令人難以呼吸。天空不見太陽的身影，拱形玻璃天花板上，飾板被煙煤燻黑，只透入微弱光線。哨聲吹起，「全部上車」的叫喚聲沿著月臺傳遞，火車引擎噗噗噴出黑煙。班尼斯特在乘車資訊公告板上找到要到哪個月臺搭車後，趕緊去搭車，準備展開以前多次往返的六十三英里旅程。尋找空位時，他意外發現史坦福坐在一個車廂裡。班尼斯特拉開門，驚訝自己看到教練時竟然如此開心。他需要傾訴心中的憂慮，沒有人比史坦福更能幫他處理這些憂慮了。

擔心天氣的不只班尼斯特一人，史坦福今天早上也是絕望地看著窗外。[5]他的妻子小佩身材矮小，個性體貼，做簿記員的工作，幫忙貼補家用。小佩察覺到史坦福心中憂慮，但是史坦福卻告訴小佩說相信一切會順利。吃早餐時，他從頭到尾沉默寡言，吃完早餐便提早出門，搭地下鐵到帕丁頓。然而，班尼斯特巧遇他時，他表現得信心滿滿；因為只要他洩露任何一絲憂慮的情緒，將會令班尼斯特澈底絕望。

車門啪一聲關起來，火車軋軋動起來，引擎沉悶的震動聲迴盪車廂，兩人相對而坐，沒有談論即將展開的比賽。火車駛出車站的遮蓋建築後，雨啪啪打在車窗上。火車漸漸加速，開向倫敦北部，行經一排排破舊的維多利亞式房屋，屋子後側拉著曬衣繩。班尼斯特猶豫著要不要請史坦福提供建議，在這個體育生涯的關鍵時刻，他實在不想承認自己需要依靠教練。

在陰鬱的天空下，火車疾駛過倉庫和工廠煙囪，班尼斯特看著樹木遭到強風吹襲，終於開始談論心中的憂慮。他向史坦福解釋天氣可能澈底毀掉打破四分障礙的機會，風會使四圈每圈增加一秒，這表示他在理想條件下必須以三分五十六秒跑完一英里。[6]三分五十六秒跑完一英里！他把今天當成挑戰日，投入大量心血，如果延後挑戰，成功機率看來只會更低，因為他現在在心理上與身體上都處於最佳狀態，要保持這樣的巔峰狀態實在太難了，不管是要維持到十天後白城體育場的那場比賽，或是更後面的比賽，都辦不到。

史坦福知道疑慮會對運動員造成什麼傷害，因此向班尼斯特保證，在沒風的日子，他絕對能跑出低於障礙四秒的時間，他有實力能辦到。「只要有十足的幹勁，也就是極度渴望達成目標。」[7]史坦福用平常的大嗓門帶著奧地利口音說道，「意志就能克服任何逆境。再說，風也可能減弱啊。我永遠記得愛爾蘭跑者貝睿（J. J. Barry），他沒有受過任何訓練，甚至沒有適當的飲食，卻以四分八秒跑完一英里，單純因為他有跑步的意志……無論如何，如果這次是你唯一的機會怎麼辦呢？當然，這次挑戰肯定會很痛苦，但是什麼是痛苦？」班尼斯特仔細思考這個問題，他很清楚史坦福忍受過什麼痛苦。史坦福繼續說，心裡確信班尼斯特能完成挑戰，不論天氣如何。「如果你放棄這次機會，你以後會原諒自己嗎？沒人知道未來會發生什麼事。桑提或蘭迪可能會率先突破障礙，你可能會拉傷肌肉，或摔倒被公車輾過。以後可能永遠沒機會了。」

火車在鐵軌上隆隆駛向牛津逸飛路的黑煤渣跑道，史坦福繼續談其他跑者和他們的成績，但是班尼斯特聽而不聞，凝視著窗外。火車迂迴行駛在鄉間起伏的綠色高地，通過朦朧的樹木。班尼斯特最後終於想通透，下定決心，無論天氣如何，這次是他最好的機會。史坦福對他有信心；跑步夥伴布萊希爾和查特威也對他有信心；班尼斯特儘管心存恐懼與疑慮，但是也對自己有信心。

抵達牛津站後，教練和班尼斯特分道揚鑣。[8]班尼斯特的密友溫登（Charles

Wenden）正在等他，兩人一起搭車到逸飛路跑道，班尼斯特要在煤渣上測試釘鞋，看看用石墨磨過的釘鞋，踩踏跑道上有黏性的煤渣灰，會有什麼效果。看到陣陣強風吹襲著潮濕的跑道，他再度對這次挑戰失去希望。朋友邀班尼斯特跟家人一起吃午餐，他一口答應，知道那是放鬆心情、擺脫胡思亂想的好地方。

溫登是牛津大學教育學的講師，戰爭期間曾經獲得軍功十字勳章。這兩個年輕人數年前在牛津越野賽初次相識，當時看到其餘對手一起跑就快速衝刺，班尼斯特跑到溫登身旁問道：「他們要這樣跑嗎？」暗示自己沒辦法保持這種速度。「呼，他們要就隨便他們，但是我們沒必要。」班尼斯特跟溫登的家人很熟，包括他的老婆和兩個女兒，做學士後研究期間，曾經跟他們住在一起。溫登很瞭解班尼斯特，因此完全沒過問下午要挑戰紀錄的事。那幾個鐘頭，班尼斯特沉浸在家庭日常歡樂中，大啖午餐的火腿沙拉和梅乾沾卡士達醬，還有跟小孩玩耍。

傍晚班尼斯特離開溫登家，去找查特威。查特威也提早到牛津大學。在莫德林學院（Magdalen College），班尼斯特發現跑步夥伴查特威斜倚著窗戶，跟平常一樣沉著開朗。神奇的是，太陽終於出現在天空了。查特威說道：「還好天氣沒有很糟，對吧？現在天氣還算不錯。天氣預報說接近晚上時，風可能會減弱。咱們五點再決定吧。」[9]一直到五點，班尼斯特都盯著窗外，祈禱風別再把樹頂吹得窸窣作響。

他們最後終於前往跑道，途中巧遇記者賓克斯。「風這麼大，沒希望囉。」[10]賓克斯說道。他們在看臺底下的木隔板更衣室找到布萊希爾，在那裡討論是否要挑戰紀錄。班尼斯特透過狹小的窗縫看向逸飛路的教堂方塔，盯著上頭被風吹得猛烈拍動的聖喬治紅十字旗。

史坦福建議等更接近比賽時間再下定奪，於是在預定開賽前的四十五分鐘，三名跑者到與跑道毗鄰的橄欖球場熱身[11]，他們在草地上慢跑時，一團烏雲飄過天空，片刻後陣雨迅速降下，他們趕緊跑回更衣室，英國反覆無常的天氣再度發動攻擊。

不過就在下午五點四十五分整，烏雲散去，聖喬治紅十字旗飄揚的方塔上方出現一道彩虹。史坦福問三名跑者是否要挑戰突破一英里紀錄，第一輪投票是：班尼斯特反對；查特威沒意見；布萊希爾贊同，不管做什麼事，布萊希爾總是說好。既然他們可能不挑戰紀錄了，布萊希爾索性去找業餘體育協會領隊雷斯利．楚拉夫（Leslie Truelove），詢問是否能改參加兩英里賽。楚拉夫穿得好像剛參加完商務會議直接過來似的，他委婉拒絕布萊希爾的要求，說來不及改了。開賽前不到五分鐘，史坦福注意到風勢減弱，告訴三名跑者：「只要有勇氣，沒有什麼事是辦不到的。」布萊希爾贊同，附和道：「咱們練得那麼辛苦，乾脆就拼了吧。」他們進行第二輪投票：班尼斯特反對；查特威贊同；布萊希爾贊同。班尼斯特再跑一趟一百五十碼熱身衝刺短跑後，走到起跑線，看見教堂上的旗子飄動微弱，這正是他唯一需要的暗號。「跑吧。」他告訴布萊希爾和查特威。他們要放手一搏了。

一千兩百名觀眾焦急等待比賽開始，其中許多人是大學生，剛騎腳踏車抵達。[12]雖然對抗賽已經進行超過一小時，但多數觀眾都是來看一英里賽的。儘管時值五月，許多人仍穿厚外套，脖子圍圍巾。幾天前，《牛津郵報》（*Oxford Mail*）才刊登這樣的標題：「五月班尼斯特可能會在牛津挑戰四分一英里障礙。」在內場中央，英國國家廣播公司《體育特報》（*Sportsview*）的兩名員工把一架三十五釐米攝影機架設在皮革箱子上頭，打算以三百六十度連續拍攝比賽。[13]安排他們到場的羅禮士也說動美國記者馬莫（Milton Marmor）到場，說不去實在「很蠢」，因為屆時他將是唯一在場的美國人。[14]馬莫不情不願地答應前往。班尼斯特不知道父母也到牛津觀賽，父母不告訴他，是不想要給已經感到壓力沉重的他再增添壓力。可惜的是，他的姊姊喬依思沒辦法從布里斯托（Bristol）過來，他幾週前有寫信給姊姊：「對了，我很快就會在牛津挑戰四分一英里障礙了。」[15]

比賽時間到了，六名選手走到起跑線，參加第九場比賽，一英里賽。[16]艾倫・戈登（Alan Gordon）和在牛津大學讀神學的美國人喬治・道爾（George Dole）代表牛津大學，布萊希爾、查特威、班尼斯特、侯拉德（William Hulatt）代表業餘體育協會。他們在起跑位置就定位時，太陽重現天空。班尼斯特穿著綠金藍三色條紋跑步背心，胸前用別針別著四十一號，盯著跑道看，雙臂放鬆擺在兩側，右腳掌踩得稍微前面些。他感覺皮膚上的空氣又濕又冷。他在內側第四跑道，查特威在他的右邊相鄰，布萊希爾在他的左邊隔了一個人。觀眾靜了下來，班尼斯特縮起身子準備起跑。發令員的槍聲還沒響起，布萊希爾就衝出去，起跑犯規。發令員記他一次正式警告後，選手們回到起跑位置，班尼斯特氣惱浪費了風停的寶貴幾秒鐘，因為風隨時會再刮起來。

觀眾再次靜下來，班尼斯特等待著，在煤渣上挪動釘鞋，尋找摩擦力比較大的點。他長長吸一口氣，這可能是他率先突破障礙的最後機會，定速員準備就緒，計劃擬訂完備。經過訓練，他現在有足夠的耐力與速度，依配速跑完。此外，多虧有史坦福，讓班尼斯特不僅明白以低於四分鐘跑完一英里是有可能的，更相信無論在什麼樣的條件下，自己都辦得到。他已經做好最佳準備要挑戰障礙了。

槍聲砰一聲響起，布萊希爾依照計劃跑，迅速超越一開始就在內側跑道的喬治．道爾，班尼斯特緊跟著布萊希爾，查特威在過彎時穩定超越選手群。班尼斯特終於擺脫上星期折磨他整整一星期的想法，終於能自由奔跑，快速奔馳。他感覺整個身體能量充沛，彷彿毫不費力就能在跑道上奔馳。五天沒跑步，他儲存了充沛的能量，而現在，終於能運用這股能量了。

他們接近第一個半圈標示時，羅禮士對著麥克風報出秒表上的時間：「二十六秒……二十七秒……二十八秒。」他僱請一名電工，接兩個擴音器到麥克風，一個向下對著終點直道，一個擺在非終點直道旁。由於他是大會播報員，可以播報半圈時間，不過很少比賽會這樣安排。這有助於定速。班尼斯特把時間聽錯了，加上在一開始那段賽程感覺衝勁十足，因此以為布萊希爾把速度定得太慢，在非終點直道喊道：「跑快點！布萊希爾！跑快點吶！」

布萊希爾聽到喊叫聲，但是不予理會。他跑得很快了，而且相信速度正確；再說，他如果再加速，就幾乎是全力衝刺了，這樣肯定連第一圈都跑不完。他維持速度，班尼斯特儘管仍舊擔心速度太慢，但是被迫乖乖待在他後面。班尼斯特由於極度焦躁，絲毫沒察覺自己跑多快。他們抵達第一圈終點時，羅禮士的聲音從擴音器大聲傳出：「五十四秒……五十五秒……五十六秒……五十七秒。」布萊希爾率先通過終點線，班尼斯特以五十七秒五落後他半秒，查特威第三。三人相隔一樣的距離，已經遙遙領先其餘選手。觀眾開始感覺情況非常蹊蹺，尤其因為三名跑者跑得那麼快、那麼堅定。

進入第二圈，布萊希爾維持速度。班尼斯特依舊跑得緊張不安，還沒進入放鬆的跑步狀態。他們轉進非終點直道時，史坦福喊道：「放鬆！放鬆！」班尼斯特跑得那麼僵硬會浪費體力。不論是注意聽到或無意聽到，班尼斯特聽見史坦福喊叫後開始進入節奏。反正如果他們跑太慢了，現在調整速度也來不及了。班尼斯特冷靜下來，雙腿開始彷彿自動般跑動著，感覺毫不費力。

「一分二十五秒……一分二十六秒……一分二十七秒。」

布萊希爾通過六百六十碼標示後開始感覺疲憊，跑得比其他兩人更加費勁，開始跑得氣喘吁吁，活像貨運列車，跑步時手臂在胸前擺動。班尼斯特在他後面跑得平穩，在煤渣跑道上踏出穩定的節拍，兩人就快跑到半英里標示了。查特威則在第三順位保持穩健的步伐。

「一分五十六秒……一分五十七秒……一分五十八秒。」

班尼斯特沒聽清楚時間，身體照著多個月來訓練養成的節奏跑，專心一志。布萊希爾繼續領頭，費好大的勁才能維持速度，感覺花了好長的時間才跑完彎道。體育場裡的觀眾鼓掌越來越大聲，彼此私語說今天可能就是大日子。在內場的選手停止熱身，走到跑道邊好看清楚一點。這個時間對半英里而言算快，負責確保比賽一切符合規則的工作人員開始發現必須特別謹慎。

三人接近兩圈半的標示時，布萊希爾跑得很辛苦，嘴巴張得老大，看似隨時會摔倒。班尼斯特察覺布萊希爾快撐不下去了，趕緊叫查特威接手。「查特威！」班尼斯特喊道。查特威雖然累了，但是聽到班尼斯特呼喊，仍提起力量向前衝，步幅小，但是步伐強健，一下子就依序超過班尼斯特和布萊希爾了。賽場上的其餘三名選手老早就被遺忘了。

「兩分二十七秒……兩分二十八秒……兩分二十九秒。」

史坦福查看自己的秒表，確定他們跑在計劃好的時間內。布萊希爾天生缺乏速度，始終是定速計劃中的問號，但是仍拚命跑完前兩圈半。他們跑在計劃好的時間內，熱心助人的障礙跑選手布萊希爾幫了大忙，現在就靠查特威和班尼斯特自己了。史坦福知道很快兩人就會雙腿疲勞和缺氧，渴望停止。史坦福只希望自己給予他們的協助足以讓他們明白，其實他們能忍受這種痛苦，說服雙腿繼續跨步，用意志力繼續跑。

過彎時，查特威專心維持速度，跑步時噘著雙脣。班尼斯特仍舊感覺很好，任由雙臂與雙腿自然運動，幾乎放鬆到出神狀態。等到最後一圈，他就要爭取青史名留的機會。

「兩分五十八秒……兩分五十九秒……三分。」

最後一圈鈴聲響起之際，班尼斯特跑出三分零秒四。觀眾本來持續鼓掌，偶爾喝彩，現在全都站起來盡情加油，音量提高，熱鬧烘烘的，這場比賽很可能會突破障礙。查特威跑在彎道上，劇烈呼吸，鼓起漲紅的雙頰。在三百五十碼時，班尼斯特考慮要衝過他，不過最後決定等等。班尼斯特最後一圈必須跑五十九秒，否則挑戰就會失敗，現在就開始最後衝刺太早了。查特威進入非終點直道後，他的世界級耐力終於耗盡了。史坦福在邊線外喊道：「全力跑啊！」查特威死命撐遠一點，但是班尼斯特在兩百三十碼標示從外側超越他，跨大步奔跑。

「三分二十八秒……三分二十九秒……三分三十秒……三分三十——」

班尼斯特必須以低於三十秒跑完最後半圈。他逼自己加速，感覺渴望以低於四分鐘衝過終點帶的意志衝得比雙腿還快。他聽到觀眾高呼他的名字，觀眾的支持激勵他跑得更加強勁快速。他把步幅跨得更大，同時加大擺臂幅度，以保持平衡。通過一千五百公尺標示時，他跑得面無血色、表情扭曲，羅斯計下時間——三分四十三秒，刷新世界紀錄。羅斯跑去把時間告訴哥哥羅禮士，這對雙胞胎確信班尼斯特即將創造歷史。

在後方超過七十碼的地方，布萊希爾氣喘吁吁說道：「加油，羅傑……羅傑……羅傑！」

但是班尼斯特疲憊到極點了。距離終點五十碼時，他澈底精疲力竭，不覺得痛苦，單純耗盡氣力。不過他用鮮少人能發掘的深層意志力，逼自己繼續跑。與終點帶距離二十五碼，十碼，五碼，但距離卻看似越來越長。他開始挺出胸膛，雙腿仍繼續跑動。剩兩步，他抬起下巴，雙臂擺得更高，繼續跑。剩一步，繼續跑。他撲向終點帶，臉上露出聽天由命的表情，痛苦，卻又喜悅。

衝過終點線之時，他雙腿無力，身子癱倒，被前奧運短跑選手史戴西抱住。楚拉夫前去幫忙，用一隻手臂從另一邊抱住班尼斯特。其餘選手跑完一英里後，觀眾蜂湧擠到跑道上。走幾步後，班尼斯特試著再站起身，但是雙腿仍舊無力。他實在搞不清楚周遭發生什麼事。

「給他呼吸空氣。」有人喊道。

史坦福前去攙扶班尼斯特，肩膀強而有力，穩如泰山。此時，查特威和布萊希爾正在內場草地上喘得上氣不接下氣，沒辦法到班尼斯特身旁，因為他被一大群人團團圍住。

班尼斯特神智不清，痛苦不堪。有那麼一刻，他只能看見黑白的畫面。他由於缺氧，身體極度疲憊，感覺手腳被人緊緊抓住。雖然時間還沒公布，但是他確信自己突破障礙了。他深呼吸，胸膛鼓起，閉著雙眼，額頭擱在史坦福的脖子彎處。教練扶著他，兩人小心翼翼向前走幾步。

「我成功了嗎？」班尼斯特終於咳出第一句話，臉色仍舊慘白。

「我認為成功了。」史坦福答道，心裡擔憂著班尼斯特。

兩分鐘後，計時員把比賽的官方時間交給羅禮士，他負責宣布結果。羅禮士努力穩住聲音，對著麥克風說話，用昨晚練習的語調宣布結果。擴音器傳出播報聲時，跑道上混亂吵雜的人群瞬間靜了下來：

各位女士先生，現在宣布第九場比賽一英里賽的結果：第一名，四十一號選手，班尼斯特。他現在是業餘體育協會的選手，以前曾經是愛塞特學院和墨頓學院的選手。時間刷新了一英里賽的紀錄，若通過承認，將成為英國國內國民比賽、英國海外國民比賽、英國國際比賽、歐洲比賽、大英帝國比賽與**全球**比賽的新紀錄，時間是三分……

一千兩百名見證歷史的人齊聲歡呼，把其餘的播報聲壓過。班尼斯特以三分五十九秒四跑完一英里，終於突破障礙。

「恭喜班尼斯特！」一名年輕大學生高呼。

觀眾跟著高呼：「恭喜！恭喜！」

數百人湧向班尼斯特四周，越擠越近。他的父母穿過人群，擠到他身邊。「我就知道你總有一天會辦到。」母親說道，張開雙臂抱住他。他也抱住母親，新聞影片攝影師、照相攝影師、記者、大學生、孩童，爭相引起他的注意。

班尼斯特最後終於恢復體力，能獨自站立，雙臂高舉過頭歡慶勝利，一邊叫喚查特威和布萊希爾，一邊趕緊走向兩人。三人一同經歷千辛萬苦，他要跟兩人共享這一刻。他用力跟兩人握手，熱情的微笑取代了平常的含蓄。「如果沒有他們，我沒辦法辦到。」班尼斯特對周遭所有人說。三人接著慢跑跑道一圈慶祝勝利，群眾跟在後頭祝賀他們。

工作人員設法安排賽程繼續進行之際，班尼斯特忙著簽名、跟記者說話、感謝場地管理主任華特·莫里斯（Walter Morris）。就在此時，講話總是能一針見血的布萊希爾告訴《每日郵報》的歐康樂許多人心中的想法：「嘿，我們辦到了。」[17]布萊希爾說道，「這表示蘭迪和桑提無緣率先突破四分一英里障礙囉。」

快速洗完澡後，班尼斯特到文生俱樂部（Vincent's），先喝一杯摻精鹽的水，再喝一杯汽水啤酒，接著搭上等著載他的藍色汽車，去參加英國國家廣播公司晚間電視節目。這跟他今天稍早低調來到牛津截然不同，盛大慶祝即將展開。一群記者急著要把報導發出去，一名記者在當地警局騙到一張桌子和一具電話，另一名記者收買一家酒吧的老闆，獨占電話，班尼斯特的人生將永遠跟以前不一樣。

五月六日下午，氣候潮濕，暴風雷雨看似可能會侵襲堪薩斯大學[18]，就在此時，《勞倫斯全球日報》（*Lawrence Journal World*）的體育專欄作家梅爾（Bill Mayer）讀到障礙被突破的報導，辦公室裡的自動收報機紙帶傳送出這則報導，還有辛辛那堤紅腿隊的威利・梅斯擊出一支全壘打，和山姆・史尼德（Sam Snead）在紐約高爾夫球錦標賽失去領先地位。梅爾不自覺踢了收報機一腳。四分一英里障礙應該由桑提率先打破呀。片刻後，梅爾離開辦公室去找桑提，他動作得快一點，因為當地其他記者肯定也急著找桑提。梅爾反應敏銳，知道此時到紀念體育館最可能找到桑提。

桑提剛訓練完，新聞記者們就衝向他，他聽到班尼斯特做的事時，仍滿身大汗，氣喘吁吁。[20]他頓時呆若木雞，感覺宛如輸掉比賽。伊思頓同樣目瞪口呆，試圖阻擋桑提接受訪問，但是那就像要阻擋雪崩一樣難。

「你對這個消息有什麼想法？」一名記者問道。

「我並沒有特別失望。」桑提答道，「我早就料到有幾名一英里跑者很快就會突破障礙，班尼斯特就是其中一人。現在仍有一項挑戰，那就是看哪個美國人先突破四分一英里障礙。再說，應該有人能跑出更低的時間。」[20]

「你為什麼被捷足先登？」[21]

「我得為堪薩斯大學參加比賽，從頭到尾每場賽事都得參加，一直沒辦法全心專注於一英里賽。」[22]

「你想跟班尼斯特較量嗎？」《堪薩斯大學日報》（*University Daily Kansan*）的記者問道。

桑提清楚答道：「想。如果有機會，我想我會打敗他。」

記者們一訪問完後，伊思頓便與桑提單獨談話，他知道這個消息令桑提相當痛苦。「咱們努力過了。」他說道，「但是咱們得繼續努力，你還要參加很多比賽。」[23]

桑提認同，但是幾天後他才會真心認同，他現在最想要的就是有機會在真正的比賽中跟班尼斯特競賽，君子之爭，沒有定速，讓世人瞧瞧誰勝誰敗。

這名年輕的一英里跑者獨自走回更衣室，暫時不想談班尼斯特和跑步。

在芬蘭古代首都土庫的一家餐廳裡，距離墨爾本的海岸十萬八千里，約翰森大步走向蘭迪，手裡拿著電報。[24]自從五月三日蘭迪抵達後，兩人就一直在一起，澳洲跑者蘭迪自從抵達後，今天首次沒有訓練，或許是想先看看班尼斯特在牛津跑得如何吧。

「你瞧。」芬蘭跑者約翰森說道，把電報遞過桌子給他。

班尼斯特突破障礙了：三分五十九秒四跑完一英里。一開始蘭迪認為這樣的表現著實驚人。他知道班尼斯特要再次挑戰障礙，但是以為頂多能打破海格的紀錄而已。實在令人難以置信，班尼斯特竟然把紀錄降低兩秒。至少這表示不會再有人談論障礙，蘭迪跑步時，不用再跨每一步都想著「四分一英里障礙」。接著他開始感到失望，流了那麼多血汗，紀錄竟然被搶先打破。約翰森告訴他，記者希望他回應。蘭迪覺得自己沒辦法回應，至少現在沒辦法，於是詢問約翰森是否能幫忙回應電報，接著告訴他：「嘿，咱們五月三十一日來挑戰紀錄吧。」

約翰森引述蘭迪的這段話回應記者：「太棒了，真的太棒了。他是很棒的跑者。我想這個出色的成就會被超越的。」[25]

翌日，蘭迪規劃了兩次訓練，一次早上，一次下午。他仍舊相信自己很有機會在優質的芬蘭跑道跑出史上最快的時間。[26]既然班尼斯特能打破四分障礙，蘭迪覺得自己應該也行，他以低於四分五秒跑完一英里的次數遠多於班尼斯特或任何人，他的訓練也比較嚴格，關鍵單純在於一切理想條件能不能一起出現。[27]

再說，跑出最快的時間也不是最重要的。蘭迪期待大英帝國運動會到來，屆時他和英國的班尼斯特或許就能一較高下。蘭迪老早就想看看自己對上世界頂尖好手會表現得如何，在澳洲，甚至在芬蘭，他找不到任何人可以在一英里賽挑戰他。

第三部
完美的一英里

第十五章

我看見你站得像被皮帶拉住的灰狗，繃緊身子，準備開始奔跑。

——莎士比亞《亨利五世》

五月七日夜幕降臨，在逸飛路突破障礙二十四小時後，班尼斯特和兩位定速員查特威與布萊希爾爬上哈羅崗（Harrow Hill），倫敦西邊海拔三百四十五呎的孤立高崗。[1]太陽已然沉落，涼爽的微風吹得頭頂的樹葉窸窣作響。地基建於一〇八七年的聖瑪麗教堂座落在高崗頂上，周圍的墓地上豎著聚集在一起的墓碑，全都受到日曬雨淋侵蝕，被苔蘚覆蓋。詩人拜倫勛爵、邱吉爾、謝拜禮勛爵（Lord Shaftsbury）都是赫赫有名的哈羅公學校友，拜倫童年時期經常倚著這些墓碑數小時，夢想未來的冒險。三名跑者眺望著拜倫可能看過的景致，他們看見了昂然矗立的聖保羅大教堂和蜿蜒曲折的泰晤士河，泰晤士河像一條暗色的縫線，穿過燈火輝煌的市區。

過去兩天，三人都只睡幾個小時。離開牛津後，班尼斯特旋即被英國國家廣播公司的員工開車載到倫敦。在車裡，他靜靜坐著，為自己的成就感到無比驕傲。「那種無比的喜悅實在是筆墨無法形容。」[2]他後來寫道。他在赫爾辛基奧運的失敗獲得平反了，他終於達成偉大的體育目標。那天晚上他參加《體育特報》，出現在全國的電視螢幕上，許多電視是大家一年前為了觀看伊麗莎白女王的加冕典禮而買的。[3]班尼斯特後來獲得讚許，在訪談時表現得「機敏謙遜」，儘管情緒興奮。[4]他解釋說，比賽完才幾小時就坐在倫敦的攝影機前，實在令他心慌意亂。備受尊崇的英國廣播名人狄摩克問他，為什麼他們最後會決定不顧天氣惡劣，挑戰紀錄。班尼斯特說道：「我沒辦法繼續無限期等下去，只能接受放手一搏。」

「接下來你的體育日標是什麼？」狄摩克接著問道。

「自然，我們都想取得突破四分一英里障礙的榮耀，但是，其實那只不過是一個時間。體育最重要的精髓是競賽，跟對手競賽比跟時鐘競賽更加重要……這就是我將來要追求的主要目標。」

狄摩克忘了追問答案，問班尼斯特那是不是表示打算跟蘭迪和桑提一較高下。他反而結束訪問，恭賀班尼斯特「讓英國再度重返體育界的巔峰」！現在是慶祝的時刻，不該繼續問問題。

班尼斯特一離開酸橙園攝影棚（Lime Grove）後，就到斯隆廣場的皇家宮廷劇院

（Royal Court Theater），在克萊門．佛洛伊德（Clement Freud）的歌舞餐館跟布萊希爾和查特威碰面用餐。他們暢飲香檳，大啖應景的四分鐘薄片牛排，跟女伴跳舞；根據《每日快報》（*Daily Express*）的密探報導，班尼斯特的女伴是一位身材高挑的金髮女孩，穿著綠色露肩長禮服。[5]麥沃特雙胞胎也順道到餐館一塊慶祝。

在雅座裡，班尼斯特轉向雙胞胎。「我沒辦法相信我辦到了。」[6]

「你不信也得信。明天報紙就會報導了。」羅禮士說道。

半夜兩點半，班尼斯特、布萊希爾、查特威擠進查特威那輛戰前買的奧斯汀八號，找路要去皮卡迪利圓環（Piccadilly Circus）的日落俱樂部。他們把車停到一名警察身旁問路，警察粗略查看他們後說道：「各位紳士，如果你們帶這幾位淑女到那家俱樂部，那你們就不是紳士了。」[7]他從左手上方的口袋拿出一本筆記本，好像要開罰單給他們似的，接著把筆記本遞給班尼斯特。「各位先生，幫我簽個名吧。」

這家俱樂部在卡納比街（Carnaby Street）的地下室，燈光昏暗，煙霧瀰漫。俱樂部宣布完班尼斯特的豐功偉業後，請他到前面說幾句。他拉兩位定速員一起到燈光下說道：「這兩位才俊比我優秀。」[8]他指向查特威說道：「他不僅幫助我成功，也帶給我許多歡樂。他很快就會自己突破四分一英里障礙。」再喝些香檳、跳些舞後，班尼斯特拿起麥克風唱〈掌握時間〉（Time on My Hands）。

早上四點三十分，早報送到俱樂部的門口，各家報紙的頭版都刊登一張班尼斯特衝過終點帶的照片，橫跨版頁。「班尼斯特的勝利。」《泰晤士報》寫道；「這個人真是了不起呀！」《每日郵報》稱讚道；「令人驚嘆的班尼斯特！」《每日鏡報》的標題寫道；「終於突破四分一英里障礙了。」《每日快報》感性寫道。報導鉅細靡遺描述比賽，稱許班尼斯特為歷經多年挫敗與恥辱的英國體育恢復了榮耀，封他是國寶，說全球數百萬人在報紙頭版讀過他的成就後，就會把他的名字掛在嘴上。「帝國獲救了。」[9]一篇社論寫道，「吼嘯吧！獅子！吼嘯吧！自從摧毀西班牙艦隊後，沒有一件事比得上這件事。讓阿迦汗（Aga Khan）贏得葉松賽馬大會（Epsom Derby）的冠軍吧，或許他能從中獲得相同的滿足。歡迎美國職業高爾夫球選手班・霍根（Ben Hogan）贏得英國公開賽冠軍。反正英國突破四分一英里障礙了。」

接近黎明時，一天的活動開始令班尼斯特感到疲累，他最後終於結束慶祝。不管是不是國家英雄，今天早上他都得到醫院，但是他需要先補幾小時的眠。[10]於是查特威載他到布萊希爾位於高門區（Highgate）的家，布萊希爾留字條給母親，說班尼斯特會下樓吃早餐。接著布萊希爾就馬上跟查特威以及兩人的女伴跳回車裡，前往海灘岬（Beachy Head），兩個小時後要看日出。接近中午，班尼斯特來到聖瑪麗醫院，獲得盛大歡迎，同學用椅子風風光光把他抬進前門，把數百封送到醫院的電報交給他。下午他溜到牛津，躲避注目，跟溫登一家人待了一段時間。[11]接著他回到哈羅區探望父母，帶著一個裝滿祝賀信函和電報的手提箱。來自全球各地的記者在他家前面站崗，記者整天都在追蹤他的行動。為了躲避記者的閃光燈泡和要求再接受採訪，他爬過好幾道籬笆，從他家後側溜進去。

後來，他離家到哈羅崗頂跟布萊希爾和查特威碰面時，也是走這條路徑。眼前倫敦漸漸露出全貌，三人一塊享受這靜謐的一刻。[12]他們沒料到會掀起如此軒然大波，班尼斯特登上數千份報紙的頭版新聞，獲得讚揚，說證明了人生「不再有辦不到的事」。三人齊力達成體壇最偉大的成就，但是那只是體育成就而已，他們是業餘運動員，不應該以此作為最重要的成就，世界上除了跑步之外，還有許多事，有許多能帶來重要影響的重要工作尚待完成。

「現在我要開始認真生活了。」[13]班尼斯特說道。有好多事他們想做：班尼斯特想行醫，布萊希爾想經商，查特威想從政。他們認為追求突破四分一英里障礙已經指引了方向。班尼斯特之所以能搶先蘭迪和桑提突破障礙，正是因為他們一心專注。布萊希爾後來談到他們的談話內容說道：「我們由衷相信，人只要懷抱夢想，努力實現夢想，就真的能改變世界，沒有辦不到的事。」[14]

班尼斯特跟朋友在舊墓園散步時，頓然發現開始投入全部時間學醫之前，還需要做一件事來證明自己是優秀的運動員。自從在赫爾辛基慘敗後，他就被奚落無法在比賽中贏過世界頂尖高手。的確，他跟時鐘賽跑時跑得很好，但是在競速激烈的競賽中他贏得了嗎？他還沒對批評者和自己回答這個問題，回答後，他才能甘心滿足。

五月十日在芬蘭的土庫，早上和緩慢跑半小時後，蘭迪坐在飯店房間裡寫信給麥克雷。在諸多朋友中，麥克雷比多數人更加清楚蘭迪多麼認真看待跑步，以及從一九五二年十二月以四分兩秒一跑完一英里後，他承受多大的壓力。蘭迪在信中描述到斯堪的那維亞半島旅行發生的事：有一名同機的乘客「烈酒」喝太多；抵達時東道主送他一套新的長袖運動服裝和一雙新的釘鞋。對於班尼斯特的紀錄，蘭迪在澳洲的跑步夥伴們都認為那是用定速作弊得來的，但是蘭迪只有幾句話要說：「聽說班尼斯特跑出三分五十九秒四，讓別人相形之下跑得很慢！然而，我不會過度悲觀。相反地，我信心滿滿五月三十一日能刷新自己的一英里紀錄。」[15]

即便對至親好友，蘭迪也不想承諾太多，但是他非常有信心在未來的日子會有機會的。這裡是全世界最好的訓練和比賽地點，土庫是一座寧靜的古都，位於奧拉約基河（Aurajoki River）河口，周圍有七座山崗，他可以在穿越山崗的小徑跑步。[16]小徑上滿地松樹的針葉，兩側是原始森林、河流、湖泊，空氣清涼，令人神清氣爽。這裡是努米的故鄉，他的豐功偉業是居民茶餘飯後談論的傳奇故事，而且跑步極受推崇。管理人員細心照料市立體育場的跑道，就像母親溺愛最疼愛的孩子一樣。

蘭迪抵達時，黑色煤渣跑道由於底層仍結冰，表面坑坑窪窪、凹凸不平。[17]經過兩星期整修後，冰融化了，場地維護人員們把煤渣壓平，蘭迪發現跑道跑起來快得令他振奮，不過他得稍微縮小步幅，因為跑道的反彈力道會造成雙腿更快疲累。然而，適應跑道的反彈力道後，他就能輕鬆以五十七秒跑完一圈；而且達到適當的速度後，維持速度也比在澳洲時更加省力。他覺得這個跑道實在太棒了，於是取了建材樣本要帶回去墨爾本檢驗。[18]

在土庫參加第一場比賽前的三週，蘭迪天天訓練，有時候一天訓練兩回。[19]報紙詳盡報導，班尼斯特採用十圈四百四十碼的間歇訓練法，以平均每圈五十八點九秒作為準備好挑戰障礙的依據。蘭迪也規律進行相同的訓練，而且每圈平均時間快一秒。他偶爾會反覆跑四百四十碼，每圈之間只慢跑半圈休息，但是每圈平均時間仍比班尼斯特的快零點一秒。如果嚴格訓練是決定跑步時間的唯一因素，那蘭迪絕對能打破班尼斯特的紀錄。約翰森經常跟蘭迪一起訓練，偶爾會幫他計時測試跑。約翰森認為想要打破班尼斯特的紀錄，不能只有體能優勢。「跑步不是只靠體力。」[20]他解釋道，「如果是的話，那叫壯得像牛的壯漢來跑就能打破每項紀錄了……還必須擁有超越自我極限的意志力才行。」

蘭迪相信跑道狀況和他的跑步狀態足以給予他所需要的優勢。比賽的兩天前，桑提跑出四分一秒三，史上第二快的一英里紀錄，進一步刺激蘭迪。[21]桑提請兩名隊友柯比和戴卓幫忙定速前三圈。現在又有一名一英里跑者比蘭迪早打破海格長久保持的紀錄了，而且這位堪薩斯人六月初大腿肌肉拉傷康復後，在康普頓邀請賽面對強勁對手時，可能會突破這個時間。

五月三十一日，蘭迪抵達土庫的體育場，牆上用圖釘釘著比賽海報，頂端寫著斗大的標語：「來看刷新世界紀錄囉！」他暗自希望自己能辦到廣告詞所寫的事。看臺上有一萬人，蘭迪跟三名芬蘭選手走到起跑線：約翰森、凡赫蘭達（Urho Vaharanta）、伍利薩（Olavi Vuorisalo）。自從上一次在國外比賽後，短短兩年，蘭迪改變甚多。跟他在奧運的經驗不同，這次觀眾知道他的名字，期待他跑出芬蘭同胞比不上的一英里時間。蘭迪跟以往一樣，亢奮緊張，自信滿滿。雖然他比較想在家鄉突破一英里紀錄，但是如果能在最熱愛徑賽的芬蘭跑步迷面前破紀錄，也是美事一樁。

凡赫蘭達一開始就衝到領先位置，但是蘭迪如影緊追，接著在非終點直道超越他，主導比賽，以出色的五十六秒跑完第一圈。[22]播音系統以英語播報時間，但是蘭迪沒聽清楚，以為第一圈跑五十八秒。在第二圈，約翰森拼命緊追蘭迪，想激發競爭的火花幫助他。然而，蘭迪把速度維持得太快，以五十九秒跑完第二圈，總共以一分五十五秒跑完半英里。但是蘭迪仍以為慢了兩秒，求快心切，不加思索，雙腿狂奔。

鈴聲響起時，蘭迪的時間是兩分五十七秒，比他盤算跑前三圈的時間快一秒半，不過他開始為錯判速度付出代價。在非終點直道，他開始失去動能，臉部扭曲成痛苦的表情，得費很大的勁才能繼續跑。看臺的加油聲絲毫鼓動不了舉步維艱的雙腿，跑最後一百碼時，他看起來徹底虛脫了。然而，他衝過終點帶時，秒表仍顯示他刷新了個人紀錄：四分一秒六。

約翰森接著跑完，落後他十秒。蘭迪坦率直言對比賽和未來機會的想法。沒錯，他配速配得很差，但是他認為自己跟班尼斯特一樣好，在訓練上或許超越班尼斯特和桑提。「我還不是四分一英里跑者，」蘭迪跑完後說道，「但是很快就會是了。」[23]

堪薩斯州少年桑提登機前往洛杉磯參加康普頓邀請賽前，用第三人稱來指自己，告訴一群記者：「就算把班尼斯特綁在二十世紀有限號特快車（Twentieth Century Limited）上，他也跑不過桑提。」[24]他解釋說感覺自己正處於生涯的巔峰狀態。

「你為什麼認為自己能打敗首位四分一英里跑者？」

「班尼斯特是在沒壓力的情況下跑出最佳一英里紀錄……我有信心在一英里賽中打敗所有對手。」

「你星期六會刷新紀錄嗎？」

「加州的天氣和跑道狀況很適合舉辦賽跑錦標賽，我打算在西岸全速競賽。」

這天是六月三日星期四，桑提感覺跑步生涯所剩時日無多。[25]他畢業了，現實生活步步逼近。十天後，他必須到維吉尼亞州的匡提科基地（Quantico）報到，參加海軍陸戰隊軍官訓練。他只剩兩場比賽：一場是康普頓邀請賽，這場班尼斯特因為醫學委員會考試沒辦法參加；二是南太平洋業餘體育聯合會大賽的一英里賽，巴特爾將跟他同場競速。桑提不僅仍舊極度渴望突破四分一英里障礙，也希望有機會跟英國的班尼斯特和澳洲的蘭迪競速[26]，或許能請業餘體育聯合會和大英帝國的官員協助安排，讓三人在溫哥華的大英帝國運動會同場競賽。班尼斯特和蘭迪是他的宿敵，三人不一較高下實在可惜，但是如果桑提沒有突破一英里紀錄，三人很可能就沒辦法同場競賽。伊思頓忙著寫信請求海軍陸戰隊准許桑提繼續請假，如果桑提能突破四分一英里障礙，他跟班尼斯特和蘭迪同場較勁，為軍方贏得的宣傳效果，或許就值回票價了。[27]星期六要挑戰他的一英里跑者有瑞典冠軍易立信（Ingvar Ericsson）和惠特學院（Whittier College）的明星邦漢，他希望有機會突破一英里障礙，這可能是最後一次機會。

五月劃下了許多句點。五月六日，當然，率先打破四分障礙的夢破滅了，桑提得忍受新聞不停報導班尼斯特的比賽。戲院廣告看板大力播報相關新聞，因為福斯電影新聞（Fox Movietone News）把英國國家廣播公司的影片播送到全國各地。下一場比賽，他先刷新大學兩英里紀錄，接著帶領雀鷹隊在七大室外田徑錦標賽奪下三連冠，而這是他的最後一次冠軍。五月結束前的兩天，他最後一次以學生身分代表堪薩斯大學出賽，以四分一秒三跑出個人最佳一英里時間。桑提大一時，伊思頓申請參加國家大學體育協會錦標賽犯了錯，因此業餘體育聯合會禁止桑提在大四參加國家大學體育協會錦標賽。如果參賽，桑提無疑會獲勝，只不過他的大學體育生涯必須在沒有這個勝利的情況下結束。

不過只要能在康普頓邀請賽破紀錄，這一切對桑提而言都不重要。他抵達加州時，法蘭肯再度給他明星級的招待。他參加許多電視和廣播節目，參觀蜜琪．葛農（Mitzi Gaynor）和伊莎．墨曼（Ethel Merman）拍電影的現場。但是桑提只專注想著一件事：成為率先突破一英里障礙的美國人。可惜不是史上第一人，這點他現在也莫可奈何。雖然沒有別的美國人跟他一樣那麼接近障礙，但是隨時可能會有籍籍無名的跑者冒出頭，就像將近十八個月前的蘭迪一樣。桑提自己跑出低於四分鐘的時間以後，才能高枕無憂。

六月五日下午，開賽前十分鐘，他坐在藍梭體育場（Ramsaur Field）的更衣室裡，已經跑完熱身慢跑與衝刺。伊思頓正在用膠布幫他把鞋子貼緊，從鞋側繞到鞋底，再繞到鞋背貼緊，這能增加足弓的力量。

「感覺如何呀？一切都沒問題吧？」[28]教練問道。桑提點點頭，一如往常，賽前沉默寡言。伊思頓輕拍他的鞋子說道：「去宰了他們吧。」

對加州而言，這是個涼爽的六月下午，才攝氏十六度。在看臺上，桑提的老婆和岳父岳母正用雙筒望遠鏡看著他，他們連更徹夜從堪薩斯州開車到這裡。桑提離開更衣室，快要開賽時才走到起跑線。[29]伊思頓跟著他走出來，在非終點直道附近找位置站。

賽道工作人員、計時員、照相攝影師和錄影攝影師都擠在起跑線旁的內場，計時員被提醒，一看到槍冒出的煙就要按秒表開始計時，不是聽到槍響才按，以免加算開槍那一刻到聽到槍聲那一刻的時差。他這次要挑戰紀錄，一點差錯都不能出。

選手們在起跑線就定位。桑提在內側跑道，左臂抬起，右腳在後，面對正前方。高中時期的對手狄威在高三時曾經打敗桑提，現在準備全力幫他定速到最遠的距離，但是當然，兩人並沒有像班尼斯特那樣，嚴密規劃每圈的時間。選手們衝出起跑線，南加州大學的馬蒂・蒙哥馬利（Marty Montgomery）在第一圈前段就跑到領先位置，他知道得用盡全力才能挑戰「塵地鎮羚羊」。桑提待在第三順位，邦漢就在他前面。八千名觀眾全都靜悄悄的，至少有五分之一揮舞著雀鷹隊的圖騰。

第一圈還沒跑完，蒙哥馬利就耗盡氣力了。狄威依序超越桑提、邦漢、蒙哥馬利，進入第二圈幾碼後就取得領先位置。桑提繼續保留體力，他跟伊思頓已經決定，要等到後半英里才開始奮力跑。可是他仍以五十八秒一跑完第一圈，速度非常快。然而，他們進入非終點直道時，教練卻大喊道：「不夠快！不夠快！」桑提聽到伊思頓喊叫，但是他想讓狄威全力帶到最遠的距離。桑提以一分五十八秒二跑完前半英里，第三圈開始，他知道自己得搶下領先位置，因為狄威根本沒辦法保持夠快的速度。桑提進入彎道時，已經超越狄威，現在獨自跟時鐘賽跑。他感覺能量奔騰，志在突破一英里紀錄。

觀眾開始不斷呼喊他的名字：「桑提！桑提！桑提！」掌聲開始變大，丹娜和她的父母感覺這次可能會破紀錄。

桑提奔馳如風，奮力奔跑，想在第三圈跑出好成績，第三圈對他而言一直是最難跑的。此時易立信和邦漢遠遠落後，不太可能追上他。出第一個彎道後，桑提又聽到伊思頓喊叫。「快一點！快一點！」鈴聲響起時，桑提的時間是兩分五十九秒，他用六十秒三就跑完第三圈。

「桑提！桑提！桑提！」觀眾齊聲呼喊。

剩下一圈，他只需要以低於六十一秒跑完就行了。衝刺的時候到了，必須強忍痛苦，全力衝刺。

伊思頓在非終點直道大喊道：「衝！衝！桑提！衝呀！」

桑提進入最後彎道時萬分疲累，一步比一步更加費力。他把雙臂擺得更高以維持速度，胸口呼吸也更加劇烈。他現在幾乎聽不到觀眾的聲音，感覺就像在隧道中跑步。只剩一百碼時，他突然感覺冷，手掌濕黏，肩膀似乎在發抖。他發現手腳漸漸失去知覺，但是仍繼續跑，通過在彎道最凸處的一千五百公尺標示，那裡有一名計時員站崗。現在他到直道了，跑完就結束了。

「桑提！桑提！桑提！」看臺呼聲如雷。

接近終點帶時，他早就精疲力竭了，但是雙腿仍繼續奔跑，幾乎全靠意志力，他只剩意志力了。抵達終點時，他把肩膀向前傾，計時員按下停止鈕。桑提繼續沿著跑道跑，減緩速度變成慢跑。他的第一個想法是：「我辦到了嗎？」

他回去找計時員，伊思頓急忙跑到他身旁。「我認為很接近。」他說道，「真的很接近。」

最後廣播系統發出爆裂音，看臺靜了下來，播報員要公布時間了。「桑提以三分四十二秒八刷新一千五百公尺世界紀錄。」伊思頓和桑提互看一眼。雖然這是好消息，但是他們要聽的是一英里時間呀。

「桑提！桑提！桑提！」觀眾再度高喊他的名字。

接著播報員回到麥克風前，體育場又靜了下來。「現在公布一英里時間……四分零秒六，刷新了本體育場的紀錄。」

差距小得令人扼腕，才差零點六秒。零點六秒那麼短的時間，一眨眼的時間而已，只要起跑快稍微一點，風吹得稍微順一點，碰終點帶時身體稍微再往前傾一點就行了。零點六秒雖然很短，但卻無比重要。

桑提向丹娜揮手，丹娜趕緊下來跑道邊。他擁抱親吻完丹娜後，便轉向亂烘烘的記者們，他們迫不及待想知道發生什麼事。他打破了一千五百公尺世界紀錄，但是真正偉大的成就卻在眾人眼前跟他擦身而過，他慢了零點六秒。

比賽結束幾天後，他從伊思頓口中得知海軍陸戰隊拒絕答應讓他在暑假結束後才報到。他沒機會跟蘭迪和班尼斯特一較高下了。

六月二十日晚上，蘭迪跟查特威在土庫的體育場繞著跑道散步，天空清澈，暮色漸暗，空氣溫暖而涼爽，明天一英里賽時，天氣應該大同小異。英國跑者查特威一大早就搭機抵達土庫的小機場，蘭迪和約翰森在簡樸的木造航廈迎接他。

一個星期前，查特威才在阿姆斯特丹贏得一場一千五百公尺賽，賽後坐下來接受《新聞紀事報》（*News Chronicle*）的記者訪談時說道：「兩星期後，我很想跟蘭迪競賽……我不是要去芬蘭當定速員，我是要跑真的。」[30]在逸飛路協助完成壯舉後，查特威挑戰兩英里世界紀錄，請班尼斯特和布萊希爾幫忙定速。六月六日，在白城體育場的四萬名支持者面前，查特威僅以零點六秒之差挑戰失敗。布萊希爾和班尼斯特前一天分別參加一英里賽與半英里賽而身體疲累，因此無法如意全力協助他。賽後查特威說道：「我比較喜歡跟人賽跑，有趣多了，不喜歡跟時鐘賽跑。」[31]

在約翰森的催促下，土庫體育協會（Turku Athletic Association）馬上透過英國業餘體育協會，發邀請函給查特威。無巧不成書，班尼斯特的一英里世界紀錄在同一天獲得認可。查特威答應邀請之前，提出一項要求：他要求把六月二十一日的一千五百公尺賽改成一英里賽。每個人都贊同。多數人明顯認為，查特威可能會是蘭迪突破一英里紀錄所欠缺的要素。[32]倘若蘭迪真的在短短數週後就超越班尼斯特的時間，而且沒有人幫忙定速，許多人將會認為在逸飛路的成就並沒有那麼了不起，包括班尼斯特自己。查特威離開英國前，班尼斯特告訴他：「你要是真的去了，他絕對能突破四分一英里障礙。」[33]查特威說這種事沒有絕對的。他只是想看看自己跟蘭迪較量的結果。班尼斯特儘管對查特威參賽忐忑不安，但是沒再多說，知道自己無權干預別的運動員參加任何比賽，尤其是朋友。

自從到斯堪的那維亞半島後，蘭迪參加過四場比賽，但是他還沒找出自己需要什麼才能打破世界紀錄，不論是一英里或其他距離的世界紀錄。[34]在土庫以四分一秒六跑完一英里的一星期後，儘管多了父親到場加油，蘭迪在斯德哥爾摩再次跑出相同時間（蘭迪的父親是跟蘭迪的叔叔和嬸嬸橫越歐洲過來的）。或許蘭迪頂多只能跑這麼快，班尼斯特說其他人很快就會跟隨他進入低於四分一英里的領域，或許這個被大肆報導的預言根本不會成真。六月十一日，蘭迪在赫爾辛基挑戰一千五百公尺紀錄失利；同日下午，桑提跑出四分零秒七，再度出現令人扼腕的差距，儘管有奧運金牌得主巴特爾同場競賽。由於即將到海軍陸戰隊服役，看起來桑提可能不會有下一次機會了。蘭迪自己也沒剩太多時間可以繼續衝撞四分障礙。六月十六日，蘭迪雖然因為參加太多比賽而感覺疲憊，仍以五分十二秒六跑完兩千公尺賽，比自己的最佳時間快了十一秒，但是這對挑戰一英里紀錄沒有什麼幫助。

比賽前一晚跟查特威一塊散步時，蘭迪在跑道邊駐足，看著英國一英里跑者查特威。蘭迪知道查特威不是來幫他定速的，這點新聞有報導，查特威來這裡是要打敗他的。[35]「我現在就能換上徑賽服裝和釘鞋，」蘭迪說道，「在沒有人觀看和沒有對手的情況下以四分兩秒跑完一英里。」[36]

查特威相信蘭迪說得到就做得到。跟查特威自己和班尼斯特不一樣，蘭迪訓練極度嚴格，不用耗費太多體力就能一週接著一週跑出好成績。嚴苛訓練使他擁有剛強的身體與心智，查特威認為自己根本比不上。查特威得跑出這輩子最快的一英里時間才有機會獲勝，尤其因為他最快的一英里時間才四分七秒二。

隔天下午，蘭迪很晚才跟約翰森一起吃午餐，跟這位芬蘭東道主暢飲一杯啤酒，信心滿滿。查特威到土庫之前，蘭迪跑過三次時間測試，兩百公尺跑二十三秒，三百公尺跑三十七秒，四百公尺跑四十九秒，證明自己的速度有多快。誠如他後來所說的，他當時「體能絕佳」。[37]有查特威緊迫盯人，蘭迪相信，在七點的比賽，自己很可能會創造自己的歷史。幫蘭迪計時過測試跑的約翰森所見相同。約翰森提議要在比賽中安排一名定速員，但是蘭迪婉拒，他想獨力辦到。[38]

七點時，班尼斯特突破承受數十年攻擊的障礙四十六天後，蘭迪祝對手們好運後旋即到起跑線就起跑位置。[39]他穿著白色短褲和吉隆聯合體育社的跑步背心，胸前用別針別著二號。查特威是一號，穿得一身白；約翰森是三號，穿得一身黑。其餘三名一英里跑者跟他們並肩排成一線，其中包括年輕芬蘭王牌凱留（Antte Kallio）。六月二十一日是今年白晝最長的日子，天空中的太陽仍舊明亮。天氣很理想，氣溫攝氏二十一度，沒有風。八千名芬蘭跑步迷擠進土庫的小體育場，期待觀賞精彩的比賽，尤其因為有幫史上第一位四分一英里跑者擔任兔子的這個紅髮選手查特威參賽。還有大批記者到場，其中許多人是搭飛機來報導這場比賽的。

槍管一冒出煙，六名跑者就衝出起跑線。剛起跑時，在第三順位的凱留迅速切入內側跑道超越查特威。進入第一個彎道時，蘭迪跑到凱留的右肩後面，保持一步的距離，讓他領頭。蘭迪想要盡量跑得速度平均，跟五月三十一日那場比賽截然不同。第一圈跑完四分之三的距離時，蘭迪跟凱留仍維持這樣的差距；查特威在第三順位，落後兩步；約翰森在第四順位。蘭迪以五十八秒五跑完第一圈，凱留領先半秒。蘭迪跑得平順，姿勢完美，膝蓋抬高，肩膀放鬆，身體重心平衡，鞋子踏到跑道時，腳跟先著地，腳尖再著地。他跟兩年前時是截然不同的跑者。

跑到一圈半時，蘭迪決定要領頭。他等得比平常還久，凱留看起來因為前段跑太快而疲累了。接近半英里標示時，蘭迪明確領先，查特威落後他十呎，凱留、約翰森和其餘選手都被遺忘了，剩下兩人在比賽。查特威暗忖，如果能緊跟著蘭迪，就能在最後的直道衝過他。在第三圈起點，所有秒表測出來的平均時間是一分五十七秒九，速度很理想。蘭迪認為自己穩操勝券，這種情況他遇過很多次，對手總是會在最後一圈的第一個彎道敗下陣來。

蘭迪第三圈跑得穩紮穩打，節奏順暢，持續跑得放鬆，腳踩在煤渣跑道上的聲音就像節拍器打出來的拍子一樣穩定。蘭迪必須在這一段稍微休息，接著才能提振專注力和意志力，維持快速衝刺，跑完最後一圈。蘭迪仍舊領先，而且兩人繼續拉長領先其餘選手的距離。觀眾滿心期盼，但是蘭迪以前也曾經讓觀眾這樣滿懷期盼，觀眾很瞭解中距離賽跑，知道考驗是在最後一圈。

鈴聲響起那一刻，時間驚人，兩分五十六秒。蘭迪訝異地聽到查特威竟然在比賽末段仍跟得如此緊，只落後兩步，速度著實驚人。以前不曾有人能跟他跟到這麼遠。儘管如此，蘭迪還是沒全速衝刺。沒錯，查特威跑得很好，但是他很快就會敗下陣，頂多再撐一百碼。倘若蘭迪太早加速得太快，會沒有體力全速衝刺到終點。他以前曾經多次在最後彎道進入最後直道附近，力不從心跑不動。

蘭迪跑到倒數第二個彎道時，距離終點剩四分之三圈，不屈不撓的查特威仍緊追不捨。「該加速衝刺了。」蘭迪心想。倘若蘭迪慢下來，查特威絕對會奮力衝刺。蘭迪必須加速了。於是他開始加速衝刺，對自己說：「**衝！**」蘭迪加速拉開差距，查特威完全沒有機會跟，才一眨眼功夫，差距就從五碼增加到十碼。查特威實在難以置信。班尼斯特需要他和布萊希爾帶到超過三圈才加速衝刺；但是，蘭迪幾乎整場比賽都領頭跑，竟然還有體力用這樣的速度衝向終點。這展現了驚人的自信。

猛然間，觀眾看明白發生什麼事了，開始不斷高喊：「蘭迪！蘭迪！蘭迪！」

蘭迪肯定累了，但是仍維持節奏，進入最後彎道，衝向終點線。看臺上的觀眾震天價響地呼喊他的名字，音量越來越。他通過一千五百公尺標示後，在那裡站崗的計時員旋即查看秒表。時間刷新世界紀錄，三分四十一秒八，速度快極了！

蘭迪沒聽到觀眾的聲音，也不知道時間。加速甩開查特威後，蘭迪就一心專注對抗痛苦和緊張，保持姿勢。「別亂了姿勢。」他告訴自己。他繼續沿著跑道跑，沒辦法知道雙腿有沒有放慢。他用意志力叫自己跑快點，但是頂多只能維持速度。衝過終點帶時，他沒有向前傾身大跨步，看起來活像打算繼續沿著跑道跑。

蘭迪轉頭時，看見查特威通過終點，落後幾乎四十碼。蘭迪不知道自己跑多少時間，感覺跑得很快，大概四分一秒或四分兩秒吧。下一個通過終點的是芬蘭一英里跑者伍利薩，接著是約翰森，凱留敬陪末座。八千名觀眾焦急等待時間出爐，最後播報員終於來到播音系統前，說了幾句芬蘭語，整個體育場瞬間哄然大亂。蘭迪聽不懂那些話，但是知道自己成就了壯舉，才會激起這樣的反應。看臺變得空無一人，數百名芬蘭人團團圍住蘭迪歡呼，約翰森拼命擠向他。

「新世界紀錄！」約翰森朝他喊道，「三分五十八秒！」[40]

蘭迪目瞪口呆，但是才剛恍然大悟自己以一秒半打破班尼斯特的時間，就被一大群人抬到肩膀上。芬蘭群眾把他當成獎杯，高舉過頭上上下下。照相機閃光燈泡在他面前閃個不停，他被往前抬，身體幾乎水平，雙臂高舉過頭。他終於辦到了！

最後群眾終於讓他重新站到跑道上，約翰森告訴他應該跑一圈「繞場慶祝」。蘭迪找來跑出個人最佳時間四分四秒四的查特威，邀他一起跑。「要是沒有你，我絕對辦不到的。」蘭迪說道。

「不，不，這是你的成就。」查特威說道，「大家想看的是你。」[41]

最後，蘭迪擠出人群，開始沿著跑道慢跑，如雷的掌聲跟著他，體育場升起澳洲國旗。經過兩年專注苦練，在無數場比賽跑出優異的成績，但是始終功敗垂成，現在他終於以驚人的差距打破一英里紀錄。

第十六章

跑步能用的戰術幾乎無限多，就像下棋一樣，每個戰術都有反制戰術，每個攻擊戰術都有對應的防禦戰術……跑者最重要的資產不只是強健的體魄，還有冷靜縝密的頭腦、信心與勇氣，最重要的是求勝的意志。

——史坦福《史坦福談跑步》（一九五五年出版）

蘭迪通過終點線半小時後，班尼斯特在位於哈羅區的家應門，回答記者們提問。[1]聽到廣播報導蘭迪以三分五十八秒跑完一英里後，他就料到記者會來。「羅傑，你對蘭迪的成績有什麼看法？」[2]一名擠在門前階梯、手拿著筆記簿的記者問道。

「這是了不起的成就，我由衷恭喜蘭迪。」班尼斯特說道。他高明地掩飾震驚蘭迪竟然以如此驚人的差距打破他的紀錄；由於查特威參賽，班尼斯特早就預料到蘭迪可能會突破四分鐘，但是沒料到竟然突破了兩秒鐘。「蘭迪非常努力，我很高興他終於成功了。這證明時間絕對會被突破。」

「你接下來要做什麼？」

班尼斯特聽到廣播報導的那一刻就知道一切都改變了，在大英帝國運動會跟蘭迪競賽不再是普通的比賽[3]；率先突破障礙現在已經幾乎沒有意義了，尤其如果蘭迪在正面對決時勝出。

「我非常期待八月在溫哥華跟蘭迪比賽，」班尼斯特冷靜解釋道，「不過我不認為他的紀錄會在那種十二人參賽的比賽中被打破。」

「那你打算在不久的將來打破蘭迪的紀錄嗎？」

他微笑道：「我不知道。」

最後班尼斯特結束記者訪問後面對現實，他最重要的比賽不是在六週前，而是在六週後。就算突破三分五十八秒不是完全不可能，他一點也不擔心能不能辦到。雖然他持續到約克公爵皇家軍校，但卻放任訓練失焦，誠如他所說的，他跑得「意志消沉」。從五月六日起，他就忙得不可開交，無暇訓練。

在逸飛路完成壯舉幾天後，他在英國外交部的鼓勵下，前往美國，這趟旅行被稱為勝利之旅。一抵達紐約愛德威機場（Idlewild Airport），也就是現今的甘迺迪國際機場，他就為了爭議而苦惱。旅費由電視節目《我有祕密》（I've Got a Secret）支付，但是該節目有商業贊助，贊助商剛好是一家香菸製造商，如果班尼斯特參加節目，有可能會失去業餘運動員身分，因此他必須取消參加節目，並且償還旅費。不過，他還是接受許多採訪，回答問題，像是「你認為女王會封你為爵士嗎？」[4]（他回答：「天呀！」）和「你覺得美國女孩如何？」（他回答：「街上的女孩看起來大同小異，但是我確定每個女孩都有不同的迷人特質。」）根據報導，總共有七千五百萬人收看。接著他又碰上麻煩。[5]南加州奧運委員會送他「奇蹟一英里獎杯」，這個獎杯是幾年前製作的，要送給第一位達成這項重要成就的運動員。但是記者揭露獎杯價值一百七十八英鎊，比業餘運動員能接受的獎品價值高出一百六十六英鎊，引爆軒然大波，最後班尼斯特只能帶著價值十二英鎊的縮小複製品回英國。

一回倫敦，他就埋首準備醫學考試。「那些考試實在令人膽顫心驚吶。」[6]他在聖瑪麗醫院的一名同學解釋道。第一關是一連串內科、外科、產科、藥理等領域的三小時申論寫作考試[7]；第二關是臨床測驗，必須在四十五分鐘內對一名被指派的病患紀錄病歷並且澈底檢查，最後提出診斷結果和治療計劃，倘若出現嚴重疏失，將無法通過測驗。經過八年準備，這些考試攸關重大。

由於要準備考試，他只有很少的時間交際聯誼，但是夏天時，他開始跟名叫摩拉．亞可布松（Moyra Jacobsson）的瑞典少女交往。[8]摩拉是有才華的藝術家，在倫敦聖奧爾本斯街（St. Albans Grove）有一間畫室；父親是國際清算銀行的首席經濟學家。她對班尼斯特的跑步成就絲毫不感興趣，班尼斯特開玩笑道：「我確定她以為我用一分鐘跑完四英里。」[9]無疑，正因如此，還有她貌美如花和興趣廣泛，吸引了班尼斯特。那個夏天兩人只有機會見幾次面，但是班尼斯特希望取得醫師資格和從溫哥華返回後，能跟她深入交往。

班尼斯特參加比賽時，成績乏善可陳。[10]六月四日在白城體育場舉辦的英國運動會，他參加半英里賽，輸給捷克斯洛伐克的榮格維斯。隔天他在報紙頭版看到自己的照片，榮格維斯胸膛頂著終點帶，領先他，而他的跑步背心被泥土濺到。「輸得灰頭土臉。」[11]班尼斯特知道新聞輿論多善變，自我解嘲標題會寫什麼。兩天後，他試圖幫查特威取得兩英里世界紀錄，費力跑完後半段賽程，取得第六名。[12]不出班尼斯特所料，英國新聞輿論大肆批評，說這些失敗，尤其是輸給榮格維斯，證明了班尼斯特比較擅長跟時鐘賽跑，不善於跟人賽跑。看起來新聞滅王跟造王的能力一樣好啊，有人認為班尼斯特害怕肉搏搶位，可是讓一英里賽深深吸引跑步迷的正是這種激烈競爭。《每日鏡報》寫得最尖酸刻薄：

跑出好時間跟跑贏，天差地別。[13]要跑出好時間，只需要有畫好白線的乾淨跑道；要跑贏，則需要技術高超、能隨機改變速度、善用跑步策略。班尼斯特的後三項能力並不強，對此，他可以怪自己老是耍手段把比賽搞得一點都不像真的。

倘若班尼斯特想在大英帝國運動會和歐洲錦標賽有勝算，專家勸他開始參加更多比賽，體驗競爭的感覺。現在蘭迪刷新世界紀錄了，這兩位一英里跑者可能會在溫哥華「展開激戰」。班尼斯特得趕緊開始精進，畢竟許多圈子的人都認為他處於劣勢。

班尼斯特一如平常，不理會新聞輿論的建議。然而，聽到土庫傳來的消息後，他就馬上開始認真準備跟蘭迪一決雌雄。他馬上加強訓練，不過更重要的是，他開始思考要用什麼策略跟蘭迪競速。蘭迪可是以三分五十八秒就跑到終點線，而且根據查特威的說法，蘭迪跑完一會兒後，就看起來像只是週日下午慢跑完。

蘭迪跑出這輩子最快的比賽後，晚上不自在地躲避聚光燈。對於大眾矚目，他後來說道：「那不是人生真正的意義，那只是虛名，人生不該執著於追求虛名。」[14] 他的幹勁始終來自於渴望精益求精，不是為了獲得讚許或打破紀錄，不過他還是得盡量應付大眾矚目。他到一座湖上的一間屋子，參加為他舉辦的慶祝派對，但是喝幾杯啤酒就提早離開，令查特威和約翰森感到訝異。他知道他們不會瞭解為什麼他沒有興高采烈。雖然跑出三分五十八秒一英里令他獲得強烈的成就感，但是他並沒有跑得很費勁，而且如同他所解釋的：「這件事做完了，結束了。換下一件事。」[15]

蘭迪是唯一平靜看待紀錄的人。芬蘭總理烏霍．凱科寧（Urho Kekkonen）曾經是奧運跳高選手，是努米的朋友。為了表揚蘭迪的成就，凱科寧頒發凱科寧杯給他，這個獎項以前從未頒發給芬蘭運動員以外的人。蘭迪在家鄉的朋友收聽六月二十一日的比賽時，興奮得對著收音機歡呼；他的家人半夜被叫醒告知消息，在東馬門區的家，電話響個不停，直到早上。母親發電報給蘭迪寫道：「很高興你跑得那麼好。這是這輩子最棒的消息。母親。」澳洲報紙瘋狂報導偉大的英雄蘭迪預言道：「我可以跑得更好。」[16]蘭迪「精益求精、不屈不撓的態度」變得家喻戶曉，有人說「應該把他的中間名取為堅毅」。[17]《墨爾本太陽報》將他的三分五十八秒跟以前的世界紀錄列出來比較，詳細說明倘若同場競賽，他抵達終點時，領先班尼斯特十碼，領先海格二十五碼，領先伍德森和康寧漢超過六十五碼。《墨爾本時代報》的社論評論說，蘭迪為國家增添了榮耀，接著解釋道：「運動家與政治家背負維護國家優良聲譽的重責大任，只要他們都能效法蘭迪，就不會讓國人失望。」[18]墨爾本市政府再度高高升起曾經飄揚在赫爾辛基的那面奧運澳洲國旗，這次是為了向蘭迪致敬而掛的。維多利亞州業餘體育協會建議以蘭迪的名字來為奧運公園改名。記者找到謝魯狄時，他再度把訓練這位國寶的功勞攬到自己身上，並且解釋道：「我一直都說蘭迪能跑三分五十七秒，而且全世界沒有一英里跑者在十二個月的訓練中跑跟蘭迪一樣多的英里程數。」[19]

隔天蘭迪躲開排山倒海的矚目，多虧約翰森安排到楠塔利（Naantali）旅行。[20]楠塔利是在土庫外的僻靜小島，蘭迪可以在那裡放鬆，沿著林木茂密的海岸線健行。在下個星期，越來越多新聞報導蘭迪即將在大英帝國運動會跟班尼斯特的對決，然而，他仍不願談論跑步。華倫到溫哥華之前，先到英國與挪威比賽，此時前來芬蘭拜訪他。但是蘭迪卻完全不讓好友談論三分五十八秒紀錄，逕自把話題轉移到華倫最近在奧斯陸參加的五千公尺賽；其實蘭迪對那場比賽早就一清二楚。「我費了好大一番功夫才讓他聽我說完恭喜的話。」華倫後來說道。[21]

儘管不願意談論，但是七月十五日到達溫哥華前的三個星期中，蘭迪自己思考了許多關於跑步的事。他的「下一件事」，也就是兩個目標的第二個，是在大英帝國運動會的一英里賽贏過班尼斯特。他知道這件事很重要：他突破班尼斯特的時間那一刻，骰子就擲出去了。蘭迪後來這樣說道：

這場比賽俱備爭奪世界冠軍的要素。[22]首先，大家說沒人能突破四分鐘，接著班尼斯特辦到了。七週後，我又突破他的時間。屆時我們將代表各自的國家，沒有定速，沒有人為操作。我會努力從頭領先，他會拼命緊跟，這樣的比賽情況簡直令人難以置信。

跑一英里是用速度和耐力創造出來的一門藝術，班尼斯特和蘭迪採用完全相反的跑法，說明運用這兩個要素時，可以採用截然不同的方法。[23]班尼斯特讀過也聽過蘭迪的事，全力師法。就班尼斯特所知，蘭迪是「領先型跑者」，用田徑的說法，這種跑者從一開始就會跑得非常快，讓對手望塵莫及，無法在最後一圈追上。蘭迪憑藉的是善於判斷速度，以及自信擁有優勢體力能打敗對手。班尼斯特則是「跟隨型跑者」，或稱「位置型跑者」，會待在後面，讓蘭迪那種跑者帶著跑，緊緊跟隨，或稱「保持接觸」，在鈴聲響起時，展開最後快速衝刺。這兩種跑法都有優缺點，在一英里賽中，要跑多快，什麼時候要從緊跟變超前、什麼時候要開始衝刺，都必須在精疲力竭、腦筋混沌的情況下快速決定。雖然跑者能預先準備，以增加勝算，但是必須在比賽開始後，才能瞭解到底該怎麼跑，就像藝術家畫一幅畫的草圖線條時，必須畫下第一筆後，才能知道哪些顏色和漸層互相調和的效果最好。

班尼斯特有查特威幫忙研擬策略。[24]查特威不僅擁有蘭迪在芬蘭的每場比賽時間，分析出每一百公尺的時間，也知道跟他比賽的感覺。在這之前，班尼斯特對蘭迪的深入瞭解大多來自讀田徑雜誌中謝魯狄的誇大描述：蘭迪「冷酷無情，不關心別人的感受，行為凶暴，心懷敵意，不過大多發洩在自己身上，因此蘭迪有時能承受極度強烈的體能訓練」。[25]查特威親身接觸過蘭迪，蘭迪跑出三分五十八秒的前一晚，他曾經跟蘭迪一起在跑道上散步；蘭迪突破紀錄後，他曾經親眼觀察蘭迪。「對他而言，那是嚴肅的時刻。」[26]查特威後來回憶道：

聚集在他周遭的所有人對那一刻的看法跟他迥然不同。他沒有興高采烈或欣喜若狂，彷彿這完全是私人成就，是他想做的事，在他埋頭苦幹後，突然完成了。他感覺簡直就像全球的新聞突然報導他的新婚之夜。這對他而言完全是私事。

蘭迪的拼勁來自渴望達到極限，他從一開始就疾速奔跑，從不回頭看，對他而言，比賽的重點不在於其他人跑得怎樣，而是挑戰自我。蘭迪之所以會這樣認為，一是在澳洲從沒受到威脅，所以他就只知道比賽時要這樣跑；二是個性使然。無疑，在溫哥華，他會領頭全速奔馳，打敗班尼斯特。

為了確保蘭迪採取這樣的策略，班尼斯特決定傳達訊息給蘭迪。[27]蘭迪或許有體能優勢，但是班尼斯特能完全憑藉意志力跑出驚人的最後衝刺。七月十日，在業餘體育協會錦標賽，前一天剛取得醫師資格，班尼斯特以平平的速度跑一英里賽的前三圈，待在選手群後頭。鈴聲響起再跑一百碼後，他衝刺到領先位置，全速跑到終點，以五十三秒八跑完最後一圈，一英里時間為四分七秒六。如果蘭迪對班尼斯特的最後衝刺有疑問，現在獲得解答了。

在維吉尼亞州匡提科基地外的樹林裡，桑提蹲在泥地上，心不在焉地摸著背包背帶，等待展開另一個小時的行軍，在七月中旬的烈陽下穿越樹林。[28]他的M1步槍靠在附近的樹上。

「這位入伍生。」他上方有個聲音厲聲叫道。

桑提抬頭看見羅伯茲（J. D. Roberts），前奧克拉荷馬州的美式足球明星，高高站在面前，配戴著中尉階級章。「是，排長。」桑提答道。

「去把步槍帶在身上，槍不能離身，睡覺帶著，上廁所也帶著。懂嗎？」

「是，排長。」他說完旋即把背包甩上肩，操起步槍。排上其餘弟兄已經開始出發，他趕緊跟在他們後面，下午行軍好久了，他的內衣整個黏在胸膛上。現在是入伍新訓的第三週，但卻是他第一天參加訓練；前兩週，排上其餘弟兄在學習如何射擊步槍和整理裝備，桑提卻在別處忙。

過去那個月，紛擾混亂。六月十一日，在洛杉磯紀念體育場，他進入比賽最後一圈時，落後巴特爾兩步，計時器上顯示的時間為三分鐘整，他再次極有可能成為第一位突破神奇四分一英里障礙的美國人。[29]巴特爾接著突然加速，看似要在非終點直道之前跟桑提拉開距離。雖然桑提知道自己必須維持平穩的速度，才能突破四分鐘。但是由於擔心巴特爾贏得比賽，跑到非終點直道的一半後，距離終點兩百二十碼，桑提便像「槍射出來的子彈」，全速衝過巴特爾。桑提明確奪回領先位置後，觀眾激動若狂。但是距離終點一百碼時，桑提卻減慢速度，雖然只有稍微減慢。為了取得領先的那段衝刺害他的雙腿耗盡氣力。最後他以四分零秒七通過終點帶，再次慢了不到一秒。

賽後巴特爾過來找他。「你幹嘛超越我？我在幫你定速呀。」[30]半晌後，桑提才恍然大悟巴特爾剛剛說的話，呆若木雞。原來盧森堡的一英里跑者巴特爾在最後一圈超越桑提是要幫他定速到終點；倘若桑提緊跟著巴特爾到最後一百碼，而不是在非終點直道就全速衝刺，或許就能破紀錄。賽後桑提只跟記者們說寥寥幾句話，第二次以如此微小的差距功敗垂成，令他萬分痛苦，但是他沒有表露心情。「這個夏天我要去海軍陸戰隊服役了，不能再跑步了。」[31]他告訴記者們，「我希望軍方能准許我請假參加幾場比賽，但是我絕對不是想當受到嬌生慣養的運動員。」

幾天後，在勞倫斯，桑提和老婆一起打包衣物，跟親友道別。桑提到預備軍官訓練團中心拿人事命令時，一名陸戰隊少校在門口攔下他。「我知道你認為自己是了不起的運動員，」少校說道，「不過你還是得去接受基礎訓練。懂嗎？」桑提點頭說道：「是，長官。」

在匡提科基地，桑提才剛到不久，正在領靴子和軍服，就有一輛吉普車停到他那一排旁邊，駕駛喊道：「入伍生桑提在嗎？」

他往前站一步。「有。」

「過來。」

桑提一手拿著靴子，一手抱著內衣。「這些東西怎麼辦？」

「放在原地。」

片刻後，桑提走進海軍陸戰隊學校指揮官柯里頓・凱茲將軍（Clifton Cates）的辦公室。有人稱這位目光嚴厲的六十一歲三星上將為「上帝」，他在第一次世界大戰的凡爾登戰役初次打響名號。「很高興見到你，桑提。」指揮官說道，跟他握手後便走到桌子後面，「很高興你來到這兒。有你加入陸戰隊，咱們可驕傲了。下週末北加州的雷強營區（Camp Lejeune）要舉辦全國陸戰隊徑賽，如果你代表匡提科基地出賽，咱們鐵定能贏。」

「謝謝指揮官的肯定，但是我來這裡是要接受軍事訓練的。」

「我知道。但是各單位的陸戰隊都會參賽，如果你出賽，咱們就能贏啊。」

「報告指揮官，我必須完成軍事訓練。」桑提看向右側，一名陸戰隊少校上下點頭，暗示他答應出賽，否則後果自負。「我離開堪薩斯州時，有長官告訴我，我來這裡不能參加任何比賽。我該怎麼辦？」

「喂，聽好。」三星上將冷靜說道，「我說行……就行。」

一小時後，桑提就在參謀座車上，前往北加州，甚至沒時間打電話告訴丹娜他要離開。丹娜看報紙才知道，並且開車去跟他會面。在會賽中，桑提參加一英里賽、半英里賽和接力賽，場場皆勝，幫匡提科基地贏得第一名獎杯。那天晚上他接到凱茲將軍的電話。「幹得好啊……對了，再待一個星期，因為咱們要主辦三軍錦標賽。」

桑提在北加州時，蘭迪跑出三分五十八秒的消息傳來，記者追纏桑提談談感想。桑提一點也不驚訝，因為蘭迪上個月就差點突破障礙了。「像蘭迪和班尼斯特那樣專一訓練的人，最後或許能以三分五十五秒跑完一英里。」[32]桑提說道。他怨憤自己始終沒辦法像那樣專一訓練。他得等到三個月的陸戰隊訓練結束後，才可能有機會像那樣專一訓練，桑提勸告記者，羅列能突破四分一英里障礙的一英里跑者名單時，別把他排除在外。他已經計劃好了：秋天進行密集越野跑步訓練，搭配跑道短跑衝刺；冬天在室內跑道訓練，提升速度；一九五五年春天他就準備好了。「我要全力嚴格訓練，犧牲我擁有的一切，幫美國奪回一英里紀錄。」[33]他信誓旦旦說道。

桑提帶領陸戰隊在三軍錦標賽獲勝後，便回去接受基礎訓練，匡提科基地的嚴苛訓練讓他無暇再想四分障礙和一英里賽。他得格外努力趕上落後的進度，學習當軍人。現在凱茲將軍不再需要桑提了，排長們，像是羅伯茲，就不再特別禮遇他。雖然這位堪薩斯州一英里跑者體能優於排上其餘弟兄，把長行軍當成散步，但是入伍新訓還有其他挑戰。一週接著一週，桑提不斷學習射擊、定向越野、求生技能、徒手搏擊，他的名字消失在田徑新聞標題上，他渴望跟班尼斯特和蘭迪一較高下的希望也漸漸消失。

蘭迪在土庫創下一英里紀錄後，旋即為了預定七月三十日開始的大英帝國運動會再度展開認真訓練。[34]他主要集中於速度訓練，反覆跑八百公尺，中間慢跑兩圈。從一九五三年十二月起，他就一直處於比賽狀態，長時間維持高強度訓練，完全沒有休息，但是持續不斷的訓練反而讓他能堅持下去。

至於策略，他從沒為比賽要怎麼跑而傷腦筋，即便讀到報導說班尼斯特七月十日以五十三秒八跑完最後一圈，他也不假思索就解讀為那是班尼斯特在說：「你沒有選擇的餘地，老兄，你得領頭。」[35]他沒想過要突襲班尼斯特，在溫哥華採取伺機而動的策略。約翰森建議蘭迪別跟在芬蘭比賽時一樣，一開始就領頭。[36]芬蘭一英里跑者約翰森告訴他，除非從頭領先能把差距拉到很大，否則班尼斯特會在最後衝刺趕上。蘭迪不理會約翰森的信。謝魯狄也提出大同小異的建議，告訴他把第一圈當成熱身，放慢速度跑，接著把比賽當成三圈來跑。

蘭迪沒有太多使用戰術的經驗，幾乎兩年沒輸過一英里賽，而且在每場比賽中，幾乎都是從開始就領先。他喜歡讓對手耗盡體力，認為只要以夠快的速度領頭，班尼斯特在最後一圈就會沒有體力展開最後衝刺。[37]蘭迪就是這樣對付查特威，查特威在土庫落後他四十碼才抵達終點。蘭迪研究過班尼斯特的時間，而且雖然班尼斯特的體能很好，但是蘭迪的體能更勝一籌。戰術固然有用，但是只有在勝負相差幾碼的比賽中，戰術才是不可或缺的。[38]倘若順利，蘭迪會遙遙領先班尼斯特，讓班尼斯特沒機會施展戰術。更重要的是，蘭迪實在不想在比賽中慢慢跑，耍手段，他想要從起跑就掌控比賽。

七月十一日，為了回應班尼斯特前一天在英國錦標賽發出的訊息，蘭迪也傳達了自己的訊息。[39]前往溫哥華前，在芬蘭的最後一場比賽，儘管風勢強勁，在三百公尺的短跑道，他仍以驚人的速度跑完一千公尺賽，時間兩分二十秒九，只比世界紀錄多半秒。在兩人的決戰中，班尼斯特必須跟這種速度競速。蘭迪後來解釋道：「我認為這可能會使大家搞不清楚，在溫哥華的比賽中，到底誰會領頭。或許我會出乎班尼斯特的意料，採用截然不同的跑步策略，躲在他後頭，採用策略，運用速度取得勝利。」[40]

大英帝國運動會開始的兩週前，桑提帶著步槍跟全排在匡提科基地的外駐營區行軍時，指揮軍官叫他到連部。一輛吉普車載他到匡提科基地的大門後，他就被領進公共事務處。桑提不知道會發生什麼事。

桑提向主管這間辦公室的陸戰隊上尉敬禮，稍息站在他的桌子前面。上尉開門見山說道：「八月七日班尼斯特和蘭迪要在溫哥華比賽，全國廣播公司要你到紐約當比賽實況評論員。」[41]

桑提無奈地接受這個消息，沒有選擇餘地，說道：「是，長官。」對於像他這樣的對手而言，這實在是殘酷的要求，畢竟他花了數年苦練，想成為世界頂尖的一英里跑者。他不想一面看著這兩人在螢幕裡，一面評論比賽，他想要參賽。但是由於必須在陸戰隊服役，加上被禁止參加國際比賽，他實在無可奈何。

「你有軍禮服嗎？」上尉問道。

「沒有。」他有釘鞋和跑步背心，他想這麼回答，但是上尉問的不是這個。桑提肯定有猜想，倘若他在康普頓邀請賽的一英里賽再跑快個零點六秒，這次面談會不會變成要他跟班尼斯特和蘭迪比賽。他就差那麼一點點。跟業餘體育聯合會槓上、到陸戰隊服役、協助雀鷹隊獲勝，再再都使他無法達成自己的目標。

吉普車載他回到排上。在接下來的日子，從一條條刺絲網底下迅速爬過泥地，是他唯一能參加的比賽。

七月十五日，蘭迪搭的飛機飛進溫哥華，繞過摩天大樓林立的市區、湛藍的海灣、星羅棋布的遊艇，接著輪子才嘎的一聲降落到柏油跑道上。[42]飛機滑進機場時，蘭迪望向窗外，看著別人所說的「電影明星級」歡迎。不過就是一群人嘛。數百名支持者、想索取簽名的人、記者、攝影師，蜂湧包圍蘭迪，把跟他同行的另外四名澳洲選手推到一旁。蘭迪以低於四分鐘跑完一英里的隔天，門票的銷售量就暴增，現在更是已經賣完了，這證明了他能帶動溫哥華的經濟，因此溫哥華市長也前來歡迎他。最後，警察擠入混亂的人群中，護送蘭迪到等待中的座車，以免他在群眾的過度激情中丟了小命。不過負責接送他到帝國選手村的那名官員關上車門後，赫然發現車裡只有他跟蘭迪。「咦？」官員說道，「其餘的澳洲選手跑哪去了？可不能把他們落下呀。」

警察找到其餘選手並且送進車子後，機車警察護送車隊旋即領著他們前往帝國選手村。記者招待會即將在那裡召開，人人都想知道，蘭迪認為在這場被稱為「世紀一英里賽」的比賽中自己有多少勝算。

七月二十三日星期五，班尼斯特到國王路的公寓敲門，史坦福歡迎他光臨。[43]師徒一起坐到長沙發上，史坦福的妻子在旁邊的小廚房裡泡茶。

班尼斯特在逸飛路完成壯舉後，這位奧地利教練不理會媒體宣傳，寧可悄悄溜回倫敦訓練其他運動員。他不想站在班尼斯特旁邊讓人拍照，也沒聲稱班尼斯特是因為嚴格遵從他的指導才突破四分一英里障礙。五月六日晚上，史坦福就告訴小佩，說他寧可離開倫敦幾天，因為「要下大雨囉」。史坦福認為宣傳唯一的好處是能激勵更多運動員來尋求他的指導。

明天班尼斯特就要前往溫哥華，史坦福沒有經費同行，也不想因為擔任班尼斯特的教練而引發爭論，因此這是兩人在大英帝國運動會前的最後一次談話機會。[44]史坦福堅信班尼斯特會打敗蘭迪，不過前提是班尼斯特在五月六日取得的信心能維持到跟蘭迪比賽。

在外頭國王路的吵雜交通聲中，兩人一邊喝茶，一邊討論策略，談的主要是「假設狀況」。[45]如果蘭迪採取伺機而動的策略怎麼辦？如果蘭迪速度太快，班尼斯特無法緊跟怎麼辦？如果班尼斯特太早衝刺，還沒跑到終點就耗盡氣力怎麼辦？基本上，焦點在於最後這個問題。無庸置疑，蘭迪前三圈會維持極快的速度，使班尼斯特累得無法保持在攻擊距離內。[46]班尼斯特通常會在剩三百碼時出招，因為只有這個機會能出招，但是如果他在三百碼外就開始衝刺，將難以保持極速衝到終點，甚至是不可能辦到。因此，最有勝算的策略就是等待，確定從頭到尾緊跟，讓蘭迪帶著跑完最後彎道，進入終點直道。「你必須在那個時候攻擊。」[47]史坦福告訴班尼斯特，「不能提早。」班尼斯特必須在出彎道後攻擊，享受超越蘭迪的短暫快感，而且別給蘭迪機會反擊；史坦福說被超越的感覺就像「肚子被揍一拳」。[48]

班尼斯特其實可以獨自想出這個策略，但是跟史坦福一起研擬，有助於說服自己策略行得通。教練向他保證，說他有強盛的體能和求勝意志，能在比賽的末尾「釋放突破極限的能量」，取得勝利，他兩個多月前在逸飛路就辦到了。[49]沒錯，蘭迪跑過更好的時間，時間也比較一致；沒錯，如果兩人必須一週接著一週競比，蘭迪八成會贏多輸少。但是就這場比賽而言，班尼斯特能集中精神取勝。他跟史坦福的談話具有極大的效果，五月六日早上的談話也是如此。跟教練談話有什麼效果，查特威解釋得最好：

那是一種賽前心理熱身操。如果我說我好累，他就會解釋為什麼他完全相信我的最後衝刺會跑很快。其實，我知道他跟我一樣不知道我會不會贏，因為輸贏本來就是沒辦法預料的。不過聽他說鼓勵的話絕對有幫助，就算我早就知道他要說什麼。[50]

那天下午班尼斯特離開史坦福時，心裡確信自己會贏，或許只贏不到一步，不過那樣就夠了。[51]

第十七章

三分五十九秒四的一英里跑者跟三分五十八秒的一英里跑者同場競速會發生什麼事？這可不是不切實際的問題，不像存在已久的難題：一八九五年出生的拳手傑克．鄧普西跟一九一四年出生的拳手喬．路易斯對打會發生什麼事？班尼斯特和蘭迪年齡相近，大家不需久等，答案即將揭曉。

——《紐約時報》，一九五四年八月一日

在倫敦，班尼斯特跟一大群英國選手，包括查特威和布萊希爾，搭上飛機，準備飛往溫哥華。[1]本來第一站應該是蒙特婁，但是由於逆風強勁，起飛十二小時後，他們被迫中途停留拉布拉多島（Labrador）的鵝灣市補給油料。拉布拉多島是一座孤立的島嶼，通常覆蓋著冰雪。由於要停留數小時，班尼斯特便下機在五十五平方碼的限制區域慢跑，其餘選手隨即效法，馬拉松選手吉姆．彼得思（Jim Peters）這樣描述當時的場面：「我們一下往前跑，一下倒退跑，活像放風的犯人。」最後他們在半夜登陸蒙特婁，睡在活像軍營的旅社，裡頭唯一的奢侈品是一台可口可樂販賣機，投六便士英國銀幣進去，會找價值超過投入金額的加拿大幣零錢，對每天只有幾英鎊零用金可花的業餘運動員而言，這實在是意外的橫財。

隔天早上，他們再度登上飛機，展開十小時旅程，前往溫哥華。為了排遣無聊，大家在班尼斯特坐的飛機後側打枕頭仗，或欣賞巨大遼闊、令人敬畏的洛磯山脈，飛行員指出形形色色的山峰。班尼斯特拿出一顆香瓜，切成一片片分給隊友吃，但是有些人第一次看過這種水果，拒絕品嚐這種美食，不敢打亂細心擬定的飲食計劃。

最後他們在七月二十六日登陸溫哥華，超過一千人和一支風笛樂隊在柏油跑道上等他們抵達。選手們井然有序地排成一路下機，隊長彼得思最後離開。暗暗期盼將近兩天後，他們終於置身大英帝國運動會的喜慶氛圍中。隊友紛紛消散在人群中，成群的記者湧向唯一的主要焦點，新科醫生班尼斯特。他跳上車之前說了一句重要的話：「我參加比賽是為了贏，不是為了打破紀錄。」[2]一位記者觀察格外敏銳，注意到班尼斯特手上戴的手錶有十二個英文字母，P—E—N—N—S—Y—L—V—A—N—I—A（賓州），取代標記小時的數字。[3]一九五一年贏得班傑明富蘭克林一英里賽時，他獲得那只手錶，那是他在國際舞台上的早期重要勝利。

離開溫哥華的機場後，班尼斯特和查特威把旅行袋放到帝國選手村的所在地，英屬哥倫比亞大學校園，接著前往為大英帝國運動會建造的游泳池游泳。他們前往游泳池途中，行經訓練跑道時，班尼斯特發現蘭迪在跑道上。

這兩人從一九五二年赫爾辛基奧運之後就沒見過面，但是將近兩年來卻一直密切注意彼此的一舉一動。兩人無可避免要在賽前交談，班尼斯特想要趁早跟蘭迪談談，省得夜長夢多。班尼斯特不喜歡跟對手交朋友，眾所周知，蘭迪肯定也知道，因為他的澳洲同胞麥克米蘭幾年前告訴過班尼斯特：「羅傑，你打敗對手後，才會真正友善對待對手！」[4]

班尼斯特和查特威沿著跑道走。蘭迪在草地上進行短跑衝刺，光著腳丫，只穿白色短褲。他看見兩人後，走過操場。他曬得黑黝黝的，班尼斯特沒看過體魄比他更強健的一英里跑者一英里跑者。

「哈囉，蘭迪。」[5]班尼斯特說道，心裡覺得尷尬。

「班尼斯特。」蘭迪說道，用力跟他握手，看似絲毫不覺得尷尬。

幸好班尼斯特有查特威在一旁減緩緊張氣氛。班尼斯特像問候老朋友一樣問候這位澳洲人。

「看過新帝國體育場的跑道嗎？」班尼斯特問道。

「看過了。」蘭迪答道，「看起來黏土有點多，如果天氣變熱，跑道會變得很硬。」

三人聊天氣（他們說陽光普照，天氣好極了）和蘭迪的父親會到場觀看比賽（他們都認為這是美事），完全不談即將到來的比賽。他們就像兩名職業拳擊手，無所不談，就是不談最重要的事。

「你們今晚要練跑嗎？」蘭迪問道。

「沒有，我們要去游泳。」班尼斯特白直答道。再客套幾句後，班尼斯特和查特威便離去，蘭迪則繼續練跑。兩週後的比賽結束前，兩人頂多就只會對彼此說這些客套話。然而，他們分道揚鑣前，兩名《溫哥華太陽報》（*Vancouver Sun*）的攝影師偷偷拍了兩人的合照，隔天照片登上眾家報紙，以「明星一英里選手會面嚴防擦槍走火」之類的聳動描述下標題。[6]精彩對決開始了。

一八九一年十月三十日，古代奧林匹亞運動會重新舉辦的五年前，牧師亞斯利・古柏（J. Astley Cooper）在《泰晤士報》建議舉辦「泛英運動慶典」（Pan-Britannic Festival of Sport），讓大英帝國的所有國家共襄盛舉。[7]許多人認為英國在世界舞台能擁有偉大聲望，得歸功於國民在業餘體育中學到的理想。這個想法花了一點時間才獲得廣大的迴響，但是最後，二十年後為了慶祝英王喬治五世加冕，卻舉辦了名稱彆扭的「帝國慶典」（Festival of Empire），不僅舉辦許多展覽，也舉辦帝國內的國際體育競賽，由英國、澳洲、南非和加拿大參賽。然而，直到一九三〇年，第一屆真正的大英帝國運動會才在加拿大的漢米爾頓市（Hamilton）舉辦。英國管轄、使用英語的七個國家派隊伍參加比賽，包括田徑、游泳、拳擊、摔角、划船、草地滾球。只有男性運動員能參加比賽，英格蘭的湯馬思以四分十四秒贏得一英里賽。接下來的二十四年出現巨大改變：現在女性可以跟男性一起參加比賽；參賽國家由原來的四國變成二十四國；選手不再搭船參賽，改搭飛機；全球都會透過廣播、電視、報紙來關注比賽；衝刺到終點的結果不再由肉眼判斷，改由電子儀器判定；有兩名參加一英里賽的選手已經突破四分一英里障礙。

七月三十日，在溫哥華大英帝國運動會的開幕典禮，選手列隊進場，參賽國國旗升起，釋放鴿子，鳴槍慶祝。古柏最初的理想是希望帝國的諸國能共同弘揚體育精神，進而團結一心，但是這次的矚目焦點卻跟古柏的理想八竿子打不著。大家想讀、想看、想聽的只有一件事，那就是兩名打破四分障礙的一英里跑者對決。創辦《時代雜誌》、《財富雜誌》、《生活雜誌》的知名出版商亨利．魯斯（Henry Luce），派了旗下最優秀的撰文記者和攝影師到溫哥華，幫旗下雜誌《運動畫刊》的首期報導這場比賽。[7]魯斯安排一架飛機在一英里賽決賽當天在機場待命，準備把比賽末段的彩色照片送給雜誌的印刷商。為了把這場比賽播送到美國與加拿大各地的電視，全國廣播公司費盡精神，在溫哥華和西雅圖之間蓋了許多座永久無線電中繼塔[9]，因為加拿大廣播公司（Canadian Broadcasting Company）兩年前才開辦第一家電視台，還沒在大西洋沿岸到太平洋沿岸之間蓋任何中繼塔。如此一來，畫面就會從西雅圖透過中繼塔，傳送到波特蘭、鹽湖城、丹佛、奧哈馬、芝加哥、水牛城，最後傳送到紐約。此外，美國的五百六十家廣播電台和全球各地的數百家廣播電台，都已經在節目表上空出要播報這場比賽的時間。

估計有一億人期待收看八月七日星期六的「夢幻賽跑」，其餘的賽事只是裝點門面而已。[10]蘭迪和班尼斯特也知道這點。來自二十個國家的數百名記者和廣播人員，被派去密切注意兩人的一舉一動，不論是在跑道上，或在溫哥華市，或在帝國選手村。兩人不論到哪，都能看見印著自己肖像的海報和報紙，在這場比賽之前，雖然兩人在各自的祖國都吸引了媒體瘋狂報導，但是相形之下，那實在是小巫見大巫。

八月七日前的那兩週，這兩位一英里跑者應付矚目的方法跟賽跑策略一樣迥然不同。早上蘭迪會走路到訓練跑道，沿途簽名以及跟記者說話[11]；他這麼做主要是為了回饋支持者，而不是渴望成為矚目焦點。超過五百人聚集在跑道邊，只為了看他訓練，在眾人面前，他飛快跑了好幾趟四分之一英里和半英里，獲得群眾鼓掌喝彩。隨著比賽日逼近，他的訓練吸引越來越多人，雖然他一度必須請幾名澳洲隊友護送到跑道，才不會被人群推擠阻攔，但是他仍繼續公開訓練。班尼斯特看到新聞報導他的訓練，報導著實嚇人。[12]蘭迪以一分五十八秒跑完半英里測試後，一名目睹他跑步的選手告訴記者：「他跑完後還是跟起跑前一樣體力充沛，根本就是機器人嘛。」[13]每次訓練都贏得新聞標題，像是「蘭迪奔馳如飛」和「蘭迪加速訓練」。他在四分之三英里測試跑出兩分五十九秒四後，記者們紛紛臆測，蘭迪打算以快過四分兩秒跑完一英里[14]；蘭迪之前預言，四分兩秒就能在比賽中勝過班尼斯特。

「羅傑躲哪去了？」[15]坦承心存偏見的《墨爾本先鋒報》記者何伍德問道。這個問題每個人都在納悶。很少人在溫哥華看過班尼斯特，因此索取簽名的人認為他的一個簽名值蘭迪的四個。班尼斯特其實有在訓練，不過是偷偷訓練。他沒有到英屬哥倫比亞大學的公用跑道訓練，而是在傍晚跟查特威到一座種著一排排松樹的高爾夫球場訓練，雖然可能會被飛偏的高爾夫球打到，但是至少不會被記者包圍。要測試時間時，他會到距離選手村十英里的巴拉克拉瓦公園（Balaclava Park），在煤渣跑道上測試，因此贏得了「班尼斯特躲得不見蹤影」之類的新聞標題。七月三十一日，在溫哥華幫《星報》報導的羅禮士寫說，班尼斯特、查特威和布萊希爾「翻起衣領、戴著墨鏡溜出營區」訓練。由於始終不見班尼斯特現身，蘭迪不禁前去問羅禮士：「羅傑在搞什麼鬼？他從沒來過這裡。」如果蘭迪摸不著頭腦，那表示班尼斯特的計謀澈底奏效了。有一次，記者把在帝國選手村訓練跑道上的一名英國短跑選手誤認為班尼斯特，驚嘆他的兩百二十碼衝刺跑得神速，隔天立即報導此事。[16]或許蘭迪有看到那篇報導；班尼斯特當然希望他有看到囉。班尼斯特知道相較之下，蘭迪能用更快的速度、更短的間歇時間、更輕鬆反覆跑四分之一英里，儘管如此，班尼斯特仍認為自己或許擁有戰術優勢。

八月五日星期四，舉辦一英里資格賽當天，大家對「世紀一英里賽」的期盼不斷升到新高點，不論是在帝國選手村的餐廳用餐，或在報紙的評論專欄，爭論都漸趨激烈。到底是班尼斯特凶猛的最後衝刺會贏過蘭迪驚人的耐力，還是相反呢？賭注賠率出爐了，耐力勝過疾速最後衝刺的賠率是三賠一。這天是七天賽期的第五天，在其他賽事，選手一個接一個破紀錄，英國的總分始終領先，但是除了一英里賽之外，很少事情能引起話題。一英里資格賽通常只是例行賽，但卻讓新蓋的體育場爆滿，而且成為報紙專欄的主題。

班尼斯特的對手有澳洲的華倫和麥克米蘭、英格蘭的大衛·羅（David Law）和狄士利、加拿大的佛格森、紐西蘭的何柏格（Murray Halberg），許多人認為何柏格會以黑馬之姿進入即將到來的決賽。[17]班尼斯特和蘭迪，誰的資格賽比較輕鬆，雖然這在徑賽迷中引起熱議，但是華倫打算全力讓澳洲同胞的對手耗盡體力。華倫希望班尼斯特上鉤，一開始就跑很快，以兩分零秒四跑完前半英里。但是班尼斯特沒上當，讓華倫還沒跑完第三圈就把自己累垮。班尼斯特全程跑得平穩，以四分八秒四獲得第三名。羅禮士說班尼斯特一副「滿不在乎」的樣子。何柏格第一名；佛格森第二名；大衛·羅第四名，是最後一個取得晉級資格的人。

蘭迪面對的則是英格蘭的布萊希爾和伊恩·博伊德（Ian Boyd）、上一屆冠軍加拿大的威廉·帕諾爾（William Parnell）、北愛爾蘭的密里根（Victor Milligan）、紐西蘭的威廉・貝里（William Baillie）。這場比賽比前一場慢，貝里領先大部分賽程，以四分十一秒四取得第一名；密里根、蘭迪、博伊德只落後幾吋，零點二秒後也通過終點。布萊希爾吊車尾，因為大英帝國運動會沒有障礙跑，所以他的比賽就此結束。

記者試圖向蘭迪和班尼斯特打探資格賽對即將到來的決賽有什麼意義，但是兩人都不肯透露口風。隔天《每日郵報》的新聞標題為「一流一英里跑者輕鬆通過資格賽」，文章末尾坦承，「從資格賽完全無法看出星期六可能會發生什麼事」。[18]但是報紙仍銷售一空。

彷彿氣氛還不夠緊張似的，報導透過選手村傳出去，說有些電視主管已經策劃好，要桑提在維吉尼亞州匡提科基地透過衛星，跟班尼斯特和蘭迪較量一英里賽[19]，打算讓桑提在溫哥華的槍聲響起那一刻起跑，利用切割螢幕，讓三千萬美國觀眾能觀看美國明星一英里跑者是否能率先抵達終點。桑提要到紐約幫全國廣播公司播報比賽的事，似乎不僅無法平息謠言，也無法阻止官方準備抗議。

無庸置疑，倘若古柏牧師目睹狂熱的媒體花招百出，破壞他對大英帝國運動會的崇高理想，肯定會氣得滿面通紅，不過四十八小時後要對決的兩名一英里跑者倒是堅守他的精神。身為業餘運動員，他們只想代表自己的國家全力取勝，證明自己是最棒的，不想要其他獎賞。

在帝國選手村一間號碼被隊友華倫更換過的寢室門後，蘭迪煩躁不安。[20]現在是星期五半夜三點，決賽前一天。跟赫爾辛基的選手寢室一樣，這間寢室也只有寥寥幾個傢俱，不過這次蘭迪只有一位室友，跳高選手魏農（John Vernon）。魏農正在隔壁床睡得香甜。蘭迪決定到外頭散步，呼吸新鮮空氣、舒展雙腿，每天他只有這個時間可以獨處，再說，他也睡不著嘛。

過去一週，媒體矚目增加，蘭迪沒辦法像剛到時一樣，放鬆享受溫哥華，每次現身都會被刊登在隔天的報紙。[21]而隊友們則天天外出遊覽和看電影，他們知道蘭迪出門受限，通常會有一位隊友留下來陪他，不過他們懷疑其實他完全能夠藉由閱讀自娛。有天下午，兩名溫哥華女孩開著一輛車，問華倫和他的朋友們要不要去遊覽賞景。華倫最後終於說動蘭迪跟大夥同行，但是他們擠進車子後，馬上就明顯發現車子太小，沒辦法承載全部的人。女孩們說能換一輛更大的車。換完車，他們便開往其中一人的家。少年們受邀進屋後，父親似乎認出蘭迪，這種情況正是蘭迪想避開的。華倫和其他幾名選手開始談論各自的比賽，但是父親對蘭迪比較感興趣。「你幹嘛的？」他問道。澳洲馬拉松選手馬凱（Bryce Mackay）幫蘭迪回答：「他是拳擊選手，約翰小子。」父親狐疑地打量蘭迪。「拳擊選手？」蘭迪避而不答，不過馬凱再度朗聲答道：「噢，蘭迪是優秀的拳手喔。」父親接著說道：「那露幾手我瞧瞧。」蘭迪不想被發現真實身分，於是打起空拳。父親看著他，表情似乎在說：「我認為你是蘭迪。」但是他們接著就開溜了。從此之後，除了訓練和到體育場看比賽，蘭迪不再常常冒險外出了。

在大英帝國運動會中，蘭迪容忍周遭的一切喧譁，但是其實他只想獨處，全力準備跟班尼斯特的比賽。他在跑道上的親切，掩飾了內心的想法，他不斷堅定贏得比賽所需的決心。「他就像戴著天鵝絨手套的鐵拳。」[22]華倫這麼解釋；或者蘭迪後來這麼描述自己：「我骨子裡其實很凶狠。」[23]對他而言，跑步不只是運動，過去幾年已經令他為之著迷。他後來這樣說道：

在任何一場賽跑，跑者都是絕對孤獨的，沒人幫得了跑者。跑短跑不用思考，但是跑長跑時，光要跑到關鍵距離，就得非常努力思考。在一英里中，幾乎每一段都很重要，跑者絲毫不能鬆懈，絕對不能停止思考，幾乎隨時都可能被打敗。我想可以說跑一英里賽就像人生，我曾經想要練到精熟。[24]

自從抵達溫哥華後，各方就不斷建議他比賽應該怎麼跑。室友魏農和麥克米蘭，這兩個朋友與運動員他都非常敬重，都嘗試動搖他要領頭跑的決定。兩人說，如果他採用伺機而動的策略，勝算比較高。

「羅傑會跟著你……然後伺機超越你。」[25]麥克米蘭說道；他跟班尼斯特比賽的次數比任何一個澳洲人都多。「他就只會跟。他會一直跟，蘭迪，你會變活靶子的。」

蘭迪感激兩人的忠告，但是回答得明確，終止談話：「我要用我的方法跑。」

儘管如此，半夜走下寢室外頭的陽臺時，他仍對賽跑策略緊張不安。他知道領頭跑比較容易心理疲憊，因為被跟隨時，必須擔心速度定得夠不夠快，而且只能猜測其餘跑者跑得如何。[26]反之，跟隨的人，也就是班尼斯特，能保留體力，決定什麼時候用多快的速度突襲；在展開突襲前，只需要跟緊就行。

蘭迪在草地上赤腳慢跑，試著放鬆，擺脫這些想法造成的壓力。但是突然間，他感覺左腳掌出現劇烈刺痛，抬起腳掌後，看見腳背有一道劃破的傷口；草地上有一顆破掉的攝影閃光燈泡。他一跛一跛走回寢室，腳掌血流如注。最後，他坐到床上，在地板留下一道血跡。他的腳背被劃開兩吋長的傷口，燈光照醒了魏農，魏農在床上撐起身子。

「我的腳背割傷了，很嚴重。」蘭迪面露痛苦表情說道。

魏農盡量保持冷靜，知道這可能代表什麼意思。「咱們能解決這個問題的。」

「不能告訴任何人。」蘭迪說道。他最不想要的就是在星期六比賽沒有順利獲勝時有藉口。到底能不能參賽，此時似乎是次要的問題。

他們盡量把傷口包紮好後，想回去睡覺，但卻無法成眠。幾小時後，其他選手開始活動，經過走道。麥克米蘭進入寢室後，發現寢具和地板上都有血跡。

「這是什麼啊？」麥克米蘭問道。

「沒什麼，沒什麼。」兩人異口同聲說道。

「啊？沒什麼？」麥克米蘭顯然不信。

「他的腳割傷了。」魏農說道，「踩到閃光燈泡。」

最後三人決定給醫生看看傷口，但是蘭迪仍堅持要保密。麥克米蘭和魏農離開寢室，去找一名騎警，騎警安排一輛車停到一道側門旁邊，好讓他們能避開在外頭紮營的記者。他們搭車前往英屬哥倫比亞大學的保健中心，請來一名醫生，並且要求他保證在治療傷口前要保密。醫生想縫合從腳背斜到腳跟的傷口，並且告訴蘭迪不能跑步。但是蘭迪確信，從傷口的位置來判斷，跑步不會受到影響。最後醫生只好答應用繃帶包紮就好。包紮完後，蘭迪馬上回帝國選手村，一整天都待在寢室裡。幾名隊友詢問為什麼蘭迪沒去跑道練跑，魏農說他在休息。

下午，幫加拿大國家電影局（National Canadian Film Board）報導的記者安迪・歐布萊恩（Andy O'Brien）前來訪問蘭迪，發現一名加拿大騎警守在門外。騎警說蘭迪在睡覺，不能進去打擾。歐布萊恩於是離開，但是一小時後返回時，聽到門後傳來蘭迪的聲音，於是堅持要跟蘭迪談談，因為蘭迪答應過要接受訪問。最後他強行進入寢室找蘭迪。蘭迪走離床邊，在地板上留下血跡。

「我知道你會認為這樣沒誠信。」蘭迪說道，「但是我真的沒辦法兌現承諾。」[27]他實在沒辦法接受訪問。

歐布萊恩看到血。

「我能告訴你原因，但是你得保證不會告訴任何人，可以嗎？」

歐布萊恩點點頭。

於是蘭迪把發生的事告訴他，並且說：「我決定要跑，在這個節骨眼我不能讓隊友和支持者失望。」

歐布萊恩承諾不會刊登這個消息後旋即離去。[28]蘭迪不想要有藉口。由於傷口在腳背，而不是腳底肉墊，所以他認為不會影響跑步。那天晚上吃晚餐時，他甚至沒告訴特地搭飛機來溫哥華幫他加油的父親。父親習慣不干預他跑步，蘭迪很感激父親這樣做。他真的很開心有父親陪伴。無論如何，不管有沒有傷口，蘭迪都志在打敗班尼斯特，意外受傷並沒有動搖他的決心和信心，天鵝絨手套裡的鐵拳有多硬，由此可見一斑。

八月六日傍晚，桑提和妻子開車通過荷蘭隧道（Holland Tunnel），在曼哈頓出隧道。[29]這是丹娜頭一遭到紐約市，開向住宅區途中，兩人一同驚奇看著克萊斯勒大廈和帝國大廈，還有熙熙攘攘的人行道，陽光似乎終年照不到那些人行道。他們調了幾次頭，苦尋著要下榻的飯店。對桑提而言，要穿越擁擠的車陣似乎比趕一百頭牲畜進柵欄門還難，不過最後他還是順利開到公園大道，把車停在華爾道夫飯店（Waldorf Astoria）前面。全國廣播公司安排兩人下榻這家豪華飯店，一晚要價五十美元，這種奢侈的享受他們自己絕對負擔不起。

這是他們夫妻倆自桑提進入入伍新訓後，第一次有機會長時間獨處，但是兩人無可避免想到他們根本不應該在這裡。桑提想去溫哥華，準備人生最重要的比賽。他跟人在堪薩斯州的伊思頓，都曾在心裡想像他對上班尼斯特和蘭迪該怎麼跑。他認為自己絕對有實力打敗兩人，他最想要的莫過於機會。然而，他現在卻在紐約市，出現這樣的結果，丹娜跟他一樣，既訝異又沮喪。雖然有丹娜安慰，但是明天他仍得面對現實，坐在攝影棚，播報他本來應該會贏的比賽。

兩人在飯店靜靜吃過晚餐後便提早就寢，根本沒機會去觀光遊覽；或到華爾道夫飯店的星光廳，聽古巴樂團演奏；或到附近的戲院觀賞新電影《岸上風雲》。一大早就會有全國廣播公司的車過來接他們去攝影棚。

比賽前一晚，班尼斯特為最近染上的支氣管炎所苦，不斷咳痰，擔心感冒會影響跑步。[30]在資格賽中，他擔心突然咳嗽而輸掉比賽，還好沒有費太大的勁就跑完一英里；決賽雖然他看似有勝算，但是絕非必勝。跟蘭迪競速時，他就得讓肺運作得激烈許多，就算感冒只耗掉百分之一的氧交換，仍會造成重大影響。過去幾天，他預想過許多這類的情況。

除了參加一英里資格賽，他在溫哥華的時間幾乎都在痛苦空等，尤其上星期日停止訓練後。[31]這位忙碌的醫學院學生本來在倫敦只有少許自由時間，有時甚至完全沒有，這下腦袋卻異常空閒。他盡量想辦法別讓自己滿腦子想著即將到來的比賽，或開一位加拿大出版商借給他和幾位英國選手的奧斯汀，到市區和附近的鄉間旅遊，或到帝國選手村的游泳池游泳，或跟查特威和他的電視節目製作人女友一起吃晚餐，或參加當地居民舉辦的派對，或使用體育場免費通行證觀看其他賽事。他盡量對記者避而遠之。

八月三日，他去觀看查特威比三英里賽。兩人自從七月二十六日到溫哥華後，曾經數次一起散步許久，討論各自的跑步策略。有一天下午，完成反覆六十秒四分之一英里訓練後，兩人跑了一次測試跑，希望對兩人的決賽都有幫助。[32]兩人的計劃是，班尼斯特以約莫半分鐘跑兩百二十碼，接著查特威全速超越他；查特威就是希望在比賽的這一刻取得領先。班尼斯特跟著查特威跑完最後彎道後，旋即在終點直道的起點衝刺超越他；班尼斯特就是希望在這個地方超越蘭迪。測試跑進行得跟計劃一模一樣，兩人以二十五秒跑完最後兩百二十碼。在三英里決賽中，查特威從這次測試跑中有所得益[33]：他跑到距離終點半圈時取得領先，率先衝過終點帶，順利向葛林（Freddie Green）報了一箭之仇；葛林七月在業餘體育協會錦標賽以微小差距打敗他，令他萬分沮喪。他幫助過班尼斯特和蘭迪挑戰四分一英里，因此《標準晚報》(*Evening Standard*）稱他為「偉大的第二名選手」。[34]現在他終於獲勝了。班尼斯特當初認為查特威在奧運五千公尺賽失利預示著凶兆，現在同樣認為查特威在溫哥華的勝利是「激勵鬥志的吉兆」。[35]

不過，就算有這些分散注意力的事物和好兆頭，班尼斯特仍有太多時間，大部分的閒暇時間他都待在跟查特威共住的寢室，尤其是賽前最後二十四小時。查特威對班尼斯特在大賽前的緊張早就習以為常，而且懷疑感冒或多或少是身心失調造成的，因為五月六日前，他自己也有經歷過類似的症狀。[36]查特威雖然大口喝酒、不斷抽煙，開玩笑說班尼斯特不可能會擔心被英國人以外的人打敗，努力放鬆氣氛，但是心裡清楚班尼斯特為了比賽刻意繃緊自己，現在說什麼都無法產生太大的影響。[37]他這樣向一名記者形容跟蘭迪對決前的班尼斯特：

想到得打敗蘭迪，想到數千人期待他辦到，羅傑就心煩意亂，但是他會辦到的。沒有人像他一樣，在賽前情緒緊繃到極點。羅傑會說他賽前有睡覺，但是其實沒有。他要上場比賽時，看起來活像要去坐電椅。有時候比賽前一晚他會不由自主發出像被嚴刑拷打的聲音。但是要安慰羅傑很難，如果嘗試安慰他，他會用活像會射穿人的目光瞪人。[38]

不論是散步、在寢室裡踱步或躺在床上，班尼斯特一個小時比一個小時更加鬥志高昂，想贏得勝利。在這場比賽中，他是處於劣勢的一方，但是他不在乎。在赫爾辛基時，大家認為他會贏，結果勝算並沒有因此提高。他無比專注，反覆在腦海裡想像比賽，每次都深信最後一圈肌肉叫他停下來時，他會充耳不聞。生命中的其他事物都消失，變得不重要，他後來坦言道：「當時實在專注得異乎尋常。」[39]在這段短暫的時間，明天下午兩點三十分跟蘭迪決戰是世界上最重要的事，直到他們其中一人率先衝過終點帶。

第十八章

叫我跑吧，我會用盡全力拼命跑。

——莎士比亞《凱撒大帝》

白雪覆頂的山脈圍繞溫哥華，太陽升到高山上，博蠟灣（Burrard Inlet）的海水閃閃發亮，有些早起的水手把船駛向比較深的海灣。早晨散步的人沿著海灘走，高聳的獅門吊橋開始出現第一批車潮，今天肯定會交通擁塞。通往體育場的道路上，懸掛著大英帝國二十四個參賽國的國旗。這座體育場是鋼筋水泥建造而成的馬蹄形美麗建築，是特別為了一九五四年大英帝國運動會建造的，還有一座自行車賽車場和一座游泳中心。在體育場裡頭，場地管理員們耙著跳遠沙坑，小心翼翼壓平六線黏土跑道，參加最後一天賽事的選手馬上就會來跑道測試釘鞋。根據氣象預報，下午陽光普照，氣溫暖和，跑道非常適合即將展開的一英里賽。

從溫哥華、紐約、倫敦到墨爾本的報攤，這場賽事成了報紙的頭條新聞，占滿體育版。「蘭迪與班尼斯特今天在大英帝國運動會展開終極決戰。」澳洲《太陽先驅報》（*Sun-Herald*）寫道。「世紀一英里賽今日在溫哥華開跑。」英國《每日電訊報》用橫貫全頁的大標題寫道。「蘭迪和班尼斯特達到巔峰狀態，準備跑出『奇蹟一英里』。」《紐約先驅論壇報》寫道。報導極盡誇張之能事，一份報紙預言「整個體育界的眼、耳、心都將關注溫哥華」。[1]另一份報紙為了吸引更多讀者，稱「全球都引頸期盼」那天的一英里賽。報導從每個方面來簡介與比較蘭迪和班尼斯特，包括生日、身高、體重、最快半英里時間、一英里時間、兩英里時間。兩人的照片被放在一起，報紙刊登兩人最後說的話。蘭迪說：「我達到巔峰狀態了。」[2]「我們或許能跑出低於四分的時間。」[3]班尼斯特則這樣說。至於最後的預測，澳洲報紙預測蘭迪會獲勝；英國報紙認為班尼斯特有優勢；美國新聞輿論則保持中立，只說這場比賽是這兩名一英里跑者的「終極考驗」。

那天一大早蘭迪就醒來，晚上出乎意外睡得安穩。室友魏農為他感到緊張，問道：「你覺得腳怎樣？」蘭迪答道：「很好呀。」[4]但是除此之外就沒再多說。包紮的繃帶滲出血，傷口整晚血流個不停，蘭迪知道需要再去給醫生看看傷口。[5]雖然只剩幾小時就要跟班尼斯特比賽，他仍回到大學保健中心，還好順利躲過記者。昨晚那位醫生告訴他，不管要不要參加比賽，都必須縫合傷口。蘭迪只得讓步。縫合傷口後，醫生強調蘭迪的傷勢不能跑步，但是蘭迪心意已決，說什麼都要跑。醫生用敷藥和護墊包紮好傷口後，蘭迪便回去跟幾名澳洲隊友一起吃午餐，儘管傷口一碰就痛，他仍不讓傷口影響走路姿勢。

他抵達體育場時，看臺的三萬五千個座位一下子就座無虛席。在更衣室沒人對蘭迪談起腳傷，這證明了記者歐布萊恩信守承諾。開賽前二十分鐘，蘭迪穿上釘鞋，小心翼翼穿上左腳鞋子，以免弄亂繃帶。[6]他只能選擇相信傷口不會影響他了。倘若傷口再靠近腳跟或前腳掌一吋，他就絕對無法跑。他上場熱身前，幫他縫合傷口的那位醫生來到他身邊，提議要幫他局部麻醉止痛，但是他說不用，他能忍受。[7]

他經歷風風雨雨才走到這一刻：在港海鎮接受謝魯狄的訓練；向哲托貝克學習；在奧運公園意外跑出四分兩秒一；數個月不間斷的訓練；無法在澳洲繼續降低時間；接著在土庫完成壯舉。現在最重要的比賽終於到來了。他不僅背負著從頭領先的壓力，擔心班尼斯特和其餘六名選手在後面蓄勢待發，等待發動突襲；他還得面對隊友和數百萬澳洲人的期盼，他們盼望他獲勝，倘若他輸了，這場大英帝國運動會對澳洲同胞而言就算輸了。他也必須忍受自己的每一步、每次出擊、每次反制，都會被數百萬人觀看、播報、評論、剖析。這實在是難以承受。然而，比賽分秒逼近，他全心專注思考比賽策略。他要用普通快的速度跑完前半英里，接著用非常快的速度跑第三圈，他相信這能逼得班尼斯特狗急跳牆。[8]這個策略並不複雜，但是他認為這是唯一能奏效的策略。跑道上沒有人的體能勝過他的，而且他的求勝鬥志極度高昂。

前往體育場之前，班尼斯特小心把五月六日在逸飛路穿的那雙釘鞋放入行李袋。[9]他決定搭英國隊巴士，以免自己開車發生意外，他現在滿腦子想著比賽。在公車上，隊友圍繞身邊，他看著人群湧進體育場，知道觀眾都是來看他和蘭迪賽跑的。在滿是水泥灰牆和木長凳的更衣室裡，他看起來面色蒼白。感冒沒有像昨晚那麼嚴重了，但是他仍舊感到胸口緊繃。一位《溫哥華太陽報》的記者後來報導，在更衣室的其餘選手也沒有好到哪：

一名選手靜靜咬著手指甲。[10]一名選手把頭擱在雙膝上，活像在祈求上蒼給他力量應付即將到來的比賽。一名選手像石頭似地坐在遠處角落的長凳上，看著一切事物，沒有任何回應。一名選手不自覺反覆左右轉動身軀。一名選手靜靜坐著，像在檢查似的，張望著更衣室。最後，一名選手獨自坐在長凳上，臉上掛著緊張的微笑。

班尼斯特也感覺到相同的緊張氣氛。過去幾小時幾乎令他無法忍受。稍早吃過少量早餐後，他在帝國選手村短暫散步時，感覺彷彿整個未來「岌岌可危」，他後來是這麼說的。[11]他不想忍受用意志力逼迫身體突破極限的痛苦，他害怕再次被那麼多人注視，而且他知道自己走到起跑線時會感到渾身虛弱，幾乎無法站立。這實在是令他無法忍受，但是他還是熬到現在了，熱身完比賽就要開始了。

班尼斯特從沒料到在人生的這個時候竟然還會參加賽跑，倘若兩年前在赫爾辛基奪金，他就會開心高掛釘鞋，全心投入行醫。但是在奧運慘敗的痛苦驅動他繼續跑，挑戰四分一英里障礙，證明他對運動的態度仍有優點。跑出三分五十九秒四時，他以為這樣的勝利就已經夠了，但是蘭迪在土庫卻沒有定速就跑得比他更快。不，今天這場比賽是巔峰，他必須贏。如果他輸了，就會證實批評者是對的[12]；他們批評他傲慢，只用自己的方法，無視別人的方法。如果他輸了，就會毀了五月六日那場比賽，證實一家英國報紙在當天早上刊登的報導是對的；那篇報導批評他：「如果沒有別人幫忙，你從來沒有贏過真正重要的比賽。」今天他得在奔跑的釘鞋和推擠的手肘中競速，在任何事都可能會發生的比賽中打敗蘭迪和其餘選手。這場比賽的壓力跟在赫爾辛基比賽時大同小異，英國同胞滿心期盼，觀眾眾多，批評者等著猛烈批判，但是班尼斯特跟當時不一樣了。他有導師史坦福，有訓練夥伴查特威和布萊希爾，而且更加徹底瞭解對自己有信心有多重要。[13]然而，有兩個問題仍舊無解：蘭迪有多高竿？蘭迪能在比賽末尾加速，打敗班尼斯特的最後衝刺嗎？

發令員請一英里選手到跑道時，班尼斯特才想起來還有其餘六個選手得對付，每個人都想取勝。[14]除非採用伺機而動的策略，否則蘭迪不用跟其餘選手爭搶位置，但是班尼斯特要。班尼斯特如果被一、兩個人阻攔，就沒勝算了。英格蘭選手大衛・羅和博伊德都是牛津人，最佳一英里時間是四分八秒，不可能構成太大的威脅。愛爾蘭人密里根是愛爾蘭的隊長與一英里冠軍。加拿大的佛格森是厲害的跑者，最擅長的距離是兩英里。他們都沒有擁護班尼斯特或蘭迪，一定會在場上全力搶勝。班尼斯特必須最小心留意的是紐西蘭人貝里和何柏格。何柏格二十歲，在費城贏過班傑明富蘭克林一英里賽，曾經以四分四秒四跑完一英里。據說這兩個紐西蘭人可能會在前段幫蘭迪定速，不論真假，何柏格在整場比賽中都可能會造成威脅。

賽前五分鐘，圍繞跑道三面的水泥看臺擠得座無虛席，《生活雜誌》和《溫哥華太陽報》承租的一架直升機在遠處若隱若現，旋翼旋轉的聲音迴盪在碗型的體育場附近。[15]體育場被數百輛停放的車輛包圍，有軌電車不停行駛，把越來越多觀眾載到牆外。從懸在高空的直升機俯瞰，群眾就像白色衣服和帽子構成的寧靜海洋；然而，近看的話，尤其在入口處，場面一片混亂：黃牛以一張一百美元兜售門票；消防人員努力請仍聚在入口排隊的人遵守秩序；學童們爬上四個售票亭觀看比賽。

每個人的目光都緊盯著一英里選手在跑道附近慢跑，開始脫掉長袖運動服裝。今天舉辦的其餘決賽，包括田賽決賽和四百四十碼決賽，簡直就像不是正式比賽，一英里賽吸引了全場的矚目。愛丁堡公爵曾經在倫敦觀看班尼斯特比賽，在澳洲觀看蘭迪比賽，此刻也親臨現場觀看這場決賽，現場鳴放二十一響禮炮恭迎他蒞臨。他坐在豪華的頂級包廂，已經檢閱過四海高地軍團（Seaforth Highland Regiment）；閱兵時，四海高地軍團穿著深紅外衣、蘇格蘭短褶裙和高羽毛帽，風笛手們在他後方的內場上演奏。[16]

在體育場一側盡頭的鋼鐵屋頂下，羅禮士已經準備好秒表，要跟記者敖世敦（Rex Alston）一起幫英國國家廣播電台播報比賽[17]，羅禮士知道敖世敦雖然以前是劍橋的跑步選手，但是不太瞭解這場比賽有多麼錯綜複雜。要不是跟愛丁堡公爵下榻同一間飯店，羅禮士肯定無法及時到達體育場。他和弟弟羅斯還有其他幾個人擠進一輛奧斯汀七號，跟公爵的大型豪華轎車同時駛離飯店，緊跟著警察的護衛車隊，穿過湧向體育場的混亂交通。在羅禮士隔壁的電台播報包廂內，他的弟弟羅斯準備幫澳洲廣播公司（Australian Broadcast Network）播報比賽。[18]查特威則在羅斯的隔壁包廂，是一家加拿大的廣播公司邀他來的。每個人都在等待比賽開始。

此時英格蘭是深夜，班尼斯特的父母在劍橋待兩星期，最近才回來，現在正在哈羅區的家中用收音機聽比賽。[19]他們的女兒喬依思則在她位於布里斯托的家，也聽著同一個電台；喬依思昨天有發電報祝弟弟「好運」。史坦福在國王路的公寓，平靜坐在廚房的桌子前，聽著收音機。[20]他的妻子小佩則坐立難安，跟他一樣緊張，只是他沒有表現出來。他教過的選手從溫哥華寄了幾張明信片，跟他說蘭迪的體能多麼驚人，儘管如此，他仍確信班尼斯特贏得了，但是等待著實痛苦吶。在聖瑪麗醫院，夜班人員也把收音機調到英國國家廣播公司聽比賽。對許多人而言，班尼斯特是英國人的最佳典範：他多才多藝，嚴守紀律，是新領域的探險家，而且誠如他自己所言，勇於挽救「絕種」的危機。[21]

比賽排定在澳洲的星期日早上開始，蘭迪的家人，除了跟他一起在溫哥華的父親外，全都聚在位於東馬門區的家，收聽電台廣播。[22]蘭迪的母親決定不發電報祝他好運，認為那只會增加他的壓力。

謝魯狄在植物園旁位於領域路（Domain Road）的家中。他曾經寫信告訴蘭迪比賽該怎麼跑，現在迫不及待想聽聽蘭迪會不會聽從他的指示。到目前為止，蘭迪都不曾回覆他的信，儘管墨爾本的新聞報導蘭迪在溫哥華的這場決賽將會採用謝魯狄的「祕密計策」。跟蘭迪親近但是沒有參加大英帝國運動會的選手，包括培里和摩根莫里斯，也坐著焦急等待聽廣播。全體澳洲人都聚焦在這一刻。「澳洲人認為蘭迪所向無敵。」[23]體育專欄作家馬桂格（Adrian McGregor）後來評論道，「我們都幻想自己能像他，英勇謙卑，懷抱理想，骨子裡是鬥士，擁有堅定不移的意志。」

在紐約的晚餐時間，桑提在美國無線電視公司展覽中心（RCA Exhibition Center），盯著面前的攝影機。他沒有穿跑步背心與釘鞋，而是穿海軍陸戰隊的棕色軍禮服和皮鞋。同桌的其餘四個人年紀都比他大一倍，有美國奧運委員會祕書長柏西諾（Asa Bushnell）和主席肯尼．威爾森（Kenneth Wilson）、《紐約先驅論壇報》體育專欄第一主筆亞博松、全國廣播公司播報員高爾（Ben Grauer）。桑提在座位上不安地扭動身子，感覺彷彿是自己準備要比賽。他在腦海裡想像比賽展開。丹娜不在他身旁，在一旁暗處觀看，但是有她在，至少讓桑提感到寬心。

「愛丁堡有傳來任何消息了嗎？」高爾對著電話問，顯然協調播送延後出了麻煩，「我是說溫哥華。」

桑提知道比賽即將開始，而且跟兩年前在洛杉磯的奧運測試賽一樣，他只能在一旁觀看。[24]這位美國一英里跑者知道比賽會怎麼進行。班尼斯特的最後衝刺比較快，蘭迪能以驚人的速度領先定速，如果沒辦法緊跟蘭迪直到第三圈結束，班尼斯特就輸定了。不過桑提等待畫面從帝國體育場傳送到身旁螢幕之際，心裡想像著漆黑的螢幕中出現他自己也蹲在起跑線後的比賽畫面。蘭迪起跑後便領先，桑提緊跟著他，班尼斯特第三，落後十碼。桑提待在中間，直到跑完三圈半。速度很快，但是他狀況絕佳，緊緊跟住。剩半圈時，桑提展開攻擊，這是惠特菲爾德傳授的絕招。蘭迪和班尼斯特以為他會在出最後彎道時才發動攻勢，而不是在進入彎道時，等兩人發現他出招時，他已經瞬間超越兩人，兩人絕對沒有機會反制。距離終點六十碼時，班尼斯特展開最後衝刺，但是為時已晚，桑提早就展開最後衝刺。結果桑提率先衝過終點帶，接著班尼斯特或蘭迪才通過，誰第二通過並不重要。

比賽原本應該這樣進行才對，但是桑提認為自己被剝奪機會，頂多只能透過從溫哥華經過西雅圖傳到紐約的無線電訊號，跟班尼斯特和蘭迪決戰。[25]他知道當展覽廳的螢幕最後亮起，顯示選手們在溫哥華的起跑線前踱步時，實際上比賽已經開始了。

在帝國體育場，下午兩點二十八分，預定再兩分鐘一英里賽就要開始。26太陽從一團雲後頭露出來，看臺和跑道都籠罩在陽光下。氣溫攝氏二十二點二度，濕度不高。非常微弱的風吹動著體育場裡的空氣。穿著綠色外套的工作人員清理著跑道，班尼斯特和其餘幾名選手在內場，其餘選手紛紛脫掉長袖運動服裝，但是班尼斯特想要盡量保暖，直到必須脫掉長袖運動服站到起跑線。蘭迪最先準備就緒，在跑道上低著頭來回散步，摩擦著深褐色的手臂。熱身時，他稍微慢跑了一下，證明了腳不會有事，信心因而大增。開賽前，他回到內場跟班尼斯特握手。班尼斯特踢開運動長褲，滿身大汗，面色慘白。蘭迪走回跑道上，全神貫注想著待會兒要怎麼跑。他走離其他選手，獨處片刻。他知道自己必須跑到快得讓所有對手都「跟到累垮」。27

班尼斯特在跑道上待到最後一刻。他檢查釘鞋鞋底，確保熱身時煤渣沒有卡在鞋釘上。時間快到了。他緊張焦急著想開跑，似乎渾然沒察覺體育場裡的其餘任何人。他告訴自己，倘若蘭迪一開始就以五十六秒快速跑完第一圈，接著又以六十秒跑完第二圈，自己就得稍微放慢，回到原來的速度。班尼斯特只要跑得平穩，就能保存體力，贏得勝利。

八名選手待在各自的賽道上，站在起跑線後方五碼。兩名突破四分的偉大一英里選手終於要一決雌雄了。在內側第一道上，蘭迪穿著綠色短褲和白色跑步背心。何柏格在他旁邊，穿得一身黑。加拿大的佛格森在第三道，密里根在第四道，班尼斯特在第五道，穿得一身白，胸前有英格蘭玫瑰的圖案。他的英國同胞博伊德和大衛・羅在他外側的那兩個賽道，紐西蘭的貝里則在最外側賽道。觀眾不斷發出喧鬧聲，不時有人大喊「衝呀！蘭迪！」和「加油！班尼斯特！」不過獲得最多喝彩的是佛格森，主辦國最支持的選手。攝影師在內場的墊高平臺上，把鏡頭對準起跑線，準備把這場戰役播送給從大西洋沿岸到太平洋沿岸的數百萬人觀賞。數百名記者打開筆記本等待著，準備記下感想，刊登在明天的報紙上。計時員隊伍準備好價值八千美元的新歐米茄錶，錶經過反覆調對，確認準確無誤。

在廣播播報包廂裡，羅禮士身旁的赦世敦對著麥克風說話，聲音清澈銳利，傳過海洋。「在這個美麗的夏日，微風徐徐，現在氣氛無比興奮緊張。」28

在內場，發令員在觀眾的喧譁聲中大喊：「選手就位！」

八名選手往前走向起跑線。班尼斯特用手指順了順頭髮，看向蘭迪。他們站到起跑線後面。蘭迪也看了班尼斯特一眼，接著蹲下，面對正前方，準備跑給別人跟；腎上腺素劇烈分泌，使得腳痛變得微不足道。班尼斯特身子稍微傾向蘭迪，站得幾近筆直。眼下他認為除了接下來四分鐘必須做的事以外，其餘的事都不重要，心裡只有這場比賽。

一名比賽工作人員雙臂高舉過頭，示意觀眾安靜。體育場瞬間變得鴉雀無聲。

「預備！」發令員高喊道。他用右手高舉起跑槍。

班尼斯特深呼吸，身子微微前彎，修長的腿看似虛弱。蘭迪蹲得更深，準備前衝。[29]全世界的人都在等待槍聲響起，猛然間，槍聲迴盪體育場，選手們拔腿疾奔，快速擺臂抬腿，全都衝向內側賽道，後頭飄著槍煙和塵土。他們進入第一個彎道時，體格魁梧的紐西蘭人貝里切入領先位置；身材比他高大、金髮髮色比他淺的紐西蘭同胞何柏格在他後面；蘭迪第三，大衛．羅第四，班尼斯特在第五順位費力爭搶空間。繞彎道時，選手們仍擠在一起爭搶順位，步伐忽長忽短。大衛．羅切入蘭迪和何柏格之間，切入第三順位。大衛．羅衝向非終點直道時，絆了腳，右腳鞋子飛離腳掌，掉到第三賽道。但是他繼續跑，在非終點直道衝到第一順位。班尼斯特在內側賽道的外緣，保持落後蘭迪幾碼，希望他快點跑到領先位置。

他們接近非終點直道盡頭的兩百二十碼標示時，蘭迪準備跑到貝里和大衛．羅前頭，看起來像迫不及待想通過狹窄的門道，卻被兩個人擋道。速度不夠快。麥克米蘭在標示處喊道：「二十八秒九！落後三碼！」[30]他預先跟蘭迪講好要幫忙報分段時間。聽到自己的時間和班尼斯特的位置後，蘭迪增加速度，知道現在得搶下領先位置定速，於是從第二賽道的內側超越兩名選手，彷彿那兩名選手是站著不動似的。

蘭迪出招時，跑道邊的觀眾發出驚呼。比賽展開後，在體育場高處的敖世敦旋即對著麥克風播報：「蘭迪認為必須加快速度，在距離第一圈終點一百五十碼時取得領先位置。蘭迪穿著代表澳洲的綠色短褲……身材纖瘦，皮膚灰黃，深色捲髮……他以非常快的速度領先。」

蘭迪顯然進入自己的節奏了，手腳運動流暢，進入第一圈的終點直道時，把其餘選手遠遠甩在後頭。何柏格第二，貝里第三，班尼斯特第四，掉了鞋的大衛・羅慢到幾乎快停下來。他們跑過第二圈的第一個彎道時，班尼斯特不想被困在貝里或何柏格後面，於是增加極微小的速度，超越兩人，搶到前頭。蘭迪以五十八秒二跑完第一圈，班尼斯特落後他五碼，慢零點六秒。其餘選手，包括第三的何柏格和第四的佛格森，看似無法跟上蘭迪保持的速度了。兩名低於四分的一英里跑者終於全力展開對決了，觀眾看得激動喝彩。

在紐約，桑提從螢幕上觀看比賽展開，想像自己也在跑道上，在蘭迪跟班尼斯特的中間。他會讓蘭迪繼續定速，但是確保別讓蘭迪領先太遠。班尼斯特會繼續緊跟著桑提，等到最後一圈才出招。到時候桑提會阻擋他，衝到領先位置取得勝利。在攝影棚跟他同桌的四個人從他的眼神就看得出來，他非常想到別的地方。

在第二圈，蘭迪跑得更加拼命，忘了腳傷。前四分之一圈，他有所保留，保存體力。但是現在他打算一碼一碼拉大領先距離，直到逼得班尼斯特狗急跳牆。他跑完彎道時，差距加大了。他不想在剩餘的賽程再看見班尼斯特的影子，或聽見班尼斯特呼吸的聲音。如果班尼斯特到最後一圈仍緊緊跟隨，蘭迪知道自己屆時將難以跑贏班尼斯特的最後衝刺。

在六百六十碼標示，蘭迪步伐穩健流暢，領先班尼斯特八碼。在彎道，蘭迪繼續加速，拉開領先距離到十碼，對這兩名一英里跑者而言，這是相當長的距離。班尼斯特知道蘭迪跑太快了，自己沒辦法跟上。如果再拉開幾碼，班尼斯特就會跟不下去，這會讓他在心理上認定比賽結束了。[31]看樣子，兩人差距這麼大，班尼斯特沒有人可以拉著自己跑了。其實他幾乎跟蘭迪一樣，是獨自個在跑。然而，他不能慌，如果他太早加速追趕蘭迪，無疑是自尋死路。班尼斯特必須相信自己依然贏得了。

「蘭迪正在直道上，即將跑完半英里。」敖世敦告訴英國國家廣播公司的聽眾，聲音帶著焦慮緊張，「班尼斯特以長步幅、高抬腿的姿勢奔跑，落後十碼，但是蓄勢待發，泰然自若。」羅禮士非常擔心朋友跟蘭迪之間的差距，蘭迪第二次通過起跑線時，他把秒表拿給敖世敦看。「現在蘭迪跑完半英里了，班尼斯特第二，佛格森第三，何柏格第四，密里根第五，貝里第六，博伊德第七，大衛．羅已經退出比賽，走路一跛一跛的。我想很多人都料到蘭迪會有現在的表現吧……半英里時間是一分五十八秒二，班尼斯特的則是一分五十九秒四。」

在附近的包廂，查特威全神貫注觀看這場對決。他比任何人都還要瞭解這兩名一英里跑者，焦急地對著麥克風喋喋說道：「蘭迪和班尼斯特之間的差距很危險，蘭迪看起來比較強，但是羅傑的最後衝刺絕對比較快，他得儘快縮小差距，否則將無法率先抵達終點。」[32]

桑提幾乎無法讓雙腿保持不動。蘭迪領先十五碼；桑提絕對不會讓對手領先這麼長的距離。在比賽的這個階段，他頂多只會落後三、四碼；而且從速度來看，桑提知道自己能保存足夠的體力，在最後一圈衝刺超越對手。班尼斯特也還有剩餘的體力。他還沒使出全力，不過他得儘快加速，否則就毫無勝算了。

全球數千人停下手邊的事，聆聽收音機播報比賽，或觀看電視播放比賽。[33]在住家和酒吧，談話暫停，孩童噤聲，橋牌遊戲延後，撞球桿、叉子、酒杯都被放下，滿室鴉雀無聲。支持蘭迪的人希望他能繼續疾速奔馳，支持班尼斯特的人祈禱他能縮短差距。

帝國體育場裡的觀眾開始激動喝彩。兩名一英里跑者都以低於兩分鐘跑完前半英里，蘭迪有聽到報時，預期以這個速度能在兩分五十八秒通過四分之三英里標示。他還沒聽到或看到班尼斯特，但是仍然需要保持巨大的壓力。這一圈對蘭迪相當關鍵，他奮力奔跑，但是保持步伐省力放鬆，從看臺上看，他彷彿不會累似的。

「再拼個兩分鐘，」班尼斯特進入第三圈時告訴自己，「就結束了，一切就結束了。」[34]他按照計劃跑，但是遠遠落後，而對手卻能保持驚人的速度。班尼斯特感覺信心變弱了。要是蘭迪永遠不會慢下來縮小差距怎麼辦？要是蘭迪能跑出三分五十六秒或更快怎麼辦？此刻兩人相距十五碼，班尼斯特必須在最後一圈之前追上蘭迪，否則就輸定了。除非班尼斯特調整速度，放棄原本計劃的速度跑，改用蘭迪逼他的速度跑，否則他就輸定了。進入彎道時，班尼斯特加快步伐的節奏，但是增幅極小，從看臺看，幾乎無法注意到他有加速。他就像逐漸增加動力滾下山坡的球。他先拉近蘭迪一碼，接著兩碼，接著三碼，逐漸拉近差距，以免耗費太多體力。雙腿因為加速奔跑而發疼，但是到非終點直道之前，他就只落後五碼了。

兩人疾速跑進彎道時，班尼斯特覺得又跟上蘭迪了。他看著蘭迪的步伐，幾乎被蘭迪的釘鞋穩定規律踩踏煤渣跑道吸引住。班尼斯特在腦海裡劃一條「線」綁住蘭迪，兩人跑過彎道時，他把自己不斷拉近蘭迪。

「他們進入直道了。」敖世敦說得激動，「班尼斯特步步逼近蘭迪……他跑得好極了，步伐大多了。距離鈴響還有五十碼，班尼斯特已經追上蘭迪了……現在會發生什麼事呢？」

鈴聲響起時，蘭迪的時間是兩分五十八秒四，班尼斯特只慢他零點三秒。佛格森落後二十碼，位居第三，被其餘選手緊跟，但是所有人都在注意兩名領頭的選手。攝影師在內場排排站拍照，新聞影片攝影機呼呼轉動著，數萬觀眾上下跳躍，許多人喊到嗓子嘶啞。這正是他們期盼看到的比賽，此外，以這種速度，兩人可能也會突破四分鐘。

桑提看著比賽進行得跟他預料的一模一樣，心裡好希望自己也在場上，施展他為最後一圈謀劃的策略。他幾乎能在螢幕裡看見自己，跟蘭迪相距半個賽道寬，並肩奔跑，以免踩到他的腳跟。如果想超過桑提，班尼斯特就得跑到第二賽道，這會迫使他多跑攸關勝敗的微小距離。倘若桑提在場上，他知道自己會跑在最佳位置，在最後彎道展開衝刺；然而，沒有在場的事實實在是令他難以承受。他的最後衝刺跟班尼斯特的相比有過之無不及，蘭迪會因為扮演兔子而累得無力反擊。到第四圈的起點，桑提就知道自己勝券在握。

蘭迪轉入第一個彎道，轉頭往後瞥了一眼，看見班尼斯特的影子，聽見他的呼吸聲。追趕者已然追近，追得太近了。現在兩人的競速正式展開，班尼斯特還沒精疲力竭，蘭迪希望對手為了追回勝算已經跑得精疲力竭。出擊的時候到了，蘭迪英勇奮戰，用比以前更快的速度疾奔，這就是他的絕招，現在正是擊垮班尼斯特的時刻。跑完彎道，進入非終點直道時，蘭迪再度跑離班尼斯特，一碼、兩碼、三碼。蘭迪的影子在班尼斯特前方的隔壁賽道變長，但是蘭迪看不見班尼斯特的影子。蘭迪接近最後兩百二十碼的標示時，觀眾的喧譁聲蓋過了麥克米蘭的報時聲，但是他看得見澳洲隊友激動比著手勢，彷彿在說：「繼續衝！你打敗他了！」[35]班尼斯特早就應該出招了呀。「他什麼時候要出招？」[36]蘭迪心想，再度往後看。班尼斯特什麼時候要展開衝刺？或許蘭迪終於耗得班尼斯特無力衝刺了。蘭迪開始失去動力，知道自己已經耗盡全力，希望能獲勝。

「蘭迪領先三碼。」敖世敦緊抓著麥克風說道，「剩下兩百二十碼。我不認為班尼斯特能趕上他。蘭迪奔馳如飛。」

班尼斯特衝進最後彎道，驚訝蘭迪竟然仍跑得如此疾速。這個人簡直就是機器人。班尼斯特在第三圈就放棄平穩的速度，所以此刻比他預期的還要累。兩人已經用極快的速度跑很久了。然而，班尼斯特必須贏，他有太多事必須向自己和別人證明。他的最後衝刺得在最後施展出來，當時在赫爾辛基就施展不出來。每小時的訓練、每場比賽、每次犧牲、對跑步的每滴熱愛，成就了這最後一刻，這最後半圈。兩人出彎道進入最後直道時，他必須追近到能展開攻擊。他再次在蘭迪的背上劃一顆串珠。「就算雙腿麻木也要繼續跑。」班尼斯特告訴自己。班尼斯特一步步拉近兩人的差距。倘若蘭迪知道自己把對手搞得多累，他或許就能提振力量，加快速度，但是他並不知道，領先型跑者從來就不知道。

兩人接近終點直道時，班尼斯特盡展剩餘的氣力，這是他的最後機會。他跟史坦福認為蘭迪絕對料不到他會到比賽的這一刻才出擊，他跟查特威練習的就是這一擊。班尼斯特需要贏，他必須贏。蘭迪用跑步來表現內在的最美特質，但是班尼斯特跑步的目的是要贏過別人，這是班尼斯特證明自己的時刻。距離終點帶九十碼時，班尼斯特擺高手臂，加大步伐，逼迫疲憊的肌肉運動，這得用盡剩餘的每一分意志力和鬥志才辦得到。他想要以極快的速度超越蘭迪。

出彎道後，蘭迪以為終於擺脫班尼斯特了，再也看不見班尼斯特的影子。這是好事，因為蘭迪知道自己雙腿沒力了。他轉向左後方確定自己成功了沒。

就在這一刻，班尼斯特跨兩長步從右側超越蘭迪，看見蘭迪瞥向另一邊，知道這一猶豫會讓蘭迪慢至少零點一秒。距離終點帶七十碼時，班尼斯特取得領先。他興奮狂喜，雖然為了保持速度跑得痛苦萬分，但是他最熱愛的就是賽跑的這一刻，因為在這一刻，身體的奔跑激起了亢奮的情緒。觀眾的嘶吼驅動他繼續跑，除了終點線，一切事物都變得模糊。現在動力驅動著他加速狂奔。蘭迪想再加速衝過終點直到，但是知道雙腿耗盡氣力了。

「班尼斯特超越蘭迪了！」敖世敦興奮叫道，澈底失去公正冷靜，「他進入直道了！班尼斯特要贏了！蘭迪變慢了！班尼斯特跑得快極了！領先兩碼！三碼！四碼！剩下大約十五碼！班尼斯特……」

班尼斯特衝向終點，不斷持續長跨步，最後右腳奮力一蹬，向前飛躍，頭往後仰，欣喜若狂，衝過終點帶，終於獲得勝利。

「他辦到了！他辦到了！」[37]查特威對著麥克風興奮叫道，數萬加拿大聽眾跟他一樣興奮。

通過終點帶一步半後，班尼斯特身子癱倒，支撐雙腿的意志力現在耗盡了。蘭迪第二抵達終點，落後五碼。他雙肩下垂，閉上雙眼片刻，彷彿那一刻想到任何別的地方都好，就是不想待在那裡。他放慢速度，接著往前走。英國隊領隊楚拉夫扶著面色慘白的班尼斯特，防止他摔倒。跑道擠滿工作人員和選手。佛格森第三抵達終點，密里根第四，博伊德第五，何柏格第六，貝里第七，但是他們全被遺忘了。在看臺上，守衛阻攔著激動若狂的觀眾衝進跑道。

蘭迪試著走離混亂的人群，但是被太多人包圍。他竭盡所能，用盡全力跑了，但是班尼斯特堅持不放棄。「真倒霉啊，蘭迪……不過跑得很好，跑得很棒。」[38]他對支持者露出微笑，但是任何人說什麼都難以消滅他心中的沮喪。

班尼斯特深呼吸幾口氣，仍被英國隊領隊攙扶著。眾人包圍著他，祝賀他，拍他的背，握他的手。最後雙腳終於恢復一些力量，他只想見一個人。他站直身子，放開楚拉夫，往前慢跑，滿懷勝利的喜悅。他穿越人群後，看見蘭迪站在兩名警察中間，用雙臂抱住蘭迪。

「你實在太厲害了，羅傑。」蘭迪微笑道。[39]

「我知道得用盡全力才能打敗你。」班尼斯特說道，仍把左臂搭在蘭迪身上，知道他一定非常痛苦。

攝影師群聚在兩人周圍，拍攝兩人的合照。支持者拼命推擠想接近兩人。班尼斯特身子後傾，再吸幾口氣，差點又癱倒，蘭迪穩穩扶住他，看起來毫不費力。

在內場，遠離混亂吵雜的人群，有四名計時員在班尼斯特衝過終點帶時按下秒表，還有三名幫蘭迪計時，這七人負責確定官方時間。[40]站在一千五百公尺標示處的三名計時員，已經一致判定在距離終點一百二十碼時領先的蘭迪，只比他自己在土庫創下的世界紀錄三分四十一秒九慢零點一秒。前三名班尼斯特、蘭迪和佛格森的官方時間已經確定，交由播報員用播音系統宣讀，播報員透過擴音器宣布時間，體育場裡的多數人早已透過非官方管道得知了。儘管如此，整座體育場仍瞬間靜下來。「第六場比賽一英里賽的冠軍，班尼斯特，時間三分五十八秒八……亞軍，蘭迪，時間三分五十九秒六……季軍……」

歡呼聲與掌聲響遍體育場，班尼斯特和蘭迪繞著跑道慢跑，對著觀眾看臺揮手。在這場世紀賽跑，史上前兩名打破四分障礙的一英里跑者對決，兩人都再度跨越門檻，這是一場完美的體育比賽。

在紐約，桑提興奮激動對著攝影機說道：「比賽很精彩，我想比較強的人獲勝了……兩位選手都全力以赴，跑出史上最精彩的一英里賽。班尼斯特很厲害，但是蘭迪也不遑多讓。」[41] 其餘評論員評論比賽時，桑提悵然出神。兩名一英里跑者跑得好極了，他待會兒會打電話祝賀兩人，但是他仍相信，倘若自己也能參與這場激戰，他會率先通過終點帶。他坐在攝影棚裡，疲憊不堪，彷佛自己親身參賽似的。他後來解釋道：「我就是因為沒有參賽才會更加疲累。」[42]

在墨爾本，蘭迪的家人得知結果後大失所望，記者們亟欲請他們評論，但是他們暫時拒絕評論。培里對朋友的敗北感動痛苦，打電話到蘭迪家，說自己很難過蘭迪輸了，但是卻發現蘭迪的母親豁達以對，沒有充滿悲嘆。不論是否獲勝，他們都以蘭迪為榮。謝魯狄經常利用這種重要的機會，高談闊論對蘭迪的洞察，但是這次卻不做評論。摩根莫里斯極度崇拜蘭迪，一九五二年十二月那場比賽後，獲得蘭迪的跑步背心。對於澳洲數百萬人那天早上聽到消息後的感受，他形容得最貼切：「蘭迪在溫哥華輸的時候，全體澳洲人都哭了。」[43]

在倫敦，報社編輯們已經開始撰寫明天的頭條新聞。打從蘭迪無法在最後彎道擺脫班尼斯特那一刻起，史坦福就知道班尼斯特贏定了。此時他內心平靜而滿意。史坦福認為這場比賽是班尼斯特用個人意志獲勝的，他只是高興自己在過程中幫了忙。[44]經過這麼多年，由於被拘禁的記憶，他仍無法蓋著被子睡覺。那晚就寢時，他自己其實就是這次勝利的證據，只是他從來不願承認。

在溫哥華，比賽結束十分鐘後，喧鬧混亂的群眾開始冷靜下來。班尼斯特穿上前面橫繡「英格蘭」的長袖運動服，走向冠軍領獎臺。一名戴綠帽的工作人員把一英里賽的成績紀錄到成績板上，包括時間，成績板上方有一幅擺出敬禮姿勢的伊麗莎白女王特大畫像。班尼斯特爬到最高的位置，蘭迪在他的右邊，佛格森在他的左邊。班尼斯特望向體育場對面，眼前景象令他心潮澎湃。這是他這輩子最美好的時刻，他打敗了最強的對手蘭迪，把榮耀帶給祖國，在比任何數字障礙都還偉大的比賽中贏得勝利。班尼斯特跑出了完美的一英里。

後記

最後他們成群快速出現，
數量不斷增加。

——路易斯・卡洛爾（Lewis Carroll）《愛麗絲夢遊仙境》

班尼斯特領先蘭迪通過終點線的那一刻，是運動史上最偉大的時刻，但是二十分鐘後發生悲劇了。[1]三十五歲的英國隊隊長彼得思跑進體育場，要跑完馬拉松的最後幾百碼。他是最有希望奪冠的人，領先距離最近的對手超過一英里。觀眾站起身為在跑道上奔跑的他加油。但是彼得思有點不對勁，看起來步伐不穩，幾乎恍惚得不知道自己在哪裡。觀眾靜了下來。

彼得思向前跑幾步，像醉漢一樣，身子左右搖晃，接著摔倒。他翻到側身，白色跑步背心被跑道的塵土弄髒，奮力站起身。雙臂無力，雙腳虛弱，面色慘白，他奮力再跑幾碼便停下來，身子搖搖晃晃，再痛苦地走一步後便摔倒。他坐在跑道上，仰望天空，接著再度奮力站起身，然而雙腿再度彎曲，使他又跌坐下來。在體育場的每個人都驚恐地看著，這才猛然察覺太陽炙熱和空氣混濁，並且瞭解這樣的條件會對英勇奮力想跑完比賽的跑者造成什麼影響。彼得思再度嘗試站起來，觀眾把頭埋到彼此的肩膀上，或用帽子掩面哭泣，或懇求他停下來，或懇求有人幫幫他。拜託幫幫他吧。

班尼斯特和蘭迪並肩站在內場。兩人曾經一而再、再而三把自己逼到極限，因此瞭解為什麼彼得思要繼續跑。在這種層級的競賽，運動員必須無視身體要求停下來的呼喚，經過數年的嚴苛訓練，這已經成了直覺。

彼得思踉蹌搖晃前行差不多十五分鐘，有時用爬的，在跑道上推進一百五十碼後第十二次倒下。這次他看似再也起不來了，但是卻又旋即站起身，歪歪曲曲又走了二十碼，以為到終點線了。就在彼得思又要癱倒之際，英國訓練員用雙臂抱住他。距離終點線還有兩百碼，英國隊領隊楚拉夫不忍再看下去了。

彼得思被用擔架抬進更衣室，意識模糊。救護車抵達前，他對護士說的第一句話是：「我贏了嗎？」體育場內數千人等待聽彼得思的情況，他痛苦地提醒了他們，這些運動員為了獲勝願意付出多少。在運動史上，鮮少悲劇和喜事在相隔這麼短的時間相繼發生。

翌日報紙頭版報導大英帝國運動會的精彩高潮，有些報紙同時報導「喜事」和「悲劇」，不過編輯們還是著重於戲劇化的一英里賽。「世紀一英里賽——班尼斯特幫英格蘭贏得勝利！」《世界新聞報》的頭條新聞寫道。「班尼斯特在史上最精彩的一英里賽中獲勝。」報導通常保守的《泰晤士報》用橫貫全頁的斗大標題寫道。「班尼斯特跑贏蘭迪。」《紐約時報》在頭版上半頁詳細報導；鑑於美國人並沒有參加比賽，這樣擺放表示相當重視這篇報導。《芝加哥論壇報》（*Chicago Tribune*）和《紐約先驅論壇報》也將這場比賽的報導刊登在類似的顯眼位置。「完美結局！二虎相爭，必有一敗：蘭迪。」《墨爾本百眼巨人報》寫道。「班尼斯特在大英帝國運動會一英里賽中獲勝。」《雪梨晨鋒報》在頭條新聞寫道，不過還用小標題寫道：「班尼斯特累倒了！」當天發生許多故事，其中最引人注目一英里賽有多重要的，莫過於英國馬拉松選手寇克思（Stanley Cox）的故事，他熱到恍惚，跑到第二十三公里賽程時，一頭撞上電線竿，最後甦醒時只想知道一件事：「班尼斯特贏了嗎？」[2] 聽到班尼斯特贏了，寇克思說：「感謝上帝保佑他。」接著就又躺下去。

在溫哥華，閉幕典禮結束後，班尼斯特沒有跟其餘隊友立即返回倫敦，而是做任何好醫生都會做的事：他留下來幫忙照顧彼得思。彼得思因為嚴重中暑和脫水而住院，跑步生涯就這樣突然結束。班尼斯特陪彼得思一起搭機返國，以防彼得思在旅途中出現任何併發症。彼得思和班尼斯特預定一星期後飛抵倫敦機場，屆時會有大批記者在機場等候。但是濃霧導致他們的班機改向，降落在肯特郡，兩人匿名入境。這位享譽全球的運動員為國爭光返國後，竟然得等超過一個鐘頭才能通關。後來，班尼斯特搭車到哈羅區，在小型慶祝活動中跟朋友家人同樂。隔天他獨自在哈羅板球場跑步，開心能回家，遠離媒體矚目的壓力。

從溫哥華返國兩星期後，班尼斯特前往瑞士伯恩市參加歐洲錦標賽。一千五百公尺決賽簡直就是兩年前他在赫爾辛基輸掉的那場比賽重演，班尼斯特後來說道：「那場比賽觀眾爆滿，選手搏命互相推擠，十二名選手，全是歐洲人，而且是世界頂尖的選手……我覺得我必須取得這次勝利。」[3] 從槍響起，班尼斯特就依戰術跑，待在第六順位，跑完第一圈四百公尺，讓捷克斯洛伐克的榮格維斯、西德的呂格和丹麥的根納．尼爾森（Gunnar Nielsen）帶頭。[4] 跑完八百公尺時，班尼斯特已經跑到第二順位，在榮格維斯後面，尼爾森在第三順位。在一千兩百公尺時，他們保持相同順位，但是榮格維斯氣力衰弱了，尼爾森似乎是唯一能挑戰班尼斯特的選手。進入非終點直道後，只剩兩百公尺，班尼斯特展開衝刺，跟他在赫爾辛基希望展開衝刺的地方相近。但是這次衝刺沒有失效，他迅速奔離榮格維斯和尼爾森，衝向終點，一長步接著一長步，輕鬆獲勝。獲得銀牌的尼爾森告訴記者，這場比賽結束後，他要放棄中距離賽跑，改學草地網球。班尼斯特的最後衝刺就是這麼具有毀滅性。但是尼爾森很快就會沒理由怕這位優秀的英國一英里跑者了，因為班尼斯特在決賽後宣布這是他的最後一場比賽，他要退出體壇，專心行醫了。

在一百一十二天內，班尼斯特打破一英里障礙，從聖瑪麗醫院畢業，通過醫學委員會考試，跟未來的老婆摩拉求婚，在「世紀一英里賽」打敗蘭迪，取得一千五百公尺歐洲冠軍，取得未來的住院醫師職務。[5]總而言之，他把所有事情都完成了。

一九五四年的最後一天，在薩伏伊飯店（Savoy Hotel），布拉巴宗勛爵（Lord Brabazon）頒發「年度運動員獎」給他，用充滿威嚴的聲音總結此刻全體英國人對班尼斯特的感想：「我想說，班尼斯特，你深深感動了我們……你的風範，你對運動的態度，你的謙卑，堪稱全球理想運動員的典範……很少人有天賦能夠在世上成就永世流芳的偉業，而你辦到了。」[6]

蘭迪後來輕描淡寫在溫哥華的失敗：「那場比賽我必須贏，但是卻輸了。」[7]賽後他馬上展現完美紳士風度，讚揚班尼斯特跑得很好，告訴記者，比較強的人獲勝了。[8]一天後，他告訴記者，他接受在吉隆文法學校的教職，「不確定」未來會不會繼續參加一英里賽。但是這番聲明被他隱瞞賽前腳被割傷的報導壓過。承諾會保密不說出蘭迪腳被割傷的體育記者歐布萊恩食言了，在加拿大的一個全國節目說出自己知道的內幕。起初蘭迪試圖無視報導，《墨爾本先鋒報》的記者到帝國選手村問他：

「你在星期四踩到閃光燈泡嗎？」[9]

「我怎麼知道我有沒有踩到閃光燈泡？我只能說我參加一英里賽時身體健全。」

蘭迪說完旋即離開，故意小心踏右腳，而不是左腳。

「你確定跛行不是割傷造成的？」記者攔下他。

「如果我跛腳能跑出三分五十九秒六。」蘭迪說道，「那我當跑步選手就前途無量囉。」

然而，這篇報導太重要，藏不住。記者們紛紛去找幫蘭迪治療的那名醫生。他們還質問澳洲隊領隊知道哪些內幕，但是他全然不知情。最後蘭迪終於坦承實情，但是依舊堅稱腳傷完全沒有影響比賽。他的說辭永遠不會變，反正事實就是他確實在決賽以低於四分跑完一英里。

蘭迪回到澳洲後，發現對跑步的熱情消失了；除非全力跑，否則他無意再跑了。「我回家後發現每個人都能打敗我。」[10] 他說道：

> 一名學生在四分之一英里賽打敗我。我找不到理由繼續跑，跑步在澳洲不是重要運動，而且我跟世界一流的選手在世界一流的跑道賽跑過了。在家鄉，我可能會在只有三人參加的小比賽，在二流跑道跟二流對手比賽，跑出差勁的成績。這我實在無法忍受，我不可能跑一輩子，總有一天得退休，我認為現在就是退休的時候了。

吉隆文法學校的校長達林博士（J. R. Darling）提供蘭迪退隱處，在木頂

（Timbertop）開設分校，木頂是維多利亞阿爾卑斯山（Victorian Alps）裡一處與世隔絕的飛地，每位學生都必須在那裡住一年。[11]達林需要一位生物老師，蘭迪接下這份職務。前七個月是蘭迪的黑暗期，他經常獨自在樹林裡徒步行走。他遠離家人朋友，腦海經常重新浮現班尼斯特超越他的那一刻。然而，漸漸地，對賽跑的渴望再度掌控他，於是他開始訓練。蘭迪穿著沙灘鞋沿著曲折的小徑上下山坡，心裡沒有目的地或終點。他拋開訓練計劃，長久以來第一次再度享受跑步。

一九五六年一月四日，蘭迪回到奧運公園參加被班尼斯特打敗後的第一場比賽。墨爾本的報紙熱烈報導，用斗大的標題寫道：「蘭迪下週參賽。」[12]蘭迪在半英里賽對上半英里世界紀錄保持人史普瑞爾（Lon Spurrier），僅以些微差距落敗。一月底在維多利亞錦標賽，他在奧運公園的跑道上奔馳如風，辦到以前沒辦法在澳洲辦到的事：跑出低於四分鐘。他跑出三分五十八秒六，史上第二快的一英里時間，僅次於他在土庫創下的世界紀錄，在土庫的紀錄至今仍未被打破。隔天他以個人最佳時間一分五十秒四贏得八百八十碼冠軍，展現前所未見的速度，打破一名十六歲澳洲人的紀錄。幾週後，他在三英里賽中，以十一秒的差距打破自己的紀錄。墨爾本最受喜愛的子民回來了，而且比以前更厲害，一九五六年奧運即將在墨爾本舉辦，一千五百公尺奧運金牌很可能會是墨爾本的。

三月初在澳洲錦標賽，蘭迪志在刷新一英里紀錄。一批一英里新手，包括摩根莫里斯、克拉克（Ron Clarke）、林肯（Merv Lincoln），每一位都被他挑戰四分一英里所做的努力所激勵，但是現在準備跟他競速。超過兩萬人出現在奧運公園。第二圈結束時，摩根莫里斯領先，跑出兩分兩秒，克拉克在第二位，蘭迪第三。比賽看似平凡無奇。

然而，進入第三圈的第二彎道時，所有選手爭搶位置，準備進入最後一圈。就在此時，克拉克意外摔到跑道上。蘭迪就在他後面，試圖跳過他。其餘選手繼續跑。蘭迪沒有繼續跑，停下來，調頭回去看克拉克有沒有事。雖然蘭迪的釘鞋踩到克拉克的手臂，十九歲的克拉克仍站起身說自己沒事，接著便衝過蘭迪返回比賽。此刻蘭迪浪費了大約七秒，落後位居第一的林肯四十碼。儘管如此，蘭迪仍拼命追趕領頭的選手們。他衝刺跑完第三圈，追近到攻擊距離。進入彎道時，他只落後十五碼，已經超越克拉克。到非終點直道前，他就拉近剩不到五碼。繞最後彎道時，他衝過林肯，衝刺到終點以十二碼的差距、四分四秒二贏得比賽。

知名體育記者哈利．戈登（Harry Gordon）在《墨爾本太陽報》寫公開信給蘭迪，總結許多人觀看完比賽的感想：

敬愛的蘭迪，

在媒體包廂的記者崇拜的英雄不多，反倒經常幫忙塑造英雄，但是通常因為太瞭解而不相信那些英雄。記者坐在媒體坐席上通常不會鼓掌……主要因為記者深諳觀察之道，不會看到情緒激動。但是，星期六下午四點三十五分，記者們忘了規則，崇拜一位英雄，每位記者都崇拜，那位英雄就是你。在紀錄簿中，今天的比賽只是這些日子裡一場極度平淡無奇的比賽。但是，我以為，你了不起的關懷舉動和英勇的反敗為勝，使你在土庫和溫哥華的精彩一英里賽相形見絀。這場比賽是你最偉大的勝利。[13]

幾個月後，蘭迪搭機到加州幫忙宣傳墨爾本奧運。[14]他連續兩場一英里賽跑低於四分鐘，成為美國田徑迷的英雄，增加了一九五六年奧運的門票銷售量。他把這趟旅行當成義務，其實並不想去，但是這趟旅行讓他付出巨大代價。當時他本來應該休息，但卻飛過半個地球，接受無數採訪，在加州的硬跑道上賽跑，導致原有的肌腱炎惡化。在奧運一千五百公尺決賽，他取得令人失望的第三名。戴樂尼（Ron Delany）奪得金牌，但是蘭迪曾經在加州的一場比賽打敗他。如同在溫哥華時，蘭迪完全沒有說隻字片語，抱怨運氣不好。奧運後，他再參加幾場比賽後，便在一九五七年二月二十六歲時退休。

桑提從未打破四分一英里障礙，也沒參加一九五六年奧運，一九五四年夏末結束陸戰隊入伍新訓時，他決定要達成這兩個目標。

一九五四年十一月田徑專家柯德納．尼爾森（Cordner Nelson）預言道：「一九五五年這位前堪薩斯選手應該會在賽季中表現出色。他不用每週參加兩到四場比賽，能專注參加一英里賽，如果他沒超越三分五十八秒，我會失望的。」[15]陸戰隊支持桑提達成目標，准許他安排時間參加比賽，畢竟他參賽能幫陸戰隊吸引媒體矚目。他跟以往一樣認真訓練，雖然丹娜快要生第一個孩子了，但是桑提仍保持極度專注。冬季期間，他以四分三秒八跑完一英里，刷新室內世界紀錄。在德州接力賽的第一場室外賽，他以四分零秒五把個人最佳一英里時間減少了零點一秒，看似肯定能跑出低於四分鐘。繼續指導桑提的伊思頓賽後說道：「如果你在這個賽季的第一場室外賽就能這麼接近四分鐘，那你絕對能跑出低於四分鐘，絕對可以的。」[16]可惜，這是他的最快一英里時間。

六月一日《舊金山紀事報》（*San Francisco Chronicle*）有一篇文章報導，一九五五年在一系列的西岸比賽中，包括五月十四日西岸接力賽、五月二十日體育場接力賽、五月二十一日加州接力賽，桑提收受三千美元零用金。[17]業餘體育聯合會規定運動員每天只能接受十五美元零用金。《舊金山紀事報》的文章沒有提到，桑提最近拒絕受邀參加該報社贊助的比賽，而且主辦單位還提議要給桑提遠超過業餘體育聯合會限制的零用金。桑提之所以拒絕，是因為他已經先答應到賓州雷丁市（Reading）的一所天主教學校演講。不論《舊金山紀事報》的報導是否是虛偽作假或挾怨報復，桑提惹上麻煩了。費利斯和業餘體育聯合會要求立即調查，密蘇里河谷的業餘體育聯合會負責管轄這件事，隨即調查指控案件，最後判定桑提至少收受一千兩百美元零用金，永久取消他的業餘運動員身分。

桑提提出上訴，但是他人在匡提科基地，因此由伊思頓代為辯駁。伊思頓並沒有爭論桑提收受金錢，但是指出比賽承辦人肆無忌憚主動提供金錢給他，其中大多是業餘體育聯合會的人員。數年後，桑提這樣解釋：「那就像我給孫子糖果棒，他吃了後，我反而因為他吃糖果棒而打他耳刮子。」[18]伊思頓問的問題很簡單：如果那是非法的，為什麼這些官員一開始要給他超額的零用金？問題的答案很明顯，業餘體育聯合會官員想要桑提參賽，促銷門票。然而，沒人提出這樣的解釋，密蘇里河谷業餘體育聯合會直接以二十一票對七票，投票廢除桑提的取消業餘運動員身分判決。或許他們是不願意揭露不可告人的暗事，體育歷史學家涂里尼（Joseph Turrini）稱之為「徑賽祕密勞工關係制度」。[19]桑提以為事情解決了，把注意力轉向一九五六年奧運，但是費利斯和業餘體育聯合會不肯善罷干休，因為桑提和團結支持他實現目標的人，包括具有影響力的參議員卡爾森（Frank Carlson），可能會影響業餘體育聯合會掌控業餘體育。這令費利斯忍無可忍，一九五五年十二月重啟調查，不顧業餘體育聯合會規定深入調查的期限已屆。桑提繼續參加比賽，但是法律爭論分散了專注力。

一九五六年初，費利斯私下要求桑提放棄業餘運動員身分，以免事情鬧得更難看，但是被拒絕。其實，桑提獲得性格頑強的前紐約市地方檢察官查爾斯・葛萊姆斯（Charles Grimes）協助，葛萊姆斯免費接下這個案子，桑提警告費利斯，說他要告業餘體育聯合會非法調查。但是警告無效，一九五六年二月十九日，業餘體育聯合會取消桑提的業餘運動員身分。費利斯告訴記者，桑提「絕對不能再參加與業餘體育聯合會有關的徑賽」。直到葛萊姆斯向媒體投訴後，業餘體育聯合會才交出佐證祕密調查的證據。證據指出，一九五五年桑提收受零用金，超過法定上限兩千三百五十五美元。此外，他也因為在加州任用法蘭肯擔任「經紀人」而受到懲處。法蘭肯否認這項指控，後來說：「認為桑提需要經紀人，就像認為拳王阿里在全盛時期需要發言人一樣。」[20]給桑提零用金的業餘體育聯合會官員全都只有受到輕罰。

桑提繼續抗爭。一九五六年三月，他收到紐約州最高法院的暫時強制令，強制停止執行禁賽命令。越來越多人幫桑提辯護，包括康寧漢和其他幾名知名運動員，他們很清楚業餘體育聯合會的偽善以及權力不受約束。被業餘體育聯合會禁賽的美國運動員中，索普的妻子名氣最高，她請求全體美國人「保護桑提免於受到業餘體育聯合會的吸血章魚迫害」。[21]在加州進行的民意調查發現，在四千六百三十九人中，只有一個人認為業餘體育聯合會在這件事情上是對的。[22]桑提參加比賽時，體育場的觀眾會高呼他的名字，向業餘體育聯合會發出噓聲。然而，對桑提而言，很不幸的，這件事的關鍵在於權力，不是聲望。

業餘體育聯合會立即上法院要求解除強制令，比賽主管人員和運動員害怕邀請桑提或跟他賽跑會受到懲處。一九五六年三月，桑提前往律師位於長島的家，他想要作證。葛萊姆斯問他打算證明什麼，桑提答道：「證明所有人收受的零用金都超過法定上限。」[23]葛萊姆斯扮演起業餘體育聯合會的律師問道：「你怎麼知道？」

桑提告訴葛萊姆斯，多年來他看過許多運動員向業餘體育聯合會拿錢，其中有些人即將加入一九五六年奧運隊。接著他猛然頓悟葛萊姆斯的問題。倘若作證，桑提就得說出那些人的姓名，他拒絕這樣做。翌日在法庭裡，桑提沒有作證為自己辯護，業餘體育聯合會的律師在結辯時痛斥他，說道：「他能跑一英里，但卻沒辦法走二十呎到證人席為自己辯護。他沒有請任何證人幫他辯護，就是坦承犯行。」最後法官解除強制令，桑提再度被取消業餘運動員身分，這次是終身取消。

氣憤業餘體育聯合會行事不公不義，他打電話給伊思頓：「教練，我們現在該怎麼辦？」

伊思頓知道抗爭結束了，用無奈的語氣說道：「我不知道該怎麼辦。無能為力了。」

儘管桑提是美國最優秀的中距離跑者，但卻不能參加奧運。至於四分夢想呢，法蘭肯試圖安排他跟班尼斯特和蘭迪在職業賽同場競賽，但是始終無法如願。桑提陷入體育界的過渡期，此時職業化的浪潮高漲，業餘體育聯合會快速失去掌控權，桑提成了犧牲者。

一九五五年五月二十八日，已經退出體壇的班尼斯特醫生，到白城體育場幫參加英國運動會一英里賽的查特威打氣。[24]查特威最強勁的對手是英國同胞休森和匈牙利的塔波里（Laszlo Tabori）。在四分之三英里標示，休森以三分兩秒的時間保持領先；在非終點直道，查特威和休森不分軒輊，塔波里第三。接著匈牙利的塔波里開始衝刺；兩名英國選手也加速反制。距離終點帶六十碼時，三人距離彼此只有咫尺，全都奮力衝向終點。塔波里通過終點帶獲勝時，把領先差距拉開到四碼；查特威和休森同時通過終點線，三人全都跑出低於四分鐘。班尼斯特的一英里世界紀錄在差不多一年前就被蘭迪奪走，現在又發現自己不再是英國一英里紀錄保持人。

班尼斯特在牛津逸飛路跑道締造歷史後的那段日子曾經說過：「我死後，哪怕洪水滔天。」這句名言出自法王路易十五的情婦龐巴度夫人。四分一英里障礙移除後，洪水便開始出現。首先是蘭迪，接著是塔波里、查特威和休森。班尼斯特的預言準確，是因為他破除了不可能跑出四分一英里的心理障礙嗎？抑或障礙被突破，單純是跑者增加訓練強度與頻率的進步必然結果呢？答案可能兩者皆是，不過無庸置疑，班尼斯特完成偉業五十年後，現在四分一英里只是頂尖跑者成就偉名的踏腳石。

自從一九五四年起，一英里世界紀錄就穩定推進。蘭迪保持紀錄差兩天就滿三年，約克郡的德瑞克・伊博森（Derek Ibbotson）在倫敦跑出三分五十七秒二，實現了一個月前第一個女兒出生時對妻子的承諾。一九五八年八月六日，澳洲的賀伯・艾略特（Herb Elliott），謝魯狄發掘的新天才，獲得極大的呼聲，超越伊博森的時間將近三秒，在都柏林以三分五十四秒五跑完一英里。對於自己的驚人表現，艾略特後來評論道：「那只是另一個時間，另一次進步。」[25]當然，伊博森可不那樣認為。前往都柏林之前，艾略特一直跟他同住，回去收拾行李時，發現行李在門階上。「我的行李袋怎麼會在這兒？」[26]艾略特問道。伊博森答道：「奪走我的紀錄，你還想待在這兒？滾吧！」一九六二年紐西蘭人彼得・史內爾（Peter Snell）把艾略特的時間降低了零點一秒；在他的訓練計劃中，有一項是星期日在奧克蘭山區跑二十二英里。[27]一九六四年，他降低自己的紀錄零點三秒，變成三分五十四秒一。幾個月後，法國人米歇爾・傑齊（Michel Jazy）跑出三分五十三秒六，超越史內爾的時間半秒。一九六六年，土生土長的堪薩斯州人吉姆・萊恩（Jim Ryun）又以三分五十一秒三奪走傑齊的紀錄，萊恩是繼一九一五年泰柏之後，第一個取得一英里紀錄的美國人。萊恩也是以低於四分鐘跑完一英里的第一位高中生，他的教練鮑伯・提摩斯（Bob Timmons）把班尼斯特的故事告訴他，因而激勵了他。

萊恩的時間過了八年才被坦尚尼亞的菲伯特・巴耶（Filbert Bayi）超越，而巴耶只保持紀錄短短四個月，到一九七五年八月十二日，紐西蘭的約翰・沃克（John

Walker）跑出三分四十九秒四。接著英國的薩巴斯汀．寇伊（Sebastian Coe）和史蒂夫．歐維特（Steve Ovett）展開激烈競賽，在二十五個月間，兩人反覆超越紀錄，兩人的交戰令人想起海格和安德森交戰的那段歲月。一九八一年八月，寇伊最後跑出最佳時間三分四十七秒三三，此時紀錄計算到百分之一秒。一九八五年，他的英國同胞史蒂夫．克雷姆（Steve Cram）跟隨他，以三分四十六秒三一跑完一英里。一九九三年，阿爾及利亞的努爾丁．莫西利（Noureddine Morceli）跑出三分四十四秒三九。接著一九九九年七月七日，摩洛哥的希查姆．埃爾．奎羅伊（Hicham El Guerrouj）在羅馬以三分四十三秒一三跑完一英里；如果班尼斯特同場競賽，抵達終點時會落後差不多四分之一圈。奎羅伊取得一英里世界紀錄時，有差不多一千人跑過低於四分鐘。[28]

四分鐘不再是障礙了。

紀錄這樣推進，令人不禁要問：跑一英里的極限是多快？可以用低於四分鐘跑完，那可以用低於三分半跑完嗎？過去的預言者，有的跟賓克斯打賭香檳，說四分一英里是不切實際的幻想；有的像漢彌敦一樣，以停在四分一秒六的「完美紀錄」打造個人聲望，現在全都被證明是錯的。至於他們錯得多離譜，我們就得原諒他們沒預見合成跑道、高科技賽跑鞋設計、一天訓練兩次、飲食規劃、高海拔訓練，以及從世界各國遴選的一英里跑者，其中的頂尖跑者能以跑步為業，名利雙收；甚至有人使用增強體能的藥物、荷爾蒙補充療法，以及更驚人的基因改造，大膽突破身體極限。跑一英里的極限是多快，唯一能確定的就是認同古老俗諺的智慧：「創造紀錄的目的就是要打破紀錄。」紀錄保持越久，就越能確定會有野心勃勃的小伙子以打破紀錄為目標。

但是追求最快一英里時間的方法與動機在過去半世紀已經變了，要成為一流跑者，現在沒有太多別的方法。頂尖跑者一天訓練四、五個小時，生活完全以跑步為中心。有些跑者發現無論採用哪種方法或強度的訓練，時間都無法進步，會求助藥物，但是使用藥物不僅被發現後可能會被禁賽，而且也有危險的副作用。

當然，成為一流跑者的獎賞似乎能彌補過程中的犧牲。艾倫．魏柏（Alan Webb），第一個打破萊恩的高中一英里紀錄的美國人，大一時取得一年六位數的贊助合約後，便從密西根大學輟學。奎羅伊一年賺進超過一百萬美元的出席費、贊助金和比賽獎金。除了渴望成為頂尖跑者之外，現在跑者渴望奪下一英里世界紀錄，是出於許多這類謀利動機。多年來商業利益不斷侵蝕現代體壇，導致一英里紀錄變得比較不那麼浪漫了。倘若追求一英里紀錄是單純想知道自己能突破極限，而不是為了獲得其他獎賞，會比較令人敬佩。

不論紀錄推進多少，大家回顧時，都會認定突破四分障礙以及蘭迪與班尼斯特在溫哥華的決戰，是一英里賽史和運動史上的兩個關鍵時刻。班尼斯特是業餘運動員，一天訓練僅稍微超過一小時，對他而言，跑步只是他熱愛的嗜好。一九五四年五月六日，他在自己協助建造的煤渣跑道成就偉業，現場只有少數觀眾，幾名記者，一組經過勸說才肯出席的攝影人員。短短三個月後，在現代鋼筋水泥建造的體育場，蘭迪和班尼斯特在熱烈宣傳的比賽中對決，現場有大批記者報導，有許多攝影團隊拍攝，播送到全球數百萬戶住家中，而且有這兩人最強勁的對手進行實況播報。這場「世紀一英里賽」擁有職業運動賽事的所有特徵，唯一差別是沒有參賽選手在過程中賺得一毛錢。如果要說第一場比賽敲響了業餘運動的喪鐘，那麼可以說第二場比賽敲出了未來體壇的第一個音符。

五十年後，桑提、蘭迪和班尼斯特都住得離各自首次跑出一英里佳績的地方很近，在堪薩斯大學、奧運公園和逸飛路的跑道散步時，他們一定能聽見過往的回聲：發令員的槍聲；鋼製鞋釘有節奏地踏著煤渣跑道；觀眾的加油聲漸漸變大；播音系統發出爆裂音，所有人靜下來聽一英里的現場播報，猜想今天會不會是大日子。

我們經常感覺體壇英雄不會老，會記住他們在全盛時期的模樣，臉上沒有歲月的痕跡，身體結實健壯。倘若是以一輩子，而不單只是年輕時期，來評斷一個人，那麼這三個人追求四分一英里以後的作為也值得我們敬重。桑提長久擔任後備陸戰隊員，表現優異，同時經營自己的保險公司。他仍然積極協助堪薩斯大學，繼續贊助青年體育計劃。蘭迪結束在吉隆文法學校的教職後，加入帝國化學工業公司，擔任鄉村科學家，退休時職司鄉村研發部部長。他在墨爾本奧運委員會任職，帶領特別任務小組，發揚澳洲體育；他也主管澳洲運動藥物局（Australian Sports Drug Agency），並且寫了幾本關於自然歷史的書。二〇〇〇年，他被任命為維多利亞州州長。班尼斯特一退出體壇便投入行醫，成為知名的神經科醫師。他兼任英國體育委員會（Britain's Sports Council）的官員，主導兩項計劃：第一，在全國各地蓋運動中心；第二，隨機進行藥檢，遏止運動員使用提升體能的藥物。一九七五年，由於在醫學和運動上貢獻斐然，受封為爵士。班尼斯特擔任牛津大學彭布羅克學院院長，也寫了一本充滿回憶的跑步書籍。

班尼斯特、蘭迪和桑提回顧各自的賽跑歲月時，會感到驕傲，但同時也會不禁嘆道：「唉，別再想那個老掉牙的故事了。」桑提想到跟業餘體育聯合會的抗爭，仍會感到痛苦；蘭迪仍愁悶在溫哥華沒有取得應得的勝利；班尼斯特仍展現給予他力量最後衝刺的決心與求勝態度。在數百萬人的眼裡，三人的成就宛如戲劇一般，三人曾經中肯談論運動帶給他們的收獲，這跟有沒有突破四分障礙和跑出奇蹟一英里無關。

蘭迪說道：「跑步教我學會紀律和表達自我……跑步過程會經歷各種失望、沮喪、失敗、意外成功，在更加重要的人生戲劇中，這些都會重演。跑步教我學會在壓力中表現泰然，叫我瞭解熱情、奉獻、專注有多重要。這些全是老生常談，但是人在年輕時，一定要經歷這些事，這非常非常重要。」[29]

桑提應該會認同。「認真工作會有收穫的。」他說道，「經營事業得跟為運動比賽進行訓練一樣謹守紀律，仍然得早起，比別人更加認真工作。優秀的運動員通常會在重量訓練室多鍛鍊一些時間、多投幾次籃、多衝刺幾趟，諸如此類。一切付出都會讓人生更加精彩……我要演講時，比如說對年輕陸戰隊員演講時，我會花一整天規劃，好讓身體與心理都處於完美狀態。工作時，紀律、認真、謹慎，缺一不可，就像賽跑一樣。我現在仍會喝茶加蜂蜜，吃吐司。」[30]

班尼斯特則瞭解到：「運動的關鍵不是求安穩舒適，而是要適應意外，能在緊要關頭隨機應變。運動跟整個人生一樣，關鍵在於勇於冒險。」[31]

作者後記

在體壇，很少故事比追求四分一英里更具傳奇色彩。作家開始研究傳奇人物時，起初很難把故事主角當成有血有肉的凡人，容易用虛構的事件包裝事實，寫容易下筆的回憶，不敢碰觸難堪的往事。讓傳奇人物引人入勝的元素，像是他們的疑惑、弱點和失敗，經常被隱藏，他們的勝利則經常被誇大。但是真正的英雄從來就不會跟剛出道時一樣單純，謝天謝地吶。為此，我們應該更加佩服他們。

研究期間，研讀歌頌這段歷史的文章實在是一大樂事。無疑，有些關於這個故事的文章寫得很好，但是唯有訪問主角——班尼斯特、蘭迪和桑提——以及他們當時的密友，才能深入寫出公正的內容。他們在這方面無比慷慨，這些訪問和當時報紙與雜誌的文章，以及涉及事件的幾個人寫的回憶錄內容，成為《完美的一英里》的基礎。有了這些材料，這個故事就幾乎快成形了。

我列出了所有資料出處，方便有興趣的讀者查閱特定對話與事件的原始資料。本書中的所有對話都不是憑空杜撰的，都是直接引用第二手資料或第一手訪問。然而，這個故事發生已經過半世紀了。有些對話是根據最清楚的記憶所記下的大概對話內容，再者，記憶難免有錯，因此，若受訪者的陳述互相矛盾，我幾乎總會採用主角所記得的話。如果當時的資料來源（主要是報紙文章）跟記憶不一致，我主要會採用當時的資料來源，特別當數個資料來源指出相同的事實時。過去十八個月，我都住在報紙與訪問錄音帶堆成的世界裡，我認為自己公平準確評斷發生的事件，希望自己正確寫出這些英雄的歷史。

謝辭

開始寫《完美的一英里》時，我受到Alan Hoby的文章激勵。他在一九五四年這樣記述優秀體育記者的任務：

不只要寫專業論文，把運動員當成實驗室樣本一樣剖析……遠不止如此，還要寫出激動與熱情，要寫出戲劇化的過程和高潮迭起的興奮氛圍，要寫出勝利和悲劇，要寫出汗水和傷痛，要寫出觀眾的呼聲……最重要的是，要為讀者重現運動員全力奮鬥的過程——記者必須歷歷描繪出勝利或悲劇發生時的心情。

像這樣重新刻劃五十年前發生的故事，絕非易事，我能順利寫完，必須感謝班尼斯特、蘭迪和桑提的耐心與坦率。他們每個人都接受過數次訪談，回答許多問題，接受後續電話訪問，並且用通信提供更詳盡的資訊。沒有他們，我絕對沒辦法寫出這本書，我由衷感激與尊敬他們。

前去拜訪每位主角的旅途中，我也跟他們當時的朋友、跑步夥伴與熟人聯絡，其中許多人邀我到家中做客，談論過往歲月。感謝Chris Chataway、Norris McWhirter、Nicolas Stacey、Ronald Williams、John Disley、Peter Hildreth、Terry O'Connor和Pat Stampfl，跟我分享班尼斯特的故事；感謝Len McRae、Geoff Warren、Trevor Robbins、John Vernon、Don Macmillan、Les Perry、Julius Patching、Ron Clarke、Robbie Morgan-Morris、Merv Lincoln、Kev Dynan和Murray Halberg，分享對蘭迪的回憶；感謝Tom Rupp、Dick Wilson、Al Frame、Lloyd Koby、Bob Timmons、Bill Mayer、Don Humphreys和Herbie Semper，提供許多關於桑提的洞察與軼聞趣事，使我獲益良多。

倘若沒有體育記者Dave Kuehls幫忙，我肯定還在研究材料。他在寫書之初就加入，在過程中的每個階段協助我。他找出受訪對象，帶領我瞭解田徑界，針對每份草稿提供建議，從頭到尾都是我真正的得力助手。感謝最優秀的女文字創作家Liz O'Donnell，她是我的第一位讀者，對每一章都進行吹毛求疵的編輯。也要感謝Todd Keithley、Bruce McKenna和Joe Veltre先幫我閱讀這本書。此外，我的朋友Jim Catlin，他在我開始寫這本書時，安排我離開Dodge，入住他在Milan的豪華公寓一個月，如果沒在此感謝他，可就失禮了。

我的作家經紀人Scott Waxman始終熱心引領我。他別具慧眼，最重要的是，他是個好夥伴。也要感謝Judi Heiblum、Justin Manasek、Joel Gotler、Danny Baror和Susan

Mindell。

很榮幸能跟兩家優秀的出版社合作出版這本書，美國的Houghton Mifflin出版社和英國的HarperCollins出版社。對於Houghton Mifflin出版社，我首先要感謝編輯Susan Canavan。她能力出色，能改出流暢的文句，編輯嚴謹，而且從一開始就極力支持出版這本書。也要感謝她的助理Sarah Gabert、Carla Gray和Megan Wilson。也要感謝Greg Payan，他收集了許多能放在書中的珍貴照片。等我到波士頓，一定請大家喝酒。對於英國的HarperCollins出版社，我非常感激Collins Willow出版社的出版總監Michael Doggart。他激發了我的想像力，讓我瞭解能夠怎麼寫這本書，而且始終給予我大力支持。也要感謝Tarda Davison-Aitkens和倫敦團隊的其餘夥伴。

本書謹獻給Diane，感謝她堅信事在人為。

12 Robert Solomon, Great Australian Athletes: Selected Olympians 1928–1956 (R. J. Solomon, 2), pp. 194–215.

13 Harry Gordon, "Landy Runs Back," Melbourne Sun, March 11, 1954.

14 Solomon, Great Australian Athletes, pp. 194–215.

15 Cordner Nelson, "Track Talk," Track and Field, November 1954.

16 Joseph Turrini, "Wes Santee — The Four-Minute Mile, and the Amateur Athletic Union of the United States," Sport History Review, 1999, pp. 66–67. A very informative overview of Santee's fight with the AAU.

17 Turrini, "Wes Santee," p. 67; Wes San-tee, personal interview.

18 Wes Santee, personal interview.

19 Turrini, "Wes Santee," p. 68.

20 ibid., pp. 71–72.

21 ibid., p. 73.

22 ibid.

23 Wes Santee, personal interview.

24 George Smith, All Out for the Mile (Forbes Robertson, 1955), pp. 144–45.

25 Jim Denison, ed., Bannister and Beyond: The Mystique of the Four-Minute Mile (Breakaway Books, 2003), p. 63.

26 ibid., p. 37.

27 ibid.

28 James Dunaway, "Running a Four Minute Mile Is No Longer Mythical," New York Times, May 4, 2003.

29 John Landy, personal interview.

30 Wes Santee, personal interview.

31 Christopher Brasher, "Christopher Brasher Recalls the Day," Observer, May 5, 1974.

30 ibid.; "Four-Minute Men," Sports Illustrated, August 16, 1994; Norris McWhirter, "Bannister Slammed in the Clutch," Athletics Weekly, August 1954; Erwin Swangard, "Miracle Mile Thrills World," Vancouver World, August 9, 1954; Bert Nelson, "Miracle Mile to Bannister," Track and Field News, August 1954; Smith, All Out for the Mile, pp. 136–39; Bannister, Four Minute Mile, pp. 236–40; NSIC, "Vancouver Race"; Ron Clarke and Norman Harris, The Lonely Breed (Pelham Books, 1967), pp. 118–23; McGregor, "Greatest Mile of the Century," pp. 13–18; John Landy, personal interview; Roger Bannister, personal interview; Chris Chataway, personal interview. These were the primary sources for this description of the "Mile of the Century" race. I've indicated sources for direct quotes and important specific descriptions as well. In addition, I've used as a model the race sequence described in Norman Harris, The Legend of Lovelock (Nicholas Kaye, 1964), pp. 168–74.
31 Don Macmillan, personal interview.
32 Bannister, Four Minute Mile, pp. 238–39.
33 Chris Chataway, personal interview.
34 A. W. Ledbrooke, Great Moments in Sport (Phoenix House, 1956), p. 57.
35 Bannister, Four Minute Mile, pp. 239–40.
36 Clarke and Harris, The Lonely Breed, p. 122.
37 "Landy to Make Attempt on 2 Miles Record," Sydney Morning Herald, August 9, 1954.
38 Chris Chataway, personal interview.
39 Clarke and Harris, The Lonely Breed, p. 123; Roger Bannister, personal interview.
40 "Roger, You're Colossal," Melbourne Argus, August 9, 1954.
41 "24 Watches Time Mile of Century," New York Times, August 9, 1954.
42 "Santee Says Thrilling," Daily Mail, August 9, 1954.
43 Wes Santee, personal interview.
44 Robbie Morgan-Morris, personal interview.
45 Pat Stampfl, personal interview.

後記

1 Jim Peters, In the Long Run (Cassell & Co., 1955), pp. 195–207; Peter Wilson, "Peters Cries in Delirium," Daily Mirror, August 9, 1954; "Bannister Wins Greatest Mile of All," Times, August 9, 1954.
2 "Vain Agony of Peters," Manchester Guardian, August 9, 1954.
3 Roger Bannister, personal interview.
4 Norris McWhirter, Athletics World, August 1954.
5 ibid.
6 Lord Brabazon, "Sportsman of the Year Presentation," BBC News Archives, December 31, 1954.
7 John Landy, personal interview.
8 Steve Hayward, "Landy to Join Geelong GS," Melbourne Herald, August 9, 1954.
9 John Fitzgerald, "Landy Runs with Foot Badly Cut," Melbourne Herald, August 9, 1954.
10 Paul O'Neil, "A Man Conquers Himself," Sports Illustrated, May 31, 1956.
11 ibid.

Brasher instead.

38 Roger Bannister, personal interview.

第十八章

1 "Landy, Bannister Primed for 'Miracle Mile' Today," New York Herald Tribune, August 7, 1954.

2 Judy Joy Davies, "Mile of the Century," Melbourne Argus, August 6, 1954.

3 "Landy Tipped to Take in 3:57," Sydney Morning Herald, August 7, 1954.

4 John Vernon, personal interview.

5 "Doctor Tells of Injury," Melbourne Age, August 12, 1954.

6 John Landy, personal interview.

7 Adrian McGregor, "The Greatest Mile of the Century," National Times, August 18, 1979, p. 18.

8 "John Landy: The First Australian to Run the 4-Minute Mile," National Sport Information Centre, Canberra, Australia.

9 Murray Halberg, personal interview; Roger Bannister, personal interview.

10 Skip Rusk, "Long Wait Tests Nerves," Vancouver Sun, August 7, 1954.

11 Roger Bannister, personal interview.

12 Peter Wilson, "The Night Before the Mile," Daily Mirror, August 7, 1954.

13 "The Meaning of the Four-Minute Mile," transcript of panel discussion at Grinnell College, April 5, 1984, p. 20.

14 Roger Bannister, The Four Minute Mile (Globe Pequot Press, 1955), p. 237; "Bannister and His Rivals," Daily Mail, August 7, 1954.

15 "In Their Thousands They Came to Cheer the Miracle Mile," Vancouver Sun, August 7, 1954.

16 "Bannister Beats Landy in 3:58.8 Mile," New York Herald Tribune, August 8, 1954.

17 Norris McWhirter, personal interview; Norris McWhirter, Ross: The Story of a Shared Life (Churchill Press, 1976), p. 136.

18 Chris Chataway, personal interview; Norris McWhirter, personal interview.

19 "Lightning Round the Teapot," Star, August 7, 1954.

20 Pat Stampfl, personal interview.

21 McGregor, "Greatest Mile of the Century," p. 13.

22 "It's Suspense... and Hope for John's Mother," Vancouver Sun, August 7, 1954.

23 McGregor, "Greatest Mile of the Century," p. 13.

24 Wes Santee, personal interview.

25 "TV Mile Thriller Seen by 40, , ," New York Times, August 8, 1954.

26 "Vancouver Race" (video), National Sport Information Centre, August 7, 1954; George Smith, All Out for the Mile (Forbes Robertson, 1955), pp. 136–39.

27 McGregor, "Greatest Mile of the Century," p. 13.

28 "Vancouver Race" (video), National Sport Information Centre, August 7, 1954; Smith, All Out for the Mile, pp. 136–39.

29 Rex Alston, "British Empire Games — One Mile Race," BBC Video Archives, August 7, 1954.

6 Norris McWhirter, personal interview.
7 "TV Mile Thriller Seen by 40, , ," New York Times, August 8, 1954.
8 Arthur Daley, "Dream Race," New York Times, August 1, 1954.
9 "Crowd Sees Landy Train," Sydney Morning Herald, July 19, 1954.
10 Geoff Warren, personal interview.
11 Bannister, Four Minute Mile, p. 232.
12 "Landy: Speeds Up Training," Sydney Morning Herald, June 27, 1954.
13 "Fast Trial by Landy Revives Speculation," Sydney Morning Herald, July 28, 1954.
14 "Roger the Dodger Has Not Been Loafing," Melbourne Herald, July 30, 1954.
15 Norris McWhirter, "Landy Is Kept Guessing by Bannister," Star, July 31, 1954.
16 Bannister, Four Minute Mile, pp. 232–33.
17 "Bannister and Landy Are All Set," Star, August 6, 1954.
18 "Crack Milers Take It Easy," Daily Mail, August 6, 1954.
19 "Star Man's Diary," Star, July 31, 1954.
20 John Landy, personal interview; Geoff Warren, personal interview; John Vernon, personal interview.
20 Geoff Warren, personal interview.
21 Geoff Warren, personal interview.
22 Paul O'Neil, "A Man Conquers Himself," Sports Illustrated, May 31, 1956.
23 ibid.
24 Don Macmillan, personal interview.
25 O'Neil, "A Man Conquers Himself."
26 Landy Had Foot Stitched Before Final of Mile Race," Melbourne Age, August 11, 1954.
27 John Landy, personal interview; John Vernon, personal interview; Don Macmillan, personal interview; John Fitzgerald, "Landy's Cuts Treated at University Centre," Melbourne Sun, August 11, 1954; "Landy Did Not Tell His Father," Melbourne Sun, August 12, 1954; "Landy Kept Secret from Father," Melbourne Age, August 12, 1954. The exact sequence of events related to Landy's cut foot is not entirely clear. Sources contradict one another, as do interviewees. I have represented the events as accurately as possible.
28 Wes Santee, personal interview.
29 Roger Bannister, personal interview.
30 ibid.; Chris Chataway, personal interview.
31 Bannister, Four Minute Mile, p. 234.
32 "English Track Triumph," Daily Mail, August 4, 1954.
33 George Smith, All Out for the Mile: A History of the Mile Race (Forbes Robertson, 1955), p. 130.
34 Bannister, Four Minute Mile, p. 235.
35 Chris Chataway, personal interview.
36 Chris Chataway, personal interview; Roger Bannister, personal interview; Bannister, Four Minute Mile, pp. 236–37.
37 "Four-Minute Men," Sports Illustrated, August 16, 1994. In an interview Chris Chataway said that he was probably the one who made this statement, though it was possible, given distant memory, that it was Chris

25 Bannister, Four Minute Mile, p. 201.
26 Chris Chataway, personal interview.
27 Bannister, Four Minute Mile, p. 227.
28 Wes Santee, personal interview.
29 "Wes Shy by .7," Kansas City Times, June 12, 1954.
30 Wes Santee, personal interview.
31 Charles Stevenson, "Santee Pacer Is Slow," Kansas City Star, June 12, 1954.
32 "Bannister Congratulates Landy, Looks Forward to Racing Him," New York Times, June 22, 1954.
33 "Hard Work Basic Ingredient in Santee Bid at Mile Mark," Lawrence Daily Journal-World, July 27, 1954.
34 "World Record Schedule," Track and Field News, January 1958.
35 John Landy, personal interview.
36 Percy Cerutty, Sport Is My Life (Stanley Paul, 1966), pp. 40–41.
37 John Landy, personal interview.
38 Ron Clarke and Norman Harris, The Lonely Breed (Pelham Books, 1967), pp. 118–23.
39 John Landy, personal interview.
40 ibid.
41 Wes Santee, personal interview.
42 "Police Rescue Landy from Welcoming Mob," Sydney Morning Herald, July 16, 1954.
43 Bannister, Four Minute Mile, pp. 226–30; Pat Stampfl, personal interview.
44 Pat Stampfl, personal interview.
45 ibid.
46 Stampfl, *Franz Stampfl on Running*, pp. 104-5
47 Adrian McGregor, "The Greatest Mile of the Century," National Times, August 18, 1979, p. 14.
48 Raymond Krise and Bill Squires, Fast Tracks: The History of Distance Running (Stephen Greene Press, 1982), p. 131.
49 Bannister, Four Minute Mile, pp. 227–28.
50 Chris Chataway, personal interview.
51 Bannister, Four Minute Mile, p. 228.

第十七章

1 Jim Peters, In the Long Run (Cassell & Co., 1955), pp. 182–88.
2 "Rivals Happy to See Each Other," Melbourne Age, July 27, 1954.
3 "Bannister, Man with a 10-Second Secret," Melbourne Herald, August 1954.
4 Bannister, The Four Minute Mile (Globe Pequot Press, 1956), p. 127.
5 "Rivals Happy to See Each Other," Melbourne Age, June 26, 1954; "Mile Stars in Guarded Meeting," Melbourne Herald, June 27, 1954; Dick Beddoes, "Mile Aces Avoid Talk of Records," Vancouver Sun, June 26, 1954. 228 On October 30, 1891: "Australia at the British Empire and Commonwealth Games, Vancouver, Canada 1954," British Empire Games Official Program, July 30, 1954; John Blanch and Paul Jenes, Australia's Complete History at the Commonwealth Games (John Blanch Publishing, 1982).

36 Adrian McGregor, "The Greatest Mile of the Century," National Times, August 18, 1979, p. 14.

37 ibid.

38 Chris Chataway, personal interview; John Landy, personal interview; R. L. Quercetani, "Landy's Turn — 3:58," Track and Field News, July 1954; "Butterfly Chaser Runs a Record Mile," Life, July 1954; Smith, All Out for the Mile, pp. 126–33; "3:58 — and I Can Do Better," Melbourne Herald, June 22, 1954; "Landy: My Future Is in the Air," Melbourne Herald, June 25, 1954.

39 In fact, Landy's time was 3:57.9, but fifths, not tenths, of seconds were accepted in official times, so his time was rounded up to 3:58.

40 Chris Chataway, personal interview.

第十六章

1 Roger Bannister, The Four Minute Mile (Globe Pequot Press, 1956), p. 224.

2 "Now a 3:58 Mile," Daily Mirror, June 22, 1954; "He Sets World Record for 1,500 Meters, Too," Daily Mail, June 22, 1954.

3 Bannister, Four Minute Mile, pp. 224–25.

4 "Bannister Flies Home Triumphant," Daily Mail, May 15, 1954.

5 "Bannister Clears Trophy Obstacle," New York Times, May 14, 1954.

6 Dr. Ronald Williams, personal interview.

7 Roger Bannister, personal interview.

8 Anthony Carthew, "The Man Who Broke the 4-Minute Mile," New York Times, April 19, 1964; Norris McWhirter, personal interview.

9 Carthew, "The Man Who Broke the 4-Minute Mile."

10 Bannister, Four Minute Mile, pp. 222–23.

11 Roger Bannister, personal interview.

12 Bannister, Four Minute Mile, pp. 222–23.

13 Geoffrey Simpson, "Do More Racing, Bannister," Daily Mail, June 7, 1954.

14 John Landy, personal interview.

15 ibid.

16 "3:58 — and I Can Do Better," Melbourne Herald, June 22, 1954.

17 H. J. Oaten, "Landy Heads Great Mile Trio," Melbourne Herald, June 23, 1954.

18 "Landy's Achievement Builds National Pride," Melbourne Age, June 23, 1954.

19 "Coach Always Confident," Sydney Morning Herald, June 23, 1954; "Coach Lauded," Melbourne Age, June 23, 1954.

20 "Landy Rests on Isolated Island," Sydney Morning Herald, June 24, 1954.

21 Geoff Warren, personal interview.

22 John Landy, personal interview.

23 Franz Stampfl, Franz Stampfl on Running: Sprint, Middle Distance, and Distance Events (Macmillan, 1955), pp. 28–32.

24 John Landy, personal interview.

7 "Bannister and His Pacemakers Go Dancing Until Dawn," Evening Standard, May 7, 1954.

8 Red Smith, "Empire Reborn," International Herald Tribune, May 8, 1954.

9 "Star Man's Diary," Star, May 7, 1954; Christopher Chataway, "Chris Brasher — Eulogy," provided by Dr. Ronald Williams.

10 Bannister, Four Minute Mile, p. 216; Radio 4, "A Conversation Piece with Sue McGregor," May 17, 1990.

11 Roger Bannister, personal interview.

12 ibid.; Chris Chataway, personal interview.

13 Patrick Collins, "Chris Brasher — 1928–2003," Marathon News, April 2003.

14 John Landy, letter to Len McRae, May 10, 1954.

15 Sylvie Nickels, Hillar Kallas, and Philippa Friedman, eds., Finland: An Introduction (George Allen & Unwin, 1973), pp. 137–38; Jussi Kiisseli (Tampereen Uusi Kirjapaino, 1952), pp. 105–9.

16 John Landy, letter to Len McRae, May 10, 1954; John Landy, personal interview.

17 MMBW officer's journal, July 1955.

18 "World Record Schedule," Track and Field, January 1958.

19 "Pride Not Enough," Sydney Morning Herald, February 11, 1954.

20 Bill Mayer, "Sport Talk," Lawrence Journal-World, May 31, 1954.

21 Australian Associated Press, "Landy 2.2s Behind Bannister," Melbourne Herald, June 1, 1954.

22 "I'll Soon Be a 4-Minute Miler," Australian Associated Press, June 1, 1954.

23 Skipper Patrick, "Scorned by Santee," Associated Press, June 4, 1954.

24 Bill Mayer, "Final Big Fling by Santee," Lawrence Journal-World, May 31, 1954. "Noose tightening" is a close reference to Mayer, who wrote in this article, "The noose is drawing tight on Santee's freedom on the cinders."

25 Wes Santee, personal interview.

26 ibid.

27 Wes Santee, personal interview.

28 Santee left the locker room: ibid.; "Wes Clips Record for 1,500 Meters," New York Times, June 5, 1954; "Santee Runs 4:00.6 Mile," Chicago Tribune, June 5, 1954; "Wes Vows to Break 4:00," Lawrence Daily Journal-World, June 10, 1954; "Wes Sets 1,500 Meter Mark," Lawrence Daily Journal-World, June 5, 1954; "Wind Stops Wes," Kansas City Star, June 5, 1954; Ernie Klann, "Valley Sports Corral," Citizen-News, June 8, 1954. The account here of this race is drawn from a collection of these sources. Quotes of conversation are directly from my interview with Wes Santee.

29 "I should very much": George Smith, All Out for the Mile (Forbes Robertson, 1955), pp. 124–25.

30 Harold Palmer, "Chataway Beat British Two Miles Record," Evening Standard, June 7, 1954.

31 Bannister, Four Minute Mile, pp. 223–24.

32 Roger Bannister, personal interview.

33 Robert Solomon, Great Australian Athletes: Selected Olympians 1928–1956 (R. J. Solomon, 2), pp. 179–81.

34 John Landy, personal interview.

35 BBC, "Suspense: Four-Minute Mile," BBC Sound Archives, July 18, 1954.

May 7, 1954.
9 Bannister, Four Minute Mile, p. 211.
10 ibid.
11 Ross and Norris McWhirter, "The Four-Minute Mile Story," Athletics World, May 1954; Christopher Brasher, Sportsmen of Our Time (Victor Gollancz, 1962), pp. 13–14; Alan Hoby, One Crowded Hour (Museum Press, 1954), p. 125.
12 E. D. Lacy, "The Four-Minute Mile," Athletic Review, June 1954.
13 Paul Fox, "Sport: Bannister Build-up Begins," Daily Telegraph, April 18, 1994.
14 Norris McWhirter, personal interview.
15 "The World's Most Popular Athlete," Daily Mirror, May 8, 1954.
16 Bannister, Four Minute Mile, pp. 212–15; McWhirter, "The Four-Minute Mile Story"; Brasher, Sportsmen of Our Time, pp. 11–16; Hoby, One Crowded Hour, pp. 122–41; Christopher Brasher, "Christopher Brasher Recalls the Day," Observer, May 5, 1974; Smith, All Out for the Mile,pp. 112–21; "His Day of Days," Track and Field News, May 1954; Syd Cox, "Last-Minute Decision Led to Bannister's Success," Oxford Mail, May 7, 1954; Norris McWhirter, Ross: The Story of a Shared Life (Churchill Press, 1976), pp. 130–35; Bud Greenspan, "Bannister's Run Was for All-Time," Montreal Gazette, May 8, 1994; Terry O'Connor, personal interview; Roger Bannister, personal interview; Norris McWhirter, personal interview.
17 Terry O'Connor, personal interview.
18 Bill Mayer, personal interview.
19 Wes Santee, personal interview.
20 "Santee Hails Great Run," Kansas City Star, May 7, 1954.
21 This exact quote for the question was not detailed in the news reports on Santee's response. No doubt the thrust of the question was the same, though the syntax may have been different.
22 "Santee Lauds Bannister's Performance," University Daily Kansan, May 7, 1954.
23 Wes Santee, personal interview.
24 John Landy, personal interview.
25 McWhirter, "The Four-Minute Mile Story"; Smith, All Out for the Mile, p. 117.
26 "World Record Schedule," Track and Field, January 1958.
27 Jim Denison, ed., Bannister and Beyond: The Mystique of the Four-Minute Mile (Breakaway Books, 2003), p. 27.

第十五章

1 Roger Bannister, personal interview; Karl Baedeker, London and Its Environs: A Handbook for Travelers (Baedeker, 1951), p. 301. Roger Bannister, The Four Minute Mile (Globe Pequot Press, 1955), pp. 215–16.
2 Peter Dimmock, "Four-Minute Mile," BBC Sports-view, May 6, 1954.
3 Norris McWhirter, personal interview.
4 "At Last — The 4-Minute Mile," Daily Express, May 7, 1954.
5 Norris McWhirter, personal interview.
6 Christopher Brasher, "Forty Years Ago We Ran into History," Sunday Times, May 1, 1994.

worthwhile for those interested in knowing more about how the press spiraled out of control.

19 "Critics Storm at Landy 'Alibis,'" Sun Herald, February 14, 1954.

20 Graeme Kelly, Mr. Controversial: The Story of Percy Wells Cerutty (Stanley Paul, 1964), pp. 65–66.

21 Banfield, "Quest for the Magic Mile."

22 John Landy, personal interview.

23 Banfield, "Quest for the Magic Mile."

24 "Santee Does 1:49.8 as Kansas Again Beats U.S. Mark," Des Moines Register, April 24, 1954.

25 "Easton-Santee TV Blackout, Curfew Trouble Cleared Up" [n.d.], Wes Santee's scrapbook.

26 Bill Murdock, "Wes Santee at Home," Wes Santee's scrapbook.

27 Bannister, Four Minute Mile, pp. 205–7.

28 ibid., p. 206.

29 ibid., pp. 205–7; Norris McWhirter and Ross McWhirter, "Bannister Does It — 3:59.4," Athletics World, May 1954.

30 Doug Wilson, "Stand by for a Fast Mile," News of the World, May 2, 1954.

31 George Smith, All Out for the Mile (ForbesRobertson, 1955), p. 114.

32 Bannister, Four Minute Mile, pp. 205–7; McWhirter and McWhirter, "Bannister Does It — 3:59.4"; Norris McWhirter, Ross: The Story of a Shared Life (Churchill Press, 1976), p. 129.

33 McWhirter and McWhirter, "Bannister Does It — 3:59.4." On April 30 Bannister: Bannister, Four Minute Mile, p. 207; Christopher Brasher, Sportsmen of Our Time (Victor Gollancz, 1962), p. 12.

34 Christopher Brasher, "Christopher Brasher Recalls the Day," Observer, May 5, 1974.

35 Chris Chataway, personal interview.

36 Pat Stampfl, personal interview.

37 Norris McWhirter, "Aim May Be Four Min Mile," Star, May 5, 1954.

38 Norris McWhirter, personal interview; Norris McWhirter, National Centre for Athletics Literature interview, University of Birmingham [n.d.].

第十四章

1 Roger Bannister, The Four Minute Mile (Globe Pequot Press, 1955), p. 207.

2 Raymond Krise and Bill Squires, Fast Tracks: The History of Distance Running (Stephen Greene Press, 1982), p. 128.

3 Larry Montague, "Preparing for a World's Record," Manchester Guardian, May 15, 1954.

4 Bannister, Four Minute Mile, p. 208.

5 Pat Stampfl, personal interview.

6 Bannister, Four Minute Mile, pp. 208–11.

7 ibid., pp. 209–10; Roger Bannister, personal interview; Radio 4, "A Conversation Piece with Sue McGregor," May 17, 1990; David Walsh, "The Miracle Mile," Sunday Times, January 17, 1999. There are a number of versions of what exactly was said at this fateful meeting between Bannister and Stampfl. I have endeavored to convey the words, thoughts, and meanings as best as possible.

8 Bannister, Four Minute Mile, pp. 210–11; Roger Bannister, personal interview; "Star Man's Diary," Star,

46 "Santee Enters Cunningham Mile for First Time," University Daily Kansan, April 13, 1954.
47 Wes Santee, personal interview.
48 Lulu Mae Coe, "Santee's Bride Finds Track Tour Exciting Honeymoon" [n.d.], Wes Santee's scrapbook.
49 Wes Santee, personal interview.
50 "Next Best Mile," Kansas City Star, April 18, 1954; "Santee Decided Too Late for Mark," Kansas City Star, April 18, 1954; Dana Leibengood, "Santee Sets Record in Cunningham Mile," University Daily Kansan, April 19, 1954; "Santee 4:03.1," Associated Press, April 17, 1954; "Drake Relays Next Target," New York Herald Tribune, April 18, 1954.
51 Skipper Patrick, "Wedded Wes Santee," Kansas City Star, April 19, 1954.

第十三章

1 Roger Bannister, The Four Minute Mile (Globe Pequot Press, 1955), pp. 204–5.
2 Norman Harris, The Legend of Lovelock (Nicholas Kaye, 1964), p. 138.
3 Franz Stampfl, Franz Stampfl on Running: Sprint, Middle Distance, and Distance Events (Macmillan, 1955), p. 40.
4 ibid., pp. 37–40.
5 Roger Bannister, personal interview; Chris Chataway, personal interview; Christopher Brasher, "Christopher Brasher Recalls the Day," Observer, May 5, 1974.
6 Bannister had: Bannister: Four Minute Mile, pp. 113–18.
7 Bannister, Four Minute Mile, pp. 204–5.
8 ibid.; Brasher,"Christopher Brasher Recalls the Day"; Christopher Brasher, "Forty Years Ago We Ran into History," Sunday Times, May 1, 1994.
9 Ross McWhirter, "The Long Climb," Athletics World, May 1954.
10 Christopher Brasher, Sportsmen of Our Time (Victor Gollancz, 1962), p. 11. The exact date of this meeting between the four remains uncertain, but in several sources it was noted to have occurred in April. For continuity's sake, I have placed it after the achievement of the 10 x 440 intervals under sixty seconds, when it can be assumed that they were discussing exactly how to run the May 6 race.
11 Frank Bath, "The Loneliest Place in the World — Speaking with Christopher Brasher," BBC Sound Archives, January 1964.
12 "Landy Off with Big Smile," Melbourne Sun, April 29, 1954; Bruce Welch, "John Landy at Peak in June," Melbourne Age, April 29, 1954; Peter Banfield, "Quest for the Magic Mile," Melbourne Argus, August 28, 1954; John Landy, personal interview.
13 "U.S. Writer Says Landy Best," Melbourne Argus, April 24, 1954.
14 "Duke's Dash to See Landy Win Mile Title," Sydney Morning Herald, February 12, 1954.
15 Peter Banfield, "Landy Romps Home in 4:02.6," Melbourne Argus, February 24, 1954.
16 "Great Run by Landy at Bendigo," Melbourne Age, April 20, 1954; John Landy, personal interview.
17 Darren Alexander, "An Examination of the Victorian Newspapers' Portrayal of John Landy's Attempts at the Four-Minute Mile Between 1952 and 1954," La Trobe University, 1991.
18 ibid. Darren Alexander's essay is a very thorough record of the media attention paid to John Landy and

14 Wes Santee, personal interview.
15 Bill Mayer,"Sport Talk," Lawrence Journal World, February 24, 1954.
16 "Who Needs Foreign Stars," Los Angeles Times, March 22, 1954.
17 Wes Santee, personal interview.
18 Roger Bannister, personal interview.
19 ibid.; Franz Stampfl, Franz Stampfl on Running: Sprint, Middle Distance, and Distance Events (Macmillan, 1955), pp. 110–11.
20 Brian Lenton, ed., "Interview with Roger Bannister," in Through the Tape (self-published, 1983).
21 John Disley, personal interview; G.F.D. Pearson, ed., Athletics (Nelson, 1963), p. 28.
22 Roger Bannister, personal interview.
23 Pat Stampfl, personal interview.
24 George Smith, All Out for the Mile (Forbes Robertson, 1955), p. 112; BBC, "Franz Stampfl," BBC Sound Archives, British Library, 1994.
25 Pat Stampfl, personal interview.
26 Bud Greenspan, "Bannister's Run Was for All-Time," Montreal Gazette, May 8, 1994.
27 Stampfl, p. 37.
28 Greenspan, "Bannister's Run Was for All-Time"; BBC, "Franz Stampfl," BBC Sound Archives, British Library, 1994.
29 BBC, "Franz Stampfl," BBC Sound Archives, British Library, 1994.
30 ibid.
31 Chris Chataway, personal interview.
32 Roger Bannister, The Four Minute Mile (Globe Pequot Press, 1955), pp. 201–2.
33 Norris McWhirter, personal interview.
34 Jack Clowser, "Santee's Relay Efforts," Track and Field News, February 1954. 35"Prospects for a.d. 1954," Athletics World, February 1954.
36 "Santee Blazes to 4:02.2," Athletics World, January 1954.
37 Sir Edmund Hillary, View from the Summit (Pocket Books, 1999), p. 26.
38 Betty Lou Watson, "The Fleet and Fair," University of Kansas Yearbook, April 1954.
39 "Pro Bowl Won by East Stars," University Daily Kansan, January 18, 1954.
40 George Breazeale, "4-Minute (Maybe) Miler Strictly Team Man Here" [n.d.], Wes Santee's scrapbook.
41 Edgar Hayes, "Sees 4-Minute Mile Nearing for Santee" [n.d.], Wes Santee's scrapbook.
42 Watson, "The Fleet and Fair"; "Track, Exposition, Parade Included in Relays Weekend," University Daily Kansan, April 19, 1954.
43 Wes Santee, personal interview.
44 ibid.; Bill Mayer, personal interview. There are conflicting reports as to the weather that day. The news reports make no mention of the rain but do say that there were strong gusts of wind and that the track needed to be rolled several times before the Cunningham Mile began. Santee and Mayer both said it rained before the meet.
45 Wes Santee, personal interview.

39 John Landy, personal interview; Geoff Warren, personal interview; Trevor Robbins, personal interview.
40 Les Perry, personal interview.
41 John Landy, personal interview.
42 Wes Santee, personal interview; Dick Wilson, personal interview.
43 Wes Santee, personal interview.
44 Jack Clowser,"Record Planned for Wes," Track and Field News, January 1954.
45 Wes Santee, personal interview.
46 Bill Easton,"Workout Sheets —December 19–31,1953," Archives of William Easton, University of Kansas.
47 Wes Santee, personal interview.
48 ibid.
49 "Santee Spurs Rising Furor over Four-Minute Mile," Associated Press, January 7, 1954.
50 "Wes Santee Sets One-Mile Record," The Letter from Home, November 1953. 51Wes Santee, personal interview.
52 First, the AAU had ruled: Bob Busby, "Rule Out Santee," Kansas City Times, January 9, 1954.
53 "Santee, Whitfield Shunned by Sullivan Award Group," Evening Eagle, December 14, 1953.
54 Bob Hurt, "Sure I'll Run the Four-Minute Mile," Saturday Evening Post, September 26, 1953.
55 Wes Santee, personal interview.
56 ibid.
57 "May Ban Whitfield, Santee," Mirror, December 15, 1953.

第十二章

1 Len McRae, personal interview.
2 Steve Hayward, "Landy Will Run Hungry," Melbourne Herald, January 21, 1954.
3 "Man of Moment Has No Worries," Melbourne Age, January 21, 1954,.
4 Hayward, "Landy Will Run Hungry."
5 John Landy, personal interview; Len McRae, personal interview; Les Perry, personal interview; Peter Banfield, "Landy Goes 'Over,'" Melbourne Argus, January 22, 1954.
6 John Landy, personal interview.
7 Robbie Morgan-Morris, personal interview.
8 John Landy, personal interview.
9 Trevor Robbins, personal interview.
10 John Landy, personal interview; Len McRae, personal interview.
11 Jack Dunn, "Applause Cost Landy Mile Record," Melbourne Sun, January 22, 1954; "14,500 See Landy Just Miss 4 Min," Melbourne Age, January 22,1954; Peter Banfield,"Magnificent Failure," Melbourne Argus, January 22, 1954; Steve Hayward, "No Let-up in Plans," Melbourne Herald, January 22, 1954; Joseph Galli, "Landy Below 4:03 Again," Track and Field News, January 1954.
12 Steve Hayward, "He May Go to Europe," Melbourne Herald, January 22, 1954.
13 Bill Easton, letter to Lloyd Olds, February 10, 1954, Archives of William Easton, University of Kansas; Wes Santee, letter to Lloyd Olds, February 10, 1954, Archives of William Easton, University of Kansas.

10 Peter Hildreth, personal interview.

11 Norris McWhirter, personal interview.

12 Norris McWhirter, "This Man Chataway," World Sports, August 1955.

13 ibid.

14 Chris Chataway, personal interview.

15 BBC, "Franz Stampfl," BBC Sound Archives, British Library, 1994.

16 Norris McWhirter, personal interview.

17 BBC, "The Loneliest Place in the World," BBC Sound Archives, January 1964.

18 Roger Bannister, American Academy of Achievement interview, October 27, 2 .

19 Chris Chataway, personal interview; Peter Hildreth, personal interview; Norris McWhirter, personal interview; Terry O'Connor, personal interview.

20 Pat Stampfl, personal interview; Benzion Patkin, The Dunera Internees (Cassell, 1979); Merv Lincoln, personal interview; Peter and Leni Gillman, Collar the Lot! How Britain Interned and Expelled Its Wartime Refugees (Quartet Books, 1980); "The Dunera Internees," Melbourne Age, September 8, 1979.

21 Patkin, Dunera Internees, p. 78.

22 David Walsh, "The Miracle Mile," Sunday Times, January 17, 1999.

23 Roger Bannister, personal interview.

24 Pat Stampfl, personal interview.

25 BBC, "Franz Stampfl," BBC Sound Archives, British Library, 1994.

26 John Landy, personal interview.

27 Harry Hopman, "Landy Training for Summer," Melbourne Herald, April 22, 1953.

28 Fred Wilt, ed., How They Train (Tafnews, 1973), pp. 102–3.

29 Graem Sims, Why Die? The Extraordinary Life of Percy Cerutty (Lothian Books, 2003), pp. 146–47; Harry Gordon, Young Men in a Hurry: The Story of Australia's Fastest Decade (Lansdowne, 1961), p. 20.

30 Steve Hayward, "Landy Back for Big Mile Series," Melbourne Herald, November 20, 1953; Bruce Welch, "Crack Miler Resumes," Melbourne Age, November 21, 1953. Although Landy ran in a race at his former school, Geelong Grammar, on October 17, this was not part of his competitive interclub athletic season.

31 Jack Dunn, " 'Best Ever' Mile Display," Melbourne Argus, November 23, 1953.

32 Ken Moses, "Helms Award Goes to John Landy," Melbourne Argus, December 1, 1953.

33 Joseph Galli, "Joe Galli Reports," Track and Field News, September 1953.

34 John Landy, personal interview; Jack Dunn, "Timing Error Hampers Landy in Record Mile Try," Melbourne Sun, December 7, 1953.

35 "John Landy Runs 4:02 Mile," Melbourne Age, December 14, 1953; Jack Dunn, "Landy Could Be Greatest Ever," Melbourne Sun, December 14, 1953; "Landy Plans Short Ease Up," Melbourne Argus, December 14, 1954.

36 Jim Denison, ed., Bannister and Beyond: The Mystique of the Four-Minute Mile (Breakaway Books, 2003), p. 27.

37 Only 2 More Tries": Melbourne Herald, December 14, 1954.

38 John Landy, personal interview.

Landy, personal interview.
8 John Landy, personal interview.
9 Don Macmillan, personal interview.
10 Don Macmillan, personal interview.
11 "His Faith in Santee," Associated Press, June 24, 1953, Wes Santee's scrapbook.
12 "They All Plan My 4-Min. Mile — Except Me," Evening Standard, May 15, 1953.
13 George Smith, All Out for the Mile (Forbes Robertson, 1955), p. 104.
14 Roger Bannister, personal interview.
15 ibid.
16 Richard Holt, Sport and the British: A Modern History (Oxford University Press, 1990), pp. 279–80.
17 Kenneth and Valerie McLeish, Long to Reign over Us: Memories of Coronation Day and of Life in the 1950s (Bloomsbury, 1992), p. 103.
18 Smith, All Out for the Mile, pp. 105–6; Norris McWhirter,"The Story of Bannister's 4:02," Athletics World, July 1953; Don Macmillan, personal interview; Bert Johnson, "Bannister Strikes Again," Athletic Review, July 1953. Immense attention was paid to this race, but these four reports are the most authoritative.
19 Don Macmillan, personal interview.
20 Norris McWhirter, "The Story of Bannister's 4:02," Athletics World, July 1953.
21 ibid.
22 Don Macmillan, personal interview.
23 Bert Johnson, "Bannister Strikes Again," Athletic Review, July 1953.
24 Jesse Abramson, "Views of Sport," New York Herald Tribune, July 1, 1953.
25 ibid.
26 Wes Santee, personal interview.
27 Lloyd Koby of the Amateur Athletic Union, letter to Bill Easton, February 4, 1954, Archives of William Easton, University of Kansas.
28 Wes Santee, personal interview.
29 "Pirie Beats Santee in 4:06.8," New York Herald Tribune, August 9, 1953.

第十一章

1 Norris McWhirter, personal interview.
2 Roger Bannister, The Four Minute Mile (Globe Pequot Press, 1955), pp. 203–4; Christopher Brasher, "Christopher Brasher Recalls the Day," Observer, May 5, 1974.
3 "Bannister's Record," Manchester Guardian, July 13, 1953.
4 BBC, "Suspense: Four-Minute Mile," BBC Sound Archives, July 18, 1954.
5 Roger Bannister, personal interview.
6 "Pirie Beats Santee in 4:06.8," New York Herald Tribune, August 9, 1953.
7 Joseph Binks, "His Mile Victory over America's Best," News of the World, August 9, 1953.
8 H. A. Meyer, ed., Modern Athletics by the Achilles Club (Oxford University Press, 1958), p. 99.
9 Chris Chataway, personal interview.

28 Roger Bannister, personal interview.
29 ibid.
30 Norris McWhirter,"Bannister Runs 4:03.6 for AAA," Athletics Weekly, June 1953.
31 E. W. Stanton, "Do Players Give Enough Thought to the Game?" Daily Telegraph, May 4, 1953.
32 Bill Clark,"High Endeavour," Athletic Review, June 1953.
33 Bannister, Four Minute Mile, p. 193.
34 Bill Mayer, "Sport Talk," Lawrence Journal-World, June 1 and June 5, 1953; Wes Santee, personal interview.
35 Roberts and Olson, Winning Is the Only Thing, pp. 9–11.
36 ibid., p. 11.
37 Wes Santee, personal interview.
38 ibid. This statement was ascribed to Phog Allen, the coach of the University of Kansas basketball team. In addition, I heard the term from Bob Timmons, the coach who succeeded Bill Easton as the Jayhawk track coach.
39 Norris Anderson, "Santee Sets National Mark in Mile," May 24, 1953, Wes Santee's scrapbook; "Santee Sets Mile Mark as Kansas Wins Title," New York Herald Tribune, May 24, 1953.
40 Bill Mayer, "Sport Talk," Lawrence Journal-World, June 1, 1953.
41 Bill Mayer, "Sport Talk," Lawrence Journal-World, June 2, 1953.
42 Wes Santee, personal interview.
43 Al Franken, "Compton's Meet — Best Yet!" in Compton Invitational Program — June 1953, Wes Santee's scrapbook.
44 Wes Santee, personal interview.
45 "Oh, That Compton Meet," Track and Field News, June 1953; "Fastest American Mile," Time, June 15, 1953.
46 Wes Santee, personal interview.
47 Track and Field News, June 1953.
48 "Santee Runs Mile in 4:02.4," New York Herald Tribune, June 7, 1953.
49 Maxwell Stiles, "Denis Praises Santee," Los Angeles Mirror, June 6, 1953.
50 Bob Hurt, "Santee Cracks Record," Daily Capital, June 6, 1953; "Santee Admits Getting Closer to Four-Minute Mile," Wichita Eagle, June 6, 1953.

第十章

1 Les Perry, personal interview; Geoff Warren, personal interview.
2 Geoff Warren, personal interview.
3 Joseph Galli, "John Landy Goes into Training," Track and Field News, March 1953.
4 John Landy, personal interview; Fred Wilt, ed., How They Train (Tafnews, 1973), pp. 102–3. Wilt's book documents Landy's training sessions from August 1952 up through his race in Turku, Finland, in June 1954.
5 Harry Gordon, Young Men in a Hurry: The Story of Australia's Fastest Decade (Lansdowne, 1961), p. 110.
6 Percy Cerutty, "3:53 Mile Is Possible," Track and Field News, May 1953.
7 "Runners Are Getting Nearer the Four-Minute Mile," Sydney Morning Herald, February 10, 1954; John

23 Karal Ann Marling, As Seen on TV: The Visual Culture of Everyday Life in the 1950s (Harvard University Press, 1994).
24 Holland, "The Golden Age Is Now."
25 Bob Hurt, "Sure I'll Run the Four-Minute Mile," Saturday Evening Post, September 26, 1953.
26 Wes Santee, personal interview.
27 ibid.

第九章

1 Max Crittenden, "A Four-Minute Mile," Melbourne Argus, January 6, 1953.
2 John Landy, personal interview.
3 ibid.
4 Robert Solomon, Great Australian Athletes: Selected Olympians 1928–1956 (R. J. Solomon, 2), p. 170.
5 Graem Sims, Why Die? The Extraordinary Life of Percy Cerutty (Lothian Books, 2003), p. 103.
6 Len McRae, personal interview.
7 Arthur Daley, "Too Much Salt," New York Times, December 29, 1952.
8 Frank Tierney, "Landy Will Need Help in Pacing," Sydney Morning Herald, January 18, 1953.
9 Steve Hayward, "Butterflies for Speed," Sydney Morning Herald, January 22, 1953.
10 Ben Kerville, "Landy Lost No Prestige in Missing His Record," Perth Daily News, January 28, 1953.
11 John Landy, personal interview; Ken Moses, "Blunder Upsets Landy," Melbourne Argus, February 18, 1953.
12 Globe, January 28, 1953.
13 Solomon, Great Australian Athletes, p. 171.
14 "John Has Had It," Melbourne Argus, February 23, 1953.
15 Norris McWhirter, personal interview.
16 Roger Bannister, personal interview; Norris McWhirter, personal interview; Roger Bannister, The Four-Minute Mile (Globe Pequot Press, 1955), pp. 49, 73.
17 George Gretton, Out in Front (Pelham Books, 1968), pp. 27–51.
18 Randy Roberts and James Olson, Winning Is the Only Thing: Sports in America Since 1945 (Johns Hopkins University Press, 1998), p. 3.
19 Gretton, Out in Front, p. 35.
20 Frank Deford, "Pioneer Mile Roger Bannister and Everest Conqueror Edmund Hillary," Sports Illustrated, January 3, 2 .
21 John Disley, personal interview.
22 Chris Chataway, personal interview; Bannister, Four Minute Mile, pp. 192–93.
23 "Chataway Should Avenge": Harold Palmer, "Chataway Should Avenge Mile Defeat by Bannister," Evening Standard, April 30, 1953.
24 Chris Chataway, personal interview; Bannister, Four Minute Mile, pp. 192–93.
25 ibid.
26 Bannister, Four Minute Mile, pp. 190–91.
27 "Big Start to the Athletic Season," Daily Telegraph, May 1, 1953.

22 Roger Bannister, personal interview; "Science Predicts Athletic Prowess," New York Times, August 16, 1951.
23 Roger Bannister, "How to Run the Mile," World Sports, December 1954; A. V. Hill, "Where Is the Limit?" World Sports, August 1952.
24 Carthew, "The Man Who Broke the 4-Minute Mile."
25 James Fixx, The Complete Book of Running (Random House, 1997); Charles Houston, Going Higher: The Story of Man and Altitude (Little, Brown, 1987); Fred Wilt, ed., How They Train (Tafnews, 1973); Tim Noakes, The Lore of Running: Discover the Science and Spirit of Running (Leisure Press, 1991). These four books provide a comprehensive and in-depth investigation of the fascinating science behind running, chemical reactions and all.
26 "Psychologically the rest of life": Norris McWhirter, personal interview.
27 "Round and About," Athletic Review, January 1953.

第八章

1 Dick Wilson, personal interview; Wes Santee, personal interview.
2 Wes Santee, personal interview.
3 Bob Asbille, "Prayed All Year We'd Get Revenge," Des Moines Tribune, April 25, 1953.
4 Ed Fite, "Kansas Runners Dominate Relays," United Press, March 28, 1953.
5 "Santee Finds Short Race Is His Forte," New York Herald Tribune, March 29, 1953.
6 Bill Moore, "Track Experts See Him as the Fastest Mile Runner," Kansas City Star, April 5, 1954.
7 Wes Santee, personal interview; Dick Wilson, personal interview; Tom Rupp, personal interview; Bob Timmons, personal interview.
8 Dick Wilson, personal interview.
9 Bill Easton, "Letter to Athletes Prior to Texas Relays," April 2, 1955, Archives of William Easton, University of Kansas.
10 Bill Easton, "Letter to Athletes Prior to Oklahoma A&M Trip," October 19, 1951, Archives of William Easton, University of Kansas.
11 Wes Santee, personal interview.
12 ibid.
13 Dick Wilson, personal interview.
14 Tom Rupp, personal interview.
15 Wes Santee, personal interview.
16 Wes Santee, personal interview; Dick Wilson, personal interview; Tom Rupp, personal interview.
17 Bill Easton, "Letter to Athletes — Merry Christmas," December 13, 1952, Archives of William Easton, University of Kansas.
18 "Santee and Mates Take on Missouri," University Daily Kansan, February 19, 1953.
19 "All Eyes on KU Ace" [n.d.], Dick Wilson's scrapbook.
20 statement by William Easton [n.d.], Wes Santee's scrapbook.
21 Bill Mayer, "Colorful Santee Whips Frat Team," Lawrence Journal-World, December 15, 1952.
22 Gerald Holland, "The Golden Age Is Now," Sports Illustrated, August 16, 1954.

32 John Landy, personal interview.
33 Robbie Morgan-Morris, personal interview.
34 Trevor Robbins, personal interview.
35 John Landy, personal interview.
36 ibid.
37 Ken Moses, "Landy Chasing Records," Melbourne Argus, December 15, 1952.
38 Les Perry, personal interview; Graem Sims, Why Die? The Extraordinary Life of Percy Cerutty (Lothian Books, 2003), p. 143.
39 ibid.
40 John Landy, personal interview.

第七章

1 Norris McWhirter, personal interview. Roger Bannister, personal interview.
2 Roger Bannister, The Four Minute Mile (Globe Pequot Press, 1955), p. 184.
3 Arthur Daley, "With a Grain of Salt," New York Times, December 24, 1952.
4 "Wells on the Track," Melbourne Age, January 5, 1953.
5 Athletics World, December 1952.
6 Norris McWhirter, personal interview.
7 Dr. Ronald Williams, personal interview.
8 Roger Bannister, personal interview; Dr. Ronald Williams, personal interview; Anthony Carthew, "The Man Who Broke the Four-Minute Mile," New York Times, April 19, 1964.
9 Roger Bannister, personal interview.
10 Bannister, Four Minute Mile, p. 188.
11 Roger Bannister, personal interview.
12 Roger Bannister, personal interview.
13 Chris Chataway, personal interview.
14 Roger Bannister, personal interview.
15 ibid.
16 R. G. Bannister, Dr. Cunningham, and Dr. Douglas, "The Carbon Dioxide Stimulus to Breathing in Severe Exercise," Journal of Physiology, 1954; R. G. Bannister and Dr. Cunningham, "The Effects on the Respiration and Performance During Exercise of Adding Oxygen to the Inspired Air," Journal of Physiology, 1954.
17 Roger Bannister, personal interview.
18 Norris McWhirter, personal interview.
19 G. F. D. Pearson, ed., Athletics (Nelson, 1963), p. 28.
20 ibid.; Bannister, Cunningham, and Douglas, "The Carbon Dioxide Stimulus to Breathing in Severe Exercise"; Bannister and Cunningham, "The Effects on the Respiration and Performance During Exercise of Adding Oxygen to the Inspired Air"; Roger Bannister, personal interview.
21 Bannister, Four Minute Mile, p. 120.

第六章

1 John Landy, personal interview; Steve Hayward, Melbourne Herald [n.d.], from Len McRae's scrapbook; Paul O'Neil, "A Man Conquers Himself."

2 Steve Hayward, "Run Like a Rooster, Says the White Sage," Melbourne Herald [n.d.], from Len McRae's scrapbook.

3 Sporting Globe, November 19, 1952.

4 John Landy, personal interview.

5 ibid.

6 Fred Wilt, ed., How They Train (Tafnews, 1973), pp. 102–3; John Landy, personal interview; Ron Clarke, ed., Athletics: The Australian Way (Lansdowne, 1976), pp. 53–57.

7 John Landy, personal interview.

8 "Fastest Man in the World," Sun-Herald, June 27, 1954.

9 "Landy Runs 4:02.1," Track and Field News, December 1952.

10 "Runners Are Getting Nearer the Four-Minute Mile," Sydney Morning Herald, February 10, 1954.

11 O'Neil, "A Man Conquers Himself."

12 Adrian McGregor, "The Greatest Mile of the Century," National Times, August 18, 1979, p. 14.

13 Robbie Morgan-Morris, personal interview.

14 Les Perry, personal interview.

15 Harry Gordon, Young Men in a Hurry: The Story of Australia's Fastest Decade (Lansdowne, 1961), p. 104.

16 Wilt, How They Train, pp. 9–10; Edward Sears, Running Through the Ages (McFarland & Co., 2001), pp. 32–33; John Blundell, The Muscles and Their Story from the Earliest Times (Chapman and Hall, 1864), pp. 196–97.

17 Walter Thom, Pedestrianism: An Account (Aberdeen and Frost, 1813), pp. 221–27.

18 Sears, Running Through the Ages, p. 47.

19 ibid., pp. 62–65; Thom, Pedestrianism, pp. 228–31.

20 Adolphe Abrahams, The Human Machine (Pelican, 1956), p. 104.

21 Tim Noakes, The Lore of Running: Discover the Science and Spirit of Running (Leisure Press, 1991), p. 670.

22 ibid., p. 115.

23 John Graham, Practical Track and Field Athletics (Fox, Duffield and Co., 1904), p. 41.

24 Noakes, Lore of Running, pp. 135–65.

25 ibid., p. 449.

26 Ken Moses, "Landy Wins Easily," Melbourne Argus, November 17, 1952.

27 Steve Hayward, "Run for Record Praised," Melbourne Herald, November 19, 1952.

28 John Landy, personal interview; Les Perry, personal interview; Sears, Running Through the Ages, p. 142.

29 John Landy, personal interview.

30 Trevor Robbins, Running into History: A Centenary Profile of the Malvern Harriers Athletic Club (Malvern Harriers, 1996), pp. 169–71.

31 John Landy, personal interview; Les Perry, personal interview.

5 John Blundell, The Muscles and Their Story from the Earliest Times (Chapman and Hall, 1864), p. xvii.
6 ibid., p. 24.
7 George Gretton, Out in Front (Pelham Books, 1968), pp. 83–84.
8 Sears, Running Through the Ages, pp. 50–56.
9 ibid., pp. 80–111.
10 ibid., pp. 113–19.
11 ibid., pp. 110–213; George Smith, All Out for the Mile (Forbes Robertson, 1955), pp. 37–87. The history of the progress of the four-minute mile and the quotes in this short section are taken from these two sources. Smith's book is the best history of the mile and of the runners who achieved predominance that I found in my research. It contains rare interviews and profiles that have never been reproduced elsewhere. Running Through the Ages by Sears proved indispensable in my research on the history of running and contains innumerable anecdotes of great fun to anyone interested in running.
12 Jim Denison, ed., Bannister and Beyond: The Mystique of the Four-Minute Mile (Breakaway Books, 2003), p. 11.
13 Roger Bannister, personal interview. The chart is from Smith, All Out for the Mile, p. 86.
14 Lawrence J. Baack, ed., The Worlds of Brutus Hamilton (Tafnews, 1975), pp. 64–67.
15 Colonel Strode Jackson, Collier's, 1944.
16 Frank Deford, "Pioneer Miler Roger Bannister and Everest Conqueror Edmund Hillary," Sports Illustrated, January 3, 2000; Deni-son, Bannister and Beyond, p. 13.
17 Bill Brown, "British Empire Versus U.S.A.," Athletic Review, September 1952.
18 Norris McWhirter, personal interview.
19 Terry O'Connor, personal interview.
20 Wes Santee, personal interview.
21 Don Humphreys, personal interview.
22 Wes Santee's scrapbook.
23 Bob Hurt, "Sure I'll Run the Four-Minute Mile," Saturday Evening Post, September 26, 1953.
24 John Landy, personal interview.
25 Graem Sims, Why Die? The Extraordinary Life of Percy Cerutty (Lothian Books, 2003), pp. 136–44; John Landy, personal interview.
26 John Landy, personal interview; Len McRae, personal interview. "He thoroughly deserved his success": "Travelling Too Much," Melbourne Argus, August 10, 1952.
27 A. W. Ledbrooke, Great Moments in Sport (Phoenix House, 1956), pp. 39–43.
28 Cecil Bear, "Bravo Helsinki!" World Sports, September 1952.
29 Hyton Cleaver, Before I Forget (Robert Hale, 1961),
30 "Give Them Some real Competition," Daily Mirror, August 9, 1952. Not only did Bannister: Christopher Brasher, Sportsmen of Our Time (Victor Gollancz, 1962), p. 16.
31 ibid., p. 21.

17 "Olympic Athletes Criticised: Not Fit Enough," Melbourne Age, March 14, 1954.
18 Graem Sims, Why Die? The Extraordinary Life of Percy Cerutty (Lothian Books, 2003), pp. 123–25; Les Perry, personal interview.
19 Geoff Warren, personal interview.
20 John Landy, personal interview.
21 Les Perry, personal interview.
22 Frantisek Kozik, Zatopek: The Marathon Victor (Artia, 1954), p. 93.
23 Roger Bannister, The Four Minute Mile (Globe Pequot Press, 1955), pp. 168–80; Chris Chataway, personal interview; Nicholas Stacey, personal interview; Roger Bannister, personal interview.
24 Bannister, Four Minute Mile,
25 ibid., p. 172.
26 Nicholas Stacey, telephone interview.
27 Daily Mirror, July 22, 1952.
28 ibid.
29 Bannister, Four Minute Mile, pp. 168–80.
30 Don Macmillan, personal interview.
31 A. J. Liebling, "Letter from the Olympics," The New Yorker, August 9, 1952.
32 Christopher Brasher, Sportsmen of Our Time (Victor Gollancz, 1962), p. 20.
33 Chris Chataway, personal interview.
34 Roger Bannister, personal interview.
35 Liebling, "Letter from the Olympics."
36 Roger Bannister, personal interview; Bannister, Four Minute Mile, pp. 175–80; Chris Chataway, personal interview; R. L. Quercetani, "1,500 Meters," Track and Field August 1952; Brasher, Sportsmen of Our Time, pp. 20–21; Liebling, "Letter from the Olympics"; Douglas Wilson, "Bannister's Gallant Failure," News of the World, July 27, 1952; "Bannister Fourth in 1,500 Metres," Times, July 28, 1952.
37 "Commentary by Harold Abrahams — 1,500 meters," 1952 Helsinki Olympic Games, BBC Sound Archives, July 1952.
38 Brasher, Sportsmen of Our Time, p. 21.

第五章

1 Bernd Heinrich, Racing the Antelope: What Animals Can Teach Us About Running and Life (Cliff Street Books, 2001), p. 9.
2 Edward Sears, Running Through the Ages (McFarland & Co., 2001), p. 14.
3 John Marshall Carter and Arnd Kruger, eds., Ritual and Record: Sports Records and Quantification in Premodern Societies (Greenwood Press, 1990); Allen Guttmann, From Ritual to Record: The Nature of Modern Sports (Columbia University Press, 1978). These are two illuminating books about early sporting traditions and how they were recorded and quantified.
4 John Kieran, "Olympic Games," in The Realm of Sport, ed. Herbert Warren Wind (Simon & Schuster, 1966), pp. 625–29.

41 Trevor Robbins, personal interview; Sims, Why Die? pp. 105–10.
42 John Landy, personal interview.
43 Trevor Robbins, personal interview; Sims, Why Die? pp. 105–10.
44 John Vernon, personal interview.
45 Sims, Why Die? p. 229.
46 Dunstan, Ratbags, p. 148.
47 Trevor Robbins, personal interview.
48 ibid.
49 Don Macmillan, personal interview.
50 Sims, Why Die? pp. 103–4.
51 "Cheers Were Mile[d]," Melbourne Argus, January 14, 1952.
52 Julius Patching, telephone interview.
53 John Landy, personal interview.
54 Galli, "Victorian John Landy."
55 Les Perry, personal interview.

第四章

1 The Official Report of the Organizing Committee for the Games of the XV Olympiad, Helsinki 1952 (Werner Soderstrom Osakeyhtio, 1952), p. 247.
2 Wes Santee, personal interview.
3 Jesse Abramson, "U.S. Athletes Are Favorites in Ten Events," New York Herald Tribune, July 6, 1952.
4 "U.S. Olympic Track Squad in Helsinki," Topeka Capital,July 10, 1952.
5 Lainson Wood, "Zatopek Storms Home in Olympic 10,000 Metres," Daily Telegraph, July 21, 1952.
6 "Muscles Pop Through Iron Curtain," Life, July 28, 1952.
7 Alan Hoby, One Crowded Hour (Museum Press, 1954), p. 41.
8 Wes Santee, personal interview.
9 John Landy, personal interview.
10 "Track and Field Prospects: New World's Record Probable in Great 1,500 Meters," Manchester Guardian, July 16, 1952.
11 Jim Denison, ed., Bannister and Beyond: The Mystique of the Four-Minute Mile (Breakaway Books, 2003), p. 24.
12 Robert Solomon, Great Australian Athletes: Selected Olympians 1928–1956 (R. J. Solomon, 2000), p. 167.
13 ibid., pp. 25–35; Cordner Nelson, "Profiles of Champions — Emil Zatopek," Track and Field, December 1953; Raymond Krise and Bill Squires, Fast Tracks: The History of Distance Running (Stephen Greene Press, 1982), pp. 119–20; Lainson Wood, "Chataway Cracks Within Sight of the Tape," Daily Telegraph, July 25, 1952.
14 Hoby, One Crowded Hour, p. 25.
15 John Landy, personal interview.
16 ibid.; "Hot Field," Melbourne Herald, July 25, 1952.

58–59.

9 Ron Carter, "Sprint Star Breaks Own in Final," Melbourne Argus, June 23, 1952.

10 Bruce Welch, "Woman Athletes Star in Belfast," Melbourne Age, June 27, 1952.

11 "Record 2-Mile by John Landy," Melbourne Herald, July 1, 1952. "runners were oddities": Trevor Robbins, personal interview.

12 Geoff Warren, personal interview.

13 Joseph Galli, "Landy's Mile," Amateur Athlete, January 1953, pp. 17–18.

14 Wray Vamplew and Brian Stoddart, Sport in Australia (Cambridge University Press, 1994), p. 11.

15 "Australians 'Most Avid Sports Fans,'" Sydney Morning Herald, July 23, 1953.

16 Vamplew and Stoddart, Sport in Australia, pp. 11–13.

17 "Fastest Man in the World," Sun-Herald, June 27, 1954.

18 John Landy, personal interview; Les Perry, personal interview.

20 John Landy, personal interview. "prefects whack[ed] the boys": Paul O'Neil,"Duel of the Four-Minute Men," Sports Illustrated, August 1954.

21 John was part of a group: John Landy, personal interview.

22 Joseph Galli, "Victorian John Landy May Soon Become Our Greatest Middle-Distance Runner," Sports Novels, April 1952.

23 ibid.

24 John Landy, personal interview.

25 Len McRae, personal interview.

26 Sims, Why Die? pp. 100–101; Percy Cerutty, Sport Is My Life (Stanley Paul, 1966), pp. 34–35.

27 Sims, Why Die? pp. 80–86.

28 Les Perry, personal interview.

29 Sims, Why Die? pp. 86–93; Don Macmillan, personal interview.

30 Sims, Why Die? pp. 100–101; Cerutty, Sport Is My Life, pp. 34–35; Joseph Galli, "Landy Will Set More Records, Says Coach," Amateur Athlete, August 1954; John Landy, personal interview. This scene, including the dialogue, is drawn from a combination of these sources.

31 Galli, "Landy Will Set More Records."

32 Robert Solomon, Great Australian Athletes: Selected Olympians 1928–1956 (R. J. Solomon, 2000), p. 163. Solomon has done an extensive study of John Landy's times in this book.

33 John Landy, personal interview.

34 Galli, "Man of the Miracle Mile."

35 Keith Dunstan, Ratbags (Sun Books, 1979), pp. 148–50; Sims, Why Die? pp. 7–33; Graeme Kelly, Mr. Controversial: The Story of Percy Wells Cerutty (Stanley Paul, 1964), pp. 35–67.

36 Sims, Why Die? p. 35.

37 ibid., pp. 34–56; Alan Trengrove, The Golden Mile: The Herb Elliott Story (Cassell, 1961), pp. 34–37.

38 Sims, Why Die? p. 49.

39 Trengrove, Golden Mile, p. 38.

40 ibid.

第二章

1 Wes Santee, personal interview.
2 ibid.
3 Red Smith, "Red Smith in Helsinki," New York Herald Tribune, July 19, 1952; Graem Sims, Why Die? The Extraordinary Life of Percy Cerutty (Lothian Books, 2003), pp. 113–14.
4 Jesse Abramson, "Nurmi," in The Realm of Sport, ed. Herbert Warren Wind (Simon & Schuster, 1966), pp. 629–33.
5 Manchester Guardian, July 21, 1952.
6 Wes Santee, personal interview. Many of the details of Santee's early life were checked against newspaper and magazine articles written about him in the early 1950s.
7 Bob Hurt, "Sure I'll Run the Four-Minute Mile," Saturday Evening Post, September 26, 1953.
8 Wes Santee, personal interview; Bill Easton, "Santee's Stride" [n.d.], Archives of William Easton, University of Kansas.
9 "KU Freshman Track Team Rated," Daily Kansan, February 1951.
10 Wes Santee, personal interview.
11 Jerry Renner, "Wes Santee, KU Track Star," Daily Kansan, October 2, 1951.
12 Profile of Wes Santee [n.d.], Archives of William Easton, University of Kansas.
13 Wes Santee, personal interview.
14 Bob Hurt, "Writers Name Santee as Drake Relays Star," Daily Capital, April 28, 1952.
15 ibid.
16 ibid.
17 U.S. Olympic Team meet schedule, Archives of William Easton, University of Kansas.
18 Wes Santee, personal interview.
19 Dwain Esper, "Four Records Fall in AAU Championships," Track and Field News, July 1952.
20 "Second Isn't Good Enough: A Day in the Life of Bill Easton," University of Kansas Alumni Magazine, May 1959.
21 Wes Santee, personal interview.
22 Stan Hamilton, "Wes Santee" [n.d.], article in Santee's scrapbook.

第三章

1 Norman Banks, The World in My Diary: From Melbourne to Helsinki for the Olympic Games (William Heinemann, 1953), pp. 54–55.
2 Harry Gordon, Young Men in a Hurry: The Story of Australia's Fastest Decade (Landsdowne, 1961), p. 18.
3 Graem Sims, Why Die? The Extraordinary Life of Percy Cerutty (Lothian Books, 2003), p. 118.
4 ibid., p. 118.
5 ibid., p. 117.
6 ibid., p. 117.
7 J. H. Galli, "Man of the Miracle Mile," Sport, August 1954.
8 William T. J. Uren, Australian Olympic Team at Helsinki 1952 (Australian Olympic Committee, 1952), pp.

21 Hopkins, New Look, pp. 283–84.
22 Holt, Sport and the British, pp. 276–77.
23 Roger Bannister, American Academy of Achievement interview, October 27, 2000.
24 Bannister, Four Minute Mile, p. 46.
25 Radio 4, "A Conversation Piece with Sue McGregor," May 17, 1990.
26 Bannister, Four Minute Mile, pp. 11–12.
27 Roger Bannister, American Academy of Achievement interview, October 27, 2000.
28 Bannister, Four Minute Mile, pp. 32–35.
29 ibid., p. 34.
30 ibid., p. 38.
31 ibid., pp. 38–44.
32 George Smith, All Out for the Mile (Forbes Robertson, 1955), pp. 144–45.
33 BBC, "Suspense: The Four-Minute Mile," July 18, 1954.
34 Bannister, Four Minute Mile, pp. 50–51.
35 ibid., p. 51.
36 Smith, All Out for the Mile, pp. 144–45; Bannister, Four Minute Mile, pp. 56–61.
37 Bannister, Four Minute Mile, p. 60.
38 ibid., pp. 64–78.
39 Roger Bannister, American Academy of Achievement interview, October 27, 2000.
40 Bannister, Four Minute Mile, pp. 88–118.
41 ibid., pp. 124–29.
42 ibid., p. 136.
43 "British Miler Beats Wilt; Gehrmann 3D," Chicago Sunday Tribune, April 29, 1951.
44 "Franklin Mile to Bannister," New York Herald Tribune, April 29, 1951.
45 "Bannister Hailed for Mile Triumph," New York Times, April 30, 1951.
46 Joe Binks, "Bannister's Race My Oslo Memory," News of the World, June 24, 1951.
47 Doug Wilson, "Bannister Can Still Learn Much," News of the World, August 12, 1951.
48 Bannister, Four Minute Mile, pp. 149–50.
49 ibid., pp. 153–59.
50 "Bannister's Half-Mile in 1 Min 53 Sec," Daily Mail, May 29, 1954.
51 L. A. Montague, "Why R. G. Bannister's Training Methods Are Right," Manchester Guardian, June 9, 1952.
52 James Stagg, Daily Mirror, July 7, 1952.
53 Norris McWhirter, "Bannister Will Have No Alibis," Star, May 3, 1952.
54 Bannister, Four Minute Mile, p. 159.
55 ibid., pp. 159–60.
56 "British Athletic Team Reach Helsinki," Daily Telegraph, July 16, 1952.
57 "Goggles for Chataway," Star, July 16, 1952.
58 Bannister, Four Minute Mile, p. 162.

注釋

前言

1 Roger Bannister, personal interview.
2 "The Milers," Sports Illustrated, June 27, 1994.
3 "Four-Minute Men," Sports Illustrated, August 16, 1994.
4 Wes Santee, personal interview.
5 Arthur Daley, "Listening to John Landy," New York Times, May 22, 1956.
6 John Landy, personal interview.
7 "The Milers," Sports Illustrated, June 27, 1994.
8 Chris Chataway, personal interview.
9 Norris McWhirter, National Centre for Athletics Literature interview, University of Birmingham [n.d.].

第一章

1 Terry O'Connor, personal interview.
2 Peter Hildreth, personal interview.
3 Roger Bannister, The Four Minute Mile (Globe Pequot Press, 1955), p. 59.
4 Norris McWhirter, personal interview.
5 ibid.
6 Norris McWhirter, "The Man Who Made History," World Sport, June 1954.
7 Chris Chataway, personal interview.
8 Dr. Ronald Williams, personal interview.
9 Arthur Daley,"Listening to a 4-Minute Mile," New York Times, May 14, 1954.
10 Dr. Ronald Williams, personal interview.
11 Terry O'Connor, personal interview.
12 quoted in John Montgomery, The Fifties (George Allen and Unwin, 1965), pp. 46–47.
13 quoted in Juliet Gardiner, From Bomb to the Beatles (Collins and Brown, 1999), p. 30.
14 Alfred Havighurst, Twentieth-Century Britain (Harper & Row, 1966), p. 399.
15 quoted in ibid., p. 35.
16 ibid., p. 52.
17 Harry Hopkins, The New Look: A Social History of the Forties and Fifties in Britain (Secker and Warburg, 1963), pp. 283–84.
18 J.E.C. Weldon, headmaster of Harrow, 1881–95, quoted in Richard Holt, Sport and the British: A Modern History (Oxford University Press, 1990), p. 205.
19 ibid., pp. 105–6.
20 Peter Lewis, The Fifties (Heinemann, 1978), p. 15.

左岸|身心學 243

完美的一英里：三名跑者，一個目標，挑戰百年未破的四分鐘障礙

作　　者　尼爾・貝斯康
譯　　者　高紫文
總 編 輯　黃秀如
責任編輯　許越智
封面設計　張瑜卿
電腦排版　宸遠彩藝

社　　長　郭重興
發行人暨出版總監　曾大福
出　　版　左岸文化
發　　行　遠足文化事業股份有限公司
231新北市新店區民權路108-2號9樓
電話：02-2218-1417
傳眞：02-2218-8057
客服專線：0800 221 029
E-Mail：service@bookrep.com.tw
左岸文化臉書專頁：https://www.facebook.com/RiveGauchePublishingHouse/
法律顧問　華洋法律事務所 蘇文生律師
印　　刷　成陽印刷股份有限公司
初　　版　2016年9月

定　　價　400元
I S B N　978-986-5727-42-0

國家圖書館出版品預行編目資料

完美的一英里：
三名跑者,一個目標,挑戰百年未破的四分鐘障礙

尼爾.貝斯康(Neal Bascomb)著；高紫文譯.
-- 初版. -- 新北市：左岸文化出版：遠足文化發行, 2016.09
面； 公分. -- (左岸歷史)
譯自：The perfect mile : three athletes, one goal, and less than four minutes to achieve it

ISBN 978-986-5727-42-0(平裝)

1. 運動員 2.傳記

528.999 105012825